建筑施工企业
项目管理与税制改革

张海涛　著

吉林科学技术出版社

图书在版编目（CIP）数据

建筑施工企业项目管理与税制改革 / 张海涛著. --
长春：吉林科学技术出版社，2019.8
ISBN 978-7-5578-5852-0

Ⅰ. ①建… Ⅱ. ①张… Ⅲ. ①建筑施工企业－施工管
理－研究－中国②建筑施工企业－税收改革－研究－中国 Ⅳ.
① TU71 ② F812.423

中国版本图书馆 CIP 数据核字 (2019) 第 167301 号

建筑施工企业项目管理与税制改革

著　　者	张海涛	
出 版 人	李　梁	
责任编辑	朱　萌	
封面设计	刘　华	
制　　版	王　朋	
开　　本	185mm×260mm	
字　　数	350 千字	
印　　张	15.75	
版　　次	2019 年 8 月第 1 版	
印　　次	2019 年 8 月第 1 次印刷	
出　　版	吉林科学技术出版社	
发　　行	吉林科学技术出版社	
地　　址	长春市福祉大路 5788 号出版集团 A 座	
邮　　编	130118	

发行部电话／传真　0431—81629529　　81629530　　81629531
　　　　　　　　　　81629532　　81629533　　81629534

储运部电话　0431—86059116

编辑部电话　0431—81629517

网　　址　www.jlstp.net

印　　刷　北京宝莲鸿图科技有限公司

书　　号　ISBN 978-7-5578-5852-0

定　　价　65.00 元

编委会

目录

前　言

随着科学技术的进步，社会生产力总体水平的发展和提高，建筑施工企业的生产力也得到了充分的发展。生产力是最活跃和最革命的因素，建筑施工企业项目管理机制从本质上说是属于生产关系范畴的，它实际上是一种物化了的生产关系，建筑施工企业生产力的发展必然要求建筑施工企业项目管理机制的改革，而建筑施工企业项目管理机制的变革一定要遵循其运动、变化和发展的内在规律。建筑施工企业项目管理机制是建筑施工企业项目管理的核心，因此企业必须科学合理的设置项目管理机制，从而使企业更快更好的发展。

同时，建筑业作为国民经济的支柱产业，建筑业的健康稳定发展对我国经济结构的优化和经济增长方式的转变具有重要的推动作用。但是目前我国建筑税收政策的制定和完善相对滞后，在现今"增值税扩围"逐步推进和强调"建筑节能"的发展要求下，我国建筑税收政策仍存在缺陷和不足，并由此制约了建筑业的发展。

本书将通过对建筑行业税收政策研究、"营改增"对建筑施工企业项目管理的影响、基于物联网、大数据对施工企业的项目管理、智能化建筑与项目管理、BIM 技术在施工项目中的作用、施工项目精细化管理、绿色施工在建筑工程中的应用、建设工程技术应用与创新、施工项目管理等方面进行简单阐述，并对建筑行业的发展进行简单前瞻性概述。

目 录

第一章 建筑行业税收政策研究

第一节 相关理论研究

一、税制优化理论

对税收制度的分析是税收政策研究的重要方面。因此，对我国建筑业税收政策的分析需要税收制度相关理论依据作为支撑。根据西方税制优化理论发展的时间先后顺序、基本思想不同和政策主张的不同，这些理论被分成了主流学派的最适课税理论、供给学派的税制优化理论还有公共选择学派的税制优化理论等三个主要代表流派。

（一）主流学派的最适课税理论

简而言之，最适课税是研究在对某些大宗的税款进行征收时采取什么方法最经济合理的理论。从税制结构的角度出发，即采取什么方式和方法对应税行为和结果进行合理的课税。从征税原则的角度来看，自亚当·斯密以来就存在对这个问题的不同看法，比如斯密认为应该把平等、确实、便利、最少征收费用等四项内容作为征税的原则。但是，只是从征税原则上来列举，其结果将会使什么样的租税体系出现还不知道。从经济学意义上讲，人们从事经济活动就是家庭在消费和闲暇时获得最大程度的满足，企业在生产经营活动时获得最大程度的利润，什么样的税收制度能够兼顾到这些方面的利益呢？最适课税就是把资源配置的效率性和收入分配的公平性作为准则，分析构建经济合理的税制体系的学说。

在以完全竞争市场、行政管理能力和标准福利函数等为假设前提下，最适课税理论认为，政府取得收入是需要付出代价的，这种代价集中地表现为所谓的超额负担，即由于税收干预资源配置而对社会产生的经济效率的损失；政府税收理论都应该努力寻求一种最优税收工具，这种税收工具即保证政府筹集到既定数量的财政收入又能够产生最低的超额负担。从其基本的内容上看，主流学派的最适课税理论主要有最适商品税理论、最优累进所得税理论和生产效率的税收条件理论等三个主要理论。

（二）供给学派的税制优化理论

供给学派（The School of Supply-Sider）主要强调的是在供求关系中的供给方面，在20世纪80年代初期和中期的美国盛行，受到当时的美国领导者的推崇。

供给学派的观点是，供给应该是在国民经济发展过程当中的主要方面，所以他们认为政府经济政策的出发点和基本目标应该是有效地刺激供给和提高生产效率。所以，供给学派的税制最优理论分析的重点就是用税收刺激供给。他们认为，一个国家的税收制度、货币政策和政府支出的变化都会对人们产生影响，这些影响会具体表现为人们的储蓄行为、投资行为和劳动供给等等都会发生变化。而在这些方法中，最为有效而且最为重要的手段就是税收手段，而降低边际税率又成为税收手段的关键因素，由于边际税率是指人们获得一单位的收入而需要缴纳的税收，它直接决定着人们从事某项活动的收益，最终会使人们决定是否应该从事此项经济活动。所以，采取什么样的形式进行减税就成为刺激供给的有效性的一个非常重要的问题。采取只降低边际税率而不降低平均税率的形式进行减税不仅使政府能够筹集到必要的财政收入而且还会对刺激供给的效果也是非常明显的。因而，供给学派的主要主张就是降低边际税率，尤其是对边际税负比较高的超额累进税率，而且要尽可能地扩大税基进行征税，这样就有利于缓解公平和效率的冲突，使市场扭曲减少，并且可以发挥税收的刺激和促进经济增长的作用。如果政府只采取降低税负的方法减税，所收到的效果仅仅增加了纳税人的收入和纳税人的需求的提高，而对于提高工作效率和增加储蓄、抑制闲暇都是毫无作用的。

在怎样优化税负方面，供给学派通过对税基、税率与税收相互关系的研究提出了著名的拉弗曲线。其具体含义是，税负都会有一个最佳税率或者称为临界点，在这一点上即可以获得最高的税收收入以保证财政收入，又不会影响经济的增长速度。从政府税收来说，税率的高低是不能决定税收收入的，我们还应该考虑一国税基的大小。有时候税率的提高反而会使税收收入降低。这是因为，税率的提高直接导致纳税人的税收负担加重，税收负担加重会使人们的工作效率降低和社会的投资下降，最终会导致经济增长出现下降的趋势。在20世纪80年代的大多数西方国家的税制改革都是运用此观点进行改革的，并且取得了良好的效果。

（三）公共选择学派的税制优化理论

公共选择学派（The School of Public Choice）认为，最优的税收工具就是参与公共选择的人们所能够至少在理论上获得一致同意的那种税收工具，这样的税收工具，必须联系收入和支出过程。因为要想让纳税人纳税就必须让纳税人预计所获得的政府提供的公共产品的收益大于他们通过税收转移给政府的支出。所以，只有对税收转化为公共产品的过程进行研究和确认才能够建立优化的税制。正是基于这个原因，在公共选择学派眼里最优的税收制度指的是指这套税收制度产生的收入所提供的公共品，以及该税制所分摊给每个纳税人的税收份额，能获得纳税人广泛的一致赞同。魏克塞尔对"公平"税制的设计进行了设想，边际效用理论在公共部门的应用是这个税制的理论基础。他的观点是，税收对个人或者利益集团进行分配是通过政治程序进行的，应当使国家支付给个人的边际效用和个人因纳税而损失的财富的边际效用相等。从另一个角度看，纳税人首先要判断其取得公用品数量而获得的效用还有就是纳税人愿意承担的税额，在交换过程中使公用品数量和税收份额选择最佳的配对模式，进而使每一个纳税人都能够接受。从某种程度上说，"财政交换论"为现代公共选择理论的形成奠定了基础。

二、税收水平

税收研究理论体系中，判定某一个行业税收水平——税负是否合理的原则主要有两个：公平原则和效率原则。税收水平是否合理是行业税收政策研究一个重要方面，而税收水平的确定首先以公平和效率作为依据。

（一）公平原则

税收水平公平原则是指征税应该保证每个纳税主体的税负负担与其盈利能力等经济发展情况相匹配，税收的公平要体现在普遍征税和平等征税两个方面。

普遍征税是指对所有税收管辖权范围内的自然人及法人，只要发生了纳税义务，都必须依法纳税。该原则要求仅以是否发生纳税义务为是否征纳税的依据，排除各类区别对待措施。

平等征税原则是指税负的高低以纳税人的能力为依据，纳税能力高得多征税，纳税能力小的就少征税。平等征税原则也称负担能力原则，它包括横向公平和纵向公平两个方面。横向公平是指纳税能力相同的纳税主体应缴纳相同数额的税收。纵向公平是指要根据纳税能力的强弱决定税负的轻重，纳税能力强者多纳税、纳税能力弱者少纳税。

（二）效益原则

效益原则是指征税行为即要满足经济有效性，又要符合税务节俭的要求。效益原则主要体现在经济效率、社会效率和行政效率三个方面。

经济效率原则是指征税行为应促使市场资源配置达到最优或次优状态，保证经济健康有序运行。如果征税行为对市场资源配置或者经济发展产生不利的负效应，那么税收违背了经济效率原则。研究税收的经济效率通常以税收是否达到中性作为标准。税收中性是指税收不应改变纳税主体的经济行为，不影响原有的资源配置，不扭曲市场机制的运行。因此，税收政策的制定，应尽量减少对社会资源配置的影响以及避免社会福利损失，实现税收超额负担的最小化。

社会效率原则是指征税行为可能会产生外部效应，影响社会经济环境的发展。如果征税行为产生外部正效应，可以有效地保护生态环境，节约资源，促进社会经济自然的和谐发展。根据税收的社会效率原则，国家在制定税收政策、设计税收制度时，除了要考虑税收对经济发展带来的效应，还应充分考虑税收对社会环境和自然资源的影响和作用，以实现持续发展。

行政效率原则是指政府的征税行为应符合税收成本最小化要求。政府在税收的征收管理过程中，不仅要保证税收质量，减小征税成本，提高征税效率，还要满足整个社会税收成本最小化要求。

三、税式支出理论

税式支出，是指国家为达到一定的政策目标，在税法中对正常的税制结构有目的有意识地规定一些背离条款，造成对一些特定纳税人或课税对象的税收优惠，以起到税收激励或税收照顾的作用，基于这些对正常税制结构的背离条款所导致的国家财政收入的减少、放弃或让与就构成财政上的税式支出。

美国哈佛大学教授、财政部部长助理斯坦利·萨里（Stanley Surrey）于1967年首先提出了"税式支出"的概念。这是对传统财政理论的一大突破。它一出现就引起了财政理论界的重视，并成为财税制度改革的重要领域。按照西方学者比较一致的观点，税式支出应界定为：在现行税制结构不变的条件下，国家对于某些纳税人或其特定经济行为，实行照顾或激励性的区别对待，给予不同的税收减免等优惠待遇而形成的支出或放弃的收入。税式支出由税收优惠发展而来，二者所涉及的对象基本相同，但有本质区别。

税式支出的实质是政府为实现自己的既定政策目标，增强对某些经济行为的宏观调控，以减少收入为代价的间接支出，属于财政补贴性支出。其形式主要有起征点、税收扣除、税额减免、优惠退税、优惠税率、盈亏互抵、税收抵免、税收饶让、税收递延和加速折旧等。

第二节　我国建筑行业发展现状及现行税收政策

一、我国建筑行业发展现状

建筑业是国民经济的重要物质生产部门，它主要包括土木工程、房屋建设和设备安装以及工程勘察设计四个方面。建筑业与国家经济的发展以及人民生活的改善有着密切的关系。

（一）近年来建筑行业生产情况

"十一五"规划实施以来，我国建筑行业得到了较快的发展。究其原因，一方面自2008年金融危机以来，政府为推动经济复苏，不断加大了对基础产业的投资力度，中央与地方政府都将政策激励的着手点放在了重点项目建设上，2008～2010年，全社会固定资产投资平均增长率保持在25%左右，其中建筑安装工程固定资产投资平均增长更是接近30%，2010年达到171351.8亿元。另一方面，国内经济环境利好，尤其是房地产以及相关行业的高速发展，对建筑业的发展起到了一个极大的拉动作用。以 2010 年为例，我国施工房屋面积高达 885173 万 m²，其中商品住宅面积 314760 万 m²。房地产与建安行业的发展，形成一个互为水涨船高的态势。

1. 建筑业总产值与增加值分析

2004 年来，我国建筑行业一直保持均匀的增长的态势。建筑行业占 GDP 得比重稳步上升，生产总值由 2004 年的 29021.45 亿元增加到 2010 年的 96031.13 亿元。行业增加值也由 2004 年的 5615.78 亿元上升至 2010 年的 18983.54 元；投入产出比保持在 20% 的水平。建筑行业的增长速度稳定在 20% 到 25% 左右。基于对我国宏观经济环境预期利好以及国家基础设施建设和城镇化建设步伐速度的加快，未来几年，我国建筑业发展将保持继续增长的态势。建筑行业的发展，给国家税收收入提供了有力保证。

2. 建筑行业其他经济指标分析

建筑企业盈利水平的高低，直接决定了该行业税收负担能力以及税收的总体水平。2004 ~ 2010 年，我国建筑业利税总额与其总产值水平保持一致的上涨态势。截止至 2010 年，我国建筑业实现利税总额 6760 亿元，达到历史最高水平。虽然我国建筑业总体规模不断扩大，水平不断上升，但是，近年来，我国建筑行业利润率水平始终保持在 2.5% ~ 3.5% 左右，与我国其他行业相比较，建筑企业盈利能力相对薄弱。2004 ~ 2010 年，我国建筑业总产值增速一直保持在 20% 左右的水平，但是，利润率的增长幅度却相对较小，远远低于其总产值增长水平以及我国工业平均增长水平。从当前我国建筑行业现状来看，建设理念的落后、产权结构的不合理、营运效率较低以及管理模式混乱等原因都影响了行业的发展，造成行业利润率水平的低增长。

（二）建筑行业生产规律对税收政策的影响

税收政策制定层面。建筑业与国民经济其他产业的高度关联，对税收政策的全面性以及实用性提出了较高要求。一般税收政策在制定过程中，都难以避免地出现与其他领域法律法规相抵触或违背的现象。建筑行业也是如此，由于我国建筑企业自身运营管理的不完善以及行业外部法律、经济秩序规范欠缺等原因，使得政府在制定税收政策时不得不更多考虑如何适应建筑业影响面积广、管理复杂、问题隐蔽等特点，因此政策要实现全面高效，是一个棘手的问题。对此，体现出在我国的建筑税制中，除了所得税的征收具有国家法律依据，其他税收政策的制定主要是通过中央或地方政府规章或部门下发文件的形式去实现。相对而言，这种形式缺乏法律的威严和规范，但面对建筑行业本身所存在的特点，这是目前税收政策组织和执行较为有效的方式。

税收政策的执行层面。建筑行业特点对政策执行的影响是直接且明显的，税收政策在建筑行业的执行难度往往大于其他行业。具体而言，我国建筑业税收在税源把握、征收管理、稽查分析等方面都存在不同程度的具体问题，这些问题的产生，一方面是政策的缺失，另一方是行业发展特点带来的难题。例如，当前我国建筑业企业所得税以纳税年度一年为单位计征，而实际情况是，大部分建设工程项目的周期大于一年或者更长，大多数建筑企业都利用时间差来延迟申报进而推迟纳税。又如，工程项目流动性大、隐蔽性强的特点，使得建筑行业个人所得税的税源把握以及征收管理工作异常棘手等等。这些问题的根源，并非政策的不到位，而是政策在实际操作层面遇到了难题。

二、我国建筑行业现行税收政策

建筑行业的发展关系着国家社会经济建设的稳定，如果单由市场来调节，会发生行业结构不合理以及生产外部的负效应等市场失灵现象，多数国家都会对建筑行业进行必要的规范和引导。税收是国家组织财政收入的主要形式，也是国家对经济进行宏观调控的重要手段。利用税收政策对建筑行业进行引导和规范，不仅有利于建筑业的发展，更有利于配合当前我国对房地产市场以及其他相关行业的调控，同时也直接关系到我国推进建筑节能、实现持续发展的问题。因此，重视和加强立法工作，制订适合我国建筑行业发展的税收政策，并随着形势的发展变化适时加以修改和完善，至关重要。

（一）我国建筑行业税制概况

我国现行建筑业税收制度主要源自 1994 年的税收改革。实行新税制后建筑行业形成了营业税为主，所得税以及其他税费为辅的税制框架。

从税收的视角来看，建筑业主要指建筑安装工程作业等，它的业务范围涵盖了房屋建筑、设备安装、土木桥梁建造以及公路修建等方面。在我国目前的税制框架下，建筑行业主要涉及的税种有营业税、企业所得税、个人所得税、城市维护建设税、资源税以及部分建筑企业自产自销建筑材料所交的增值税等，其中，建筑业的主体税种为营业税。

1.建筑行业营业税

营业税中建筑业的税目是指建筑安装工程作业，包括修缮、装饰等其他工程作业。凡是在中华人民共和国境内提供建筑安装工程劳务的单位或个人为建筑业营业税的纳税人。建筑业纳税人提供建筑劳务所收取的全部价款和价外费用都将按照 3% 的税率来缴纳营业税。在税收分配上，营业税属于地方税，它对平衡中央与地方财政收入具有重要作用。

2009 年 1 月 1 日新实行的《中华人民共和国营业税暂行条例》及其实施细则中对于营业税政策做出修改引起纳税人的广泛关注。其中涉及建筑业营业税政策主要有以下方面：一是从事货物生产销售的单位或个人，在提供建筑业应税劳务的同时使用自产货物，不再适用按混合销售行为缴纳增值税，而是按货物销售额和应税劳务营业额，分别缴纳增值税和营业税；二是建筑工程的总承包人不再是法定扣缴义务人，新条例规定，工程实行转包或分包的，总承包人和分包人应分别纳税，总承包人以发票作为扣除依据扣除支付给分包价款后的余额作为营业额；三是总承包人全额缴纳税款后，分包或转包仍应对分包或转包收入纳税，强调了总承包人必须取得合理凭证后才能避免对同一工程的重复征税；四是对于建筑企业外购用于企业生产的设备价值，不再允许从计税营业额中扣除。新条例中明确规定，除建设方提供的设备价值外，其他设备价值应计入营业额征收营业税。而旧的营业税政策中规定，对国家税务总局和各地税务局列举的部分设备，如电缆、光缆、清洁器等设备价值，不计入营业税计税依据，政策详见《财政部、国家税务总局关于营业税若干政策问题的通知》（财税〔2003〕16号）；五是关于建筑企业纳税义务发生时间的改变。新条例规定，建筑企业预收工程款的当天即发生纳税义务。旧的营业税政策中，对建筑业纳税义务发生时间的确定，首先应根据合同约定付款口确定，合同未约定的再以企业实际收付工程款的日期确定为纳税义务发生时间，政策详见财政部、国家税务总局《关于建筑业营业税若干政策问题的通知》（财税〔2006〕177号）。

2. 建筑行业所得税

建筑业企业所得税的政策依据主要包括1993年国务院发布的《中华人民共和国企业所得税暂行条例》和1994年《中华人民共和国企业所得税暂行条例实施细则》。企业所得税税收政策对当前建筑企业收入的确认、税前扣除、税收优惠以及征收管理方面做出了明确规定。2008年我国实行新的企业所得税法以来，我国内外资企业所得税实现两税合一，在我国境内的建筑企业均按照统一的税率来缴纳企业所得税，税收的公平原则得以体现。与其他行业的企业所得税政策相比较，一般性的规定趋于相同，但建筑业企业所得税政策较为缺乏具体的税收优惠政策。

建筑行业个人所得税适用政策主要依据是2011年9月1日实行的《中华人民共和国个人所得税法》《中华人民共和国个人所得税法实施条例》以及1997年实行的《个体工商户个人所得税计税办法（试行）》。提供建筑业等应税劳务的个体工商户或个人，应就其劳务报酬、工资薪金或其他收入缴纳个人所得税，其中劳务报酬按20%缴纳个人所得税，2011年9月起，个体工商户经营所得按5%到35%的五级累进税率缴纳个税，工资薪金按3%～45%的七级累进税率缴纳个税，而减除费用标准由原来的2500元提至3500元。新个税的实行，对进一步调节收入分配起到了积极的作用，然而，分项目、按月或按次征收个税的模式没有考虑纳税人全年综合所得，也难以体现税负合理公平原则。

3. 其他税收政策

印花税。建筑行业印花税主要征收的依据为1988年1月实行的《中华人民共和国印花税暂行条例》《中华人民共和国印花税暂行条例实施细则》以及《国家税务总局关于印花税若干具体问题的规定》（1988年国税地字第25号）。建筑企业在生产经营中与其他单位或个人签订的建筑工程施工承包合同（包括总包、分包和转包合同）、建筑工程勘察设计合同以及其他业务合同，应按税法规定的税率缴纳印花税。印花税占我国税收总量水平较低，属于小税种，但是因为建筑安装等工程业务涉及范围广泛，合同数量和总量规模较大，因此，印花税对于建筑企业利税收入也构成一定的影响。

增值税。根据国家税务总局公告 2011 年第 23 号规定，提供建筑业劳务的纳税人销售自产货物时应分别核算其应税劳务营业额和货物销售额，分别计征营业税和增值税。部分建筑企业在提供建筑业劳务同时发生增值税应税行为的，也应该按照规定缴纳增值税。

房产税与土地使用税。建筑企业用于生产经营的房产依据相关规定按房产原值（减除当地扣除比例部分）乘以 1.2% 的税率计算缴纳房产税；企业拥有土地的，根据相关规定和土地所在地适用税率来计算缴纳土地使用税。

4. 建筑行业主要税收优惠政策

营业税。企业以无形资产、不动产投资入股，与接受投资方利润分配并共同承担投资风险的行为，不征收营业税；对股权转让不征收营业税。（财税〔2002〕191 号）

企业从事世界银行贷款粮食流通项目所涉及的建筑安装工程项目，免征营业税。（财税字〔1998〕087 号）

企业所得税。企业所得税法第二十六条规定符合条件的居民企业之间的股息、红利等权益性投资收益免税。具体指居民企业直接投资于其他居民企业取得的投资收益。

自 2011 年 1 月 1 日至 2011 年 12 月 31 日，对年应纳税所得额低于 3 万元（含 3 万元）的小型微利企业，其所得减按 50% 计入应纳税所得额，按 20% 的税率缴纳企业所得税。（财税〔2011〕4 号）

加速折旧。建筑企业由于技术进步、产品更新换代较快的固定资产或常年处于强震动、高腐蚀状态的固定资产，可以采取缩短折旧年限或者加速折旧。

建筑企业购置并实际使用环境保护、节能节水、安全生产等专用设备的，该专用设备的投资额的 10% 可以从企业当年的应纳税额中抵免，当年不足抵免的，可以在以后 5 个纳税年度结转抵免。购置的设备必须在目录范围内。

《关于企业所得税若干优惠政策的通知》（财税字〔1994〕001 号）中规定，企业利用本企业外的大宗煤矸石、炉渣、粉煤灰作主要原料，生产建材产品的所得，自生产经营之日起，免征所得税五年。

增值税。《关于部分资源综合利用及其他产品增值税政策问题的通知》（财税〔2001〕198 号）规定对新型墙体材料（包括利废材料）免征或减征增值税、在生产原料中掺有不少于 30% 的煤矸石、石煤、粉煤灰、烧煤锅炉的炉底渣（不包括高炉水渣）及其他废渣生产的水泥实行增值税即征即退的政策。对生产新型墙体材料的企业视具体情况定期减免土地使用税。

综上所述，我国的税收政策体系中针对建筑业的税收优惠政策比较匮乏，且税收优惠政策主要以基于行业性的普遍优惠为主，优惠内容较少，范围窄，针对性不强。

（二）近年来我国建筑行业税收水平

近年来随着我国建筑行业的蓬勃发展，涉及建筑行业的税收收入水平不断提高，建筑行业税收收入成为我国税收收入的重要组成部分，其在总量上和各个税种的收入水平上都保持上涨态势。根据我国城镇化建设总规划，到 2020 年我国城市化程度预计达到 70%，可以预见，在未来的十年，随着我国城市化建设规模的不断扩大和社会经济的不断发展，建筑业发展空间将进一步扩大，这也意味着建筑业税收将对我国税收做出更大的贡献。

1994 年实行分税制以来，我国建筑业主体税收收入划归地方税收收入体系，建筑业税收的增长为地方财政提供了有力的支持。在我国的分税体制下，地方政府对基础设施建设以及公共投资的积极性不断提高，有力带动地方经济的发展，这种局面有利于不断扩大税基范围，形成良性机制。

2001 年至 2009 年，我国建筑业税收收入水平快速上涨，占我国税收收入比重稳步上升。2009 年，我国建筑业税收收入达到 2922 亿元，占全国税收总收入的 4.63%，与 2001 年相比，十年间我国建筑税收收入增长 5 倍多，平均增速达到 20 以上；行业税收占我国税收收入总比重由 2001 年的 3.67% 稳步升至 2009 年的 4.63%。建筑行业税收收入占我国税收收入的比重稳步上升表面，建筑业的发展对我国税收收入贡献作用越来越大。

2001 ~ 2009 年，一方面从收入水平来看，在我国建筑业总体规模不断大的背景下，建筑业营业税、所得税（包括企业所得税与个人所得税）以及其他各税税收收入均逐年上升，其中 2009 营业税达到 1900 亿元。另一方面从税收结构来看，建筑业营业税与所得税占税收收入的主体地位。2001 ~ 2009 年，营业税与所得税（包括内、外资企业所得税以及个人所得税）收入水平占整个行业税收收入水平的 94%。

第三节　建筑施工企业税收政策存在的问题

一、行业税收水平偏重

2001 ~ 2010 年，建筑业总体税负稳中有升，以行业总产值为基数的税收负担率由 2001 年的 3.62% 平稳上升至 2009 年的 3.80%，其中 2006 ~ 2007 年建筑行业的总体税收负担达到最高水平，以行业增加值为基数的税收负担率也呈相同的变化态势。2008 年，在建筑行业生产保持较高增长的情况下，由于我国实行"两税合一"的新企业所得税法，内外资企业所得税率统一调至 25%，建筑行业总体税负曲线有了一定回落。

从 2001 ~ 2010 年建筑业获利情况来考察建筑业的税收负担情况，以毛利润为基数的税收负担呈明显的下降趋势，其中 2008 年下降的幅度最大，也侧面说明了 2008 年"两税合一"的所得税制改革以及营业税暂行条例的调整在建筑企业起了明显减负作用。但同时也可以看到，即使 2008 年以毛利润为基数税负率达到最小值 52.59%，这也意味在建筑企业在生产过程中，所获利润一半以上须用于缴纳税收，这样的税负水平不利建筑企业资金的积累以及再生产规模的扩大。

为了更好地评价建筑业总体税负水平，现对建筑业税收弹性进行分析。税收弹性的计算公式为，其中 T 为税收收入额，GP 为总产值。通过税收弹性来进一步分析建筑业的税负水平，一方面可反映建筑业税收与行业生产发展的关系，判断建筑业现行税制是否稳定，另一方面也符合了评价合理税负的负担能力原则。

建筑业税收弹性指数虽然不同年份有所波动，但大致保持在 Et=1 左右的水平，这说明了现行建筑业税制相对稳定，税收与生产发展基本一致，而除了 2008 年外，其他年份税收增长均稍微高于生产总值增长，建筑行业现行税负水平仍存在一定的减轻空间。

实际税负 = 实际缴纳税款 / 计算依据实际值 × 100%，建筑业营业税的名义税率为 3%，2001 ~ 2010 年，建筑业营业实际税负率（以工程结算收入为基数的税收负担率）大多年份均高于营业税名义税率，直至 2007 年，建筑业营业税的实际税收负担才回落至 3% 以下。2008 年建筑营业税实际税负达到最低值，这与营业税暂行条例的调整，税收减免力度加大（如调高起征点等措施的实行）相关。

我国建筑业企业所得税实际税负总体呈下降趋势，且与名义税负相比较，2001 ~ 2008 年内资企业名义税率 33%，外资企业 25%，2008 ~ 2010 年内外资统一为 25%，建筑企业的实际税负要明显低于其名义税负，企业所得税实际税负较低，主要由于目前建筑企业所得税较多采取核定征收方式或"预缴不清算"的影响，以及所得税税收优惠政策的运用而使得建筑业企业所得税实际税负明显低于名义税负。

综合以上相关税负指标分析，显示出，虽然建筑企业所得税实际税负相对较轻，但企业所得税在建筑业税收总量中所占比例不高，且考虑到我国建筑企业目前的盈利能力、总体税收负担水平以及现行建筑业税制中存在重复征税等不利因素的影响，建筑业税负未能完全体现公平与效益的原则，因此，从利于建筑企业资本积累、扩大生产和技术革新的角度出发，需要在完善税制的基础上合理减轻建筑业税负。

二、行业重复征税明显

（一）政策型重复征税

1994 年税制改革后我国开始实行生产型增值税，当时从控制固定资产投资膨胀和税负稳定的角度出发，不允许企业抵扣固定资产和自采原材料的进项税，直到 2009 年我国启动增值税转型后开始允许增值税一般纳税人按规定抵扣固定资产和自产原材料的进项税。增值税由生产型向消费型的转变缓解了重复征税的问题，然而我国现行增值税制并非完全意义上的消费型增值税，商品或劳务征税中的重复征税问题依然存在。由于现行增值税制只把加工、修理修配、交通运输业以及部分现代服务业劳务纳入增值税征收范围，除此以外的劳务都征收营业税，这不仅认为地阻断了增值税抵扣链，更重要的是营业税应税劳务的纳税人因为无法抵扣相关进项税额而加重税收负担，违背了最优税制的公平原则。

就建筑行业来说，固定资产在建筑施工企业的总资产中所占比重较高，企业在生产过程中机械设备及原材料的投入往往较大，但是由于目前我国增值税征收范围拒建建筑业应税劳务项目于外，导致这部分资产投入的进项税额无法抵扣，再加上建筑劳务在计算应税营业额缴纳营业税时，包含工程投入的机械设备和原材料价值在内，因此形成了明显的重复征税。对不同行业领域实行两套平行税制而产生的重复征税，加重了建筑企业的税收负担，在税收原理层面不符合最优税制中追求公平和效率的原则要求，而在实践层面与我国政府未来几年大量投资基础设施建设的计划相矛盾。

为了更直观反映实行两套平行税制所引起的重复征税问题，在此引用相关学者对建筑业重复征税规模的测算数据以进一步说明。假定各行业均适用其基本税率，不考虑小规模纳税人因素和税收优惠因素。对建筑业直接消耗的增值税应税行业中间投入产值，分行业换算为不含增值税的价格，再乘上各自对应的增值税税率，得出增值税税额；对建筑业再生产下一环节直接消耗的建筑业产值，乘上其适用的营业税税率3%，得出营业税税额；测算出的建筑业课征营业税所引起的货物与劳务税重复课税规模见表1-3-1。

表1-3-1　2007年建筑业重复征税规模测算

单位：万元

增值税行业对建筑业的中间投入	396600056	建筑业购进所含增值税无法抵扣的数额	57552165
建筑业投入再生产下一环节的中间消费	19999562	建筑业营业税无法在再生产下一环节抵扣的税额	599987

从上表中可以看到，建筑业因不能进行增值税进项抵扣而产生的重复征税主要有两个环节，一是增值税行业对建筑业中间投入的环节，该环节不能抵扣的增值税额大概5755亿元，占2007年税收总收入的10%左右，假设该部分不能抵扣税款在生产环节按名义税率3%征收营业税，那么重复征税给纳税人增加了约172.56亿的税收负担，占2007年建筑业税收总量的8.5%左右。二是建筑业投入再生产环节一下环节的中间消费，这部分不能抵扣的增值税额约为60亿元。当然，如果考虑小纳税人以及税收优惠的因素，测算规模应该更小。

受客观实践因素的制约，税收政策在制定或执行过程中难以避免出现重复征税现象。相比较其他行业而言，由于建筑行业发展特点和运行规律对行业税收政策的制定和执行的技术要求较高，行业税收在征收管理的技术处理层面面临的制约因素更多，导致了当前的建筑业税收政策在执行过程中，出现了技术型重复征税的内容。例如，新营业税制关于建筑业纳税人的特殊规定中明确了总包和分包应分别缴纳税款，总包在确定应纳税营业额时，可凭合理凭证扣除支付给分包的工程价款。由于目前我国建筑业税收监管普遍实行"以票控税"的模式，这要求总包在计算其营业额时，要想合理扣除支付给分包的工程价款，必须取得分包提供的完税凭证或发票。而现实的情况是，不管是预付工程款还是结算款项都是由发包单位支付给总包，总包再支付给分包。总包在收到款项就要根据规定开具发票缴纳税款，然而由于此时总包没有支付分包款项，无法取得分包开具的发票，进而无法抵扣而产生重复征税。又如，在我国建筑业中，部分规模较大的建筑企业为规范对劳务人员管理，提高人力资源利用效率，一般采取成立独立劳务公司的形式。企业成立独立劳资公司，所提供的劳务按服务业征收营业税。对同一工程而言，建筑企业计算应税劳务营业额时包含人工费用在内，而这一部分的人工费用支付给独立劳务公司之后，劳务公司又要面临征税，这也属于技术型重复征税。再如，对建筑材料经营者的建材经销征收 17% 的增值税，而对这些经营者的部分建筑劳务视同混合销售行为一并征收增值税，明显税负过重。又如，建筑业中的安装、装饰、修缮劳务与增值税中的加工修理修配劳务经营性质相似，但是因为使用税种不同，导致前者在提供劳务过程中政策性重复征税，因此税负明显存在差异，有失公平。

三、没有充分体现节能减排的发展方针

我国是能源消耗大国，虽然在自然资源种类以及总量上占据一定优势，但人口基数大、增长快的事实使得我国人均资源占有率不足世界平均水平的二分之一，再加上目前经济增长模式粗放，产业结构不合理，节能效率低下的原因，我国未来一段时间将面临严峻的能源与环境压力。面对社会经济持续发展的瓶颈，通过有效的政策组合来激励市场经济主体节约资源、提高能源利用效率已经成为我国政府的必要选择。

建筑业属于高耗能产业，尤其是我国建筑行业发展一直维持高投入、高耗能、低产出的产业模式，其能源消耗占我国能源总消耗的三分之一以上。随着我国城镇建设规模的扩大，建筑能源消耗已经成为我国能源需求不断增长的原因之一，建筑节能的概念也正是在这样的背景下产生。建筑节能对资源的节约以及环境的保护具有重大的意义，然而，建筑行业经济主体在实践建筑节能的过程中未必获得理想的经济报酬，因此建筑节能具有较强的外部性，它发展需要政府来推动。20 世纪 80 年代末，我国开始制定和实行促进建筑节能的激励政策，然而由于政策导向性不强以及社会节能意识的薄弱，我国建筑节能一直处于缓慢的发展状态，直到 2009 年，由建设部和财政部同时发布《可再生能源建筑应用城市示范实施方案》《加快推进农村地区可再生能源建筑应用的实施方案》并对全国示范城市进行节能减排财政专项基金补贴后，建筑节能才进入实际推进阶段。然而从我国实际来看，当前政策支持力度离发展要求存在一定的差距。

从对建筑行业税收概况以及现行建筑业税收优惠政策的分析中可知，目前建筑业税收优惠体系中较为欠缺，针对建筑节能而制定的政策内容，能够体现建筑节能理念的税收政策仅仅是在个别税制中设置的关于节能环保方面的规定。首先在建筑材料经销环节，税收政策调节建筑部品或原料价格的内容较少。例如目前增值税的优惠局限于新型墙体材料，优惠范围过小，且对建筑材料的优惠没有体现鼓励技术革新、开发低耗环保的新型建筑材料的侧重点。其次在建筑生产环节，鼓励开发商和建筑商节能减排的企业所得税、营业税

优惠政策几乎空白。建筑市场的经济主体在没有利益驱动的前提下，难以主动去生产节能建筑产品。最后是建筑产品的需求阶段。建筑产品的消费阶段主要涉及营业税、房产税、契税、印花税以及土地增值税，这些税种的设置极其优惠规定，不存在鼓励建筑节能的内容，所以税收政策对建筑产品需求者来说，明显缺乏购买节能产品的利益动力。

综上，虽然在现行税收优惠政策内容部分体现了建筑节能的理念，但根本上说建筑业税收政策的制定并没有完全符合当前我国建筑业能源合理利用的发展需求。建筑节能的政策倾斜度不够、税收优惠范围小、优惠内容过于笼统等问题，与我国鼓励节能减排、促进社会科学发展的方针政策不相适应。

四、政策配套措施滞后

建筑业工程项目周期长、业务主体关系复杂、涉税信息隐蔽等特点为行业税收征管带来的很大的难题。针对建筑业的发展特定以及行业运行规律，我国目前的建筑业税收政策正日趋完善，然而随着建筑行业发展的深入以及经济主体活动的频繁、复杂化，目前建筑业税收政策中的征管配套措施明显滞后，并突出表现在以下几方面。

（一）工程项目控管制度缺乏

目前我国对建筑业税收监管主要依靠"以票控税"的模式。"以票控税"一定程度上有效督促纳税人按财务管理要求开具发票缴纳税款，但从征收机关角度出发，单一"以票控税"的管理方法要求纳税人自觉缴纳税款，监管明显缺乏的主动性和全面性，加上建筑业本身存在一定的监管难度，因此建筑业不能将"以票控税"作为唯一的管理方法。而现行建筑业税收监管体系中，缺乏一个系统精细的工程项目管理制度，各地税务机关对工程项目的监管单纯依靠自行出台的管理办法，管理形式混乱且效果不理想。从工程项目注册登记到竣工结算，尚无一个有效的税收监管制度依据，因此各地税务机关的管理只能依靠发票控管，而不是主动去掌握工程项目信息，登记台账，造成了"单腿"管理的现状。

（二）税源管理制度不完善

税源监控是税收管理的基础，我国对建筑业税源实行属地化管理的原则，它要求建筑业纳税人以应税劳务发生地为纳税地点。如营业税制中规定：纳税人提供应税劳务，应当向应税劳务发生地主管税务机关申报纳税。未申报纳税的由其机构所在地或居住地税务机关补征税款。属地化征税的原则虽然明确了纳税人的纳税地点，但对建筑业纳税人而言，明显增加了纳税成本和奉行费用。建筑业纳税人跨地区经营或提供劳务较为常见，相同的纳税人或工程项目要在不同地点缴纳税款，甚至要办理多次税务登记，这直接加重纳税人的负担。其次对税务机关而言，加大了税源划分的难度。由于税务机关对工程项目的信息把握缺乏有效系统的管理办法，因此，对纳税人外地经营信息往往掌握不深，在纳税人不主动办理外经手续的情况下，税务机关难以把握流动性税源，形成征管漏洞。

（三）缺乏信息交换机制

税收监管的完善是一项系统工程，因此，税收监管工作范围应该突破税务部门自身。而我国建筑业税收监管体制中缺乏与其他部门信息交换的联动机制。建筑业经营者的经营行为有多个部门联合管理，其涉税信息可通过不同职能管理部门渠道获得。例如工程项目的总分包情况、投资概况、施工进度等数据信息都可通过城建、房产、银行以及质监等部门获悉。但是由于缺乏合理有效的信息交换机制，导致税务机关在建筑工程监管领域面临多方面制约和困难，也不利于征管水平的提高。

第四节　建筑施工企业税收政策实施建议

一、扩大增值税征收范围，建筑劳务改增值税

2009 年增值税转型改革并未实现完全意义上的消费型增值税，所以我国今后改革的重点是进一步扩大增值税征税范围，逐步将现行营业税征税劳务纳入增值税征税范围，实现完整的增值税抵扣链条，消除重复征税的影响。将建筑劳务（包括安装、装饰、修缮等劳务）纳入增值税征收范围，允许纳税人抵扣生产过程中购进的固定资产以及消耗的原材料进项税额，不仅是最优税制中公平和效率原则的体现，从实践层面也利于直接减轻建筑企业的经济负担，促进行业的健康发展。因为建筑劳务增值税的开征，一方面减少了重复征税款，另一方面实行统一的货物或劳务税制将有利于降低税收征纳成本。因此，无论是从"税收中性"的要求出发，还是从建筑业发展需求的角度考虑，建筑劳务改征增值税符合形势发展所需。而建筑劳务改征增值税，主要面临以下几个问题。

一是适用税率的选择。从前面对建筑业营业税实际税负的分析中可知，在"扩围"前，我国建筑业营业税实际税负约为 2.6%，以增加值为基数的实际税负约为 12.5%。为保证改革前后税制的稳定，建筑劳务改征增值税后的适用税率应满足"扩围"，前后税负的平稳衔接。根据国家税务总局重点税源数据推算，如果建筑业增值税税率 17%，则相当于营业税制下 2.5% 的名义税率。如果增值税率 13%，则相当于营业税制下 1.9% 的名义税率。从以上两档名义税率去考察"扩围"后的名义税负，均比现行实际税负低，因此，如果"扩围"涉及建筑业，不论选择现行增值税的何档税率，理论上均能减轻建筑企业实际税收负担，而选择 17% 的税率税负浮动更小，与现行增值税制接轨更简易，更能体现增值税中性的原则。而对于"扩围"后划定的建筑业小规模纳税人，可选择 3% 的税率，既与现行增值税保持一致，同时也等于"扩围"前营业税税率，税负可基本保持一致。

二是征管主体的选择。根据我国现行分税制，增值税由国家税务机关负责征收管理，而营业税由地方税务机关负责征收管理，建筑劳务改征增值税后，要面临征收机关的选择

问题。相对交通运输、金融、邮电等营业税应税行业，建筑业属税基流动性较弱的行业，且地方税系统对建筑业税收征管存在基础优势，因此，从节省税制改革成本的实际出发，在现行分税体制不变的前提下，"扩围"后建筑业增值税应继续由地方税务系统负责征管。"扩围"后，国地税机构应着手建立统一的征管信息统和开票程序，使改革能够平稳推进。

三是税收收入分配方式的选择。在我国财政分配体制中，增值税属中央和地方共享税，其中中央 75%，地方 25%，营业税属地方税，收入归地方政府。"扩围"之后建筑劳务的增值税收入如何分配。初始阶段，涉及改革的行业税收应继续归属地方所有，在税制平稳过渡的前提下，中央和地方收入波动不至于过大。在增值税改革的成熟阶段，为实现收入分配的灵活和统一，可根据中央和地方收入的变化对原增值税分配比例进行合理调整，按实际需要对新增增值税收入进行划分。通过阶段渐进式的推进，才可维护中央和地方利益的稳定以及改革的顺利进行。

2012 年 1 月 1 日起，我国深化增值税改革试点工作正式起步，对建筑劳务改征增值税已具备必要性和可行性，改革之后，建筑业的重复征税问题得以有效缓解，税制的公平和效益原则更易于体现。

二、适当减轻建筑业税收负担

建筑劳务增值税适用 17% 的普通税率，理论上可减轻建筑企业税负。而实践过程中，要考虑"扩围"后建筑业小规模纳税人的划定标准、给予的税收优惠力度以及一般纳税人进行进项税抵扣的操作性等直接影响建筑业税负的问题。首先如果对小规模纳税人的划分标准依据原增值税相关规定来执行，对认定为小规模纳税人的建筑企业适用 3% 的税率征收增值税，其税负与改革前不会产生太大波动。其次，考虑到建筑业现有的优惠项目较少，即使"扩围"后建筑企业仍可享受原优惠项目，对建筑企业税负的减轻作用也较小。再次，在实际抵扣进项税过程中，建筑业纳税人的部分购买支出很难取得增值税专用发票，例如黄沙、石材等建筑材料往往是从小规模生产者购买取得，而无法抵扣进项税款，因此，"扩围"后的建筑业实际税负会比测算出的税负更重。结合文章第三、第四部分中对建筑业生产情况和总体税负分析可知，在目前我国建筑企业的盈利能力较低（利润率 3.5%）、总体税收负担偏重（税收总量超企业利润的 50% 以上）的条件下，同时考虑增值税改革可能造成建筑业实际税负将大于测算税负情况，"扩围"后应结合发展实际适当减轻建筑业总体税负。减负可从以下方面着手：一是增加建筑业增值税优惠项目，尤其加大对建筑节能项目的优惠力度；二是适当降低一般纳税人的认定标准，扩大建筑业增值税一般纳税人范围，使增值税转型之利惠及更多建筑企业；三是完善增值税发票管理体制，严格落实以票抵税的监管办法，鼓励建筑企业索取正式发票。

三、完善建筑业税收优惠政策体系

增值税改革后，目前建筑业所享受的税收优惠政策必然会发生重大改变，税收优惠政策体系需重新确立和完善。在增值税税制优化的基础上，发挥税收优惠政策，政策导向性突出、作用明显、运用灵活等特点，对减轻建筑企业税负，鼓励建筑节能的发展以及促进建筑业增长方式的转变都具有重要的现实意义。而就如何完善建筑业税收优惠政策体系，提出以下建议。

（一）提高优惠力度

根据现行税收基本法律法规整理得出，目前我国营业税范围内涉及的税收优惠政策共51项，增值税29项，而其中建筑直接相关的营业税优惠项目有2项，增值税2项，从优惠政策数量所反映的优惠力度明显不足。增值税全面改革后建筑业现行营业税税收优惠政策将逐步取消，因此，改革后需要从新确立优惠项目和提高优惠力度。对原有优惠政策应根据"取消、改革、新增"的原则进行调整，根据需要适当提高优惠力度，降低建筑企业的税收负担和营运成本。

（二）增强优惠政策针对性

建筑业税收优惠政策的重点应倾向于建筑节能以及鼓励中小建筑企业发展领域。《中共中央关于制定国民经济和社会发展"九五"计划和2010年远景目标的建议》指出："坚持资源开发与节约并举，把节约放在首位""各行各业都要制定节约和综合利用资源的目标与措施，大幅度提高能源、原材料的利用率"。因此，结合目前我国能源开发利用形势，建筑业改征增值税后，应提升对新型建筑材料以及符合国家相关节能标准的建筑产品的优惠力度，可考虑降低部分低碳环保型建筑材料以及对符合绿色节能要求的建筑产品的适用税率。在所得税方面，对纳税人从事建筑节能相关领域取得的收入实行减免征收，对企业取得的符合节能标准的建筑产品或其他利于综合利用资源的固定资产允许其加速折旧等等。另一方面，企业所得税还应给予中小建筑企业更大的优惠力度，结合国家扶持中小企业发展的政策导向，对建筑业改征增值税后中小企业可能在进项税实际抵扣链条中出现的操作性困难、企业投入产出比例不高等不利因素的影响，国家应适当在企业所得税方面给予中小企业辅助性的优惠政策。

（三）注重优惠手段和方式

如果简单通过降低税率或减免征收的方式对建筑业实施优惠可能会导致政府税式支出负担过重，甚至会导致政府在建筑业某些应税产品销售或劳务收入上实际征不到税款的情况。尤其是在增值税改革之后，由于目前我国建筑业增值率不高，增值额较少，如果税收优惠手段和方式过于单一，则不利于建筑业税款的组织和税制改革的稳定。因此，对建筑业税收优惠政策体系的建立，要注意优惠手段和方式的多样化和合理化要求。在对建筑节能领域的优惠中，可选择运用差别税率对节能材料和节能建筑产品进行优惠，前提必须保证政府税收收入的稳定以及不破坏税收的公平和效率。而为了保证建筑业的科学持续发展，可以根据不同政策组合的要求，适当引用其他鼓励建筑节能的财税政策，如建立专项发展基金、运用财政补贴或建筑节能贷款贴息等财税手段，均可实现发展要求。

四、完善建筑业税收政策配套

现阶段，我国建筑业税收征管难题单从增值税制改革的层面依然难以解决，即使增值税全面"扩围"后，环环抵扣的"以票控税"监管模式要求和水平进一步提升，而建筑业税收的征管依然须要克服建筑劳务业务主体关系复杂、工程涉税信息隐蔽以及行业纳税人发票意识不强等特点，因此，在增值税制"扩围"的基础上，政策配套也需及时到位。

（一）建立和完善工程项目控管的制度

建筑工程项目控管制度的建设应从以下方面着手。首先制定精细化的项目监管工作流程体系。税务机关的监管应以工程项目的运行特点为依托，全面分析掌控项目立项审批、开工建设、款料划拨、期中结算、竣工决算等各个阶段的信息流，在深入了解工程项目业务运转规律的基础上确定监管工作的流程。其次是根据工作流程建立有效的监管机制。税务机关应突破"以票控税"的监管手段，对建筑工程项目实施主动全面的税收监管，从工程项目批建到竣工，各个环节要进行电子化的台账登记跟踪，并实行建筑企业工程项目施工进度申报审核制度，由纳税人在每月报税期同时申报工项目施工进度情况，税务人员进行实地审核。

（二）优化税源管理制度

我国现行建筑业税收实行属地化征管的原则，一方面增加了税收的征纳成本和纳税人的奉行费用，另一方面由于各地政策执行标准不一也加大了税务机关税源划分的难度，因此，在属地化管理现有成效的基础上，可考虑从以下方面完善税源管理。一是简化建筑企业外出经营涉税办理手续，为纳税人提供更便捷的服务。二是统一政策执行标准，规范应税劳务纳税地点的确认，严格按照应税劳务发生地作为纳税申报地。三是优化各地税收征管集中管理系统，在电子征管系统增加异地纳税申报查询功能，以利于税务机关全面掌握纳税人相关涉税信息。

（三）建立信息互换监管制度

建立信息互换的监管系统是落实建筑业税收政策的有效保障，也是目前建筑业税收征管亟须建立的辅助工作手段。税务机关应尽快建立一个以税务主管，部门配合的综合征管信息互换制度，其他部门包含各地发改委、经贸、城市建设规划、国土资源等机构部门在内。在制度框架内积极争取其他部门配合，通过建立电子信息互联平台采集辖区范围内各项工程项目的审批报建、施工进度、资金支付等涉税动态，有效掌握税收控管的主动权，为税务征管和稽查分析打造便捷的信息渠道。

第二章 "营改增"对建筑施工企业项目管理的影响

第一节 建筑业改征增值税的基础

一、税制发展历程

(一)增值税的引进及发展历程

增值税是我国流转税的一种,其中,商品的增值税通常是依据其在流转过程中所增加的价值额度来确定具体的税额。增值税是一种常见的税种,世界各个国家级地区都会对部分商品征收增值税。增值税虽然可能有不同的名称及叫法,但是其核心都是以商品以及应税劳务作为纳税的直接对象,增值额则是增值税的计税依据,因此,这一税种是商品在流转中所需缴纳的一种新型商品劳动税。

增值税最早出现在 20 世纪 50 年代,法国首先对国内的部分产品在流转过程中征收增值税,此后,这一税种逐渐被实际多个国家及地区所沿用。我国于 1979 年开始推进增值税试点工作,尝试对部分商品征收增值税,此后,国务院及相关部门颁布了一系列法案来完善增值税征收机制,标志着我国正式建立了增值税征收制度。1993 年,我国进一步扩大了增值税的适用范围,增值税成为我国各级政府主要的税收来源之一,据统计,自 1994 年以来,我国增值税税收收入持续增加,目前已占据我国税收收入总额的 40% 以上。

随着增值税税收金额的不断提升,目前该税种已成为我国第一大税种,在税收领域具有举足轻重的地位。但是,增值税征收制度在发展过程中存在一系列的问题与不足,我国服务行业由于常年缴纳相关的营业税,同时增值税抵扣链条存在缺陷,导致重复收税的现象发生,加重了国内企业的负担,不利于我国社会及经济的发展。针对这一问题,中央相关部委联合发布了《关于实施东北地区等老工业基地振兴战略的若干意见》,该文件提出东北地区的部分企业可以用新买入设备的增值税税额来抵扣进项税额,从而降低企业的负担。在实践过程中,这一规定取得了良好的效果,有力地推动了当地企业的发展,此后,相关部门决定将这一规定的适用范围进一步扩大,从而促进东北工业的快速发展。在十六届三中全会中,中央决定将增值税的定义进行适当调整,将其由生产型转为了消费型,然后将机器与设备的购买金额纳入了增值税到抵扣范围之内。随后的 2007 年 7 月 1 日，实行增值税的试点范围逐步开始延伸到中部的 27 个市，一直到 2008 年 7 月 1 日，这一范围又进一步的扩大到了内蒙古自治区以及四川省的汶川地震灾区。此后，中央相关部门颁布了一项增值税暂行条例，对原有的增值税征收体制进行了补充与完善，允许企业将新购入的设备及机器中含有的进项税额进行抵扣。2011 年，我国决定进一步扩大增值税的增收范围，同时对营业税的征收方式进行调整，并颁布了《营业税改征增值税试点方案》，标志着我国正式推进营改增试点工作。在实践过程中，这一法案在推动我国部分城市的交通运输业及服务行业的发展过程中取得了良好的效果，获得了一系列阶段性的成果，此后，这一法案的试点地区逐步扩大，目前全国已有十几个城市实行这一政策。

据统计，我国自 1994 年以来，累计征收增值税 345000 余万元，占我国税收总额的40% 以上，成为我国税收领域最重要的一个税种。增值税征收体制的不断调整与完善不仅促进了我国税收制度的发展，同时对我国社会及经济发展、维护社会稳定等方面提供了强有力的支持。

（二）我国建筑业税收发展历程

建国初期，我国建筑行业的发展较为曲折，改革开放以来，随着我国经济的飞速发展，国内建筑行业也走向了发展的高速期。我国建筑行业在发展过程中，经历了财税政策的不断调整与变化。

1. 第一阶段的建筑业商品税（1949 ~ 1957 年）

我国建筑行业商品税发展的第一阶段为 1949 ~ 1957 年，这一阶段是中国的国民经济的稳健恢复时期。与此同时，中国的建筑行业开始慢慢发展为具有特点的行业并开始稳定的发展壮大。同时，建筑行业的商品税制度也在逐步地推进中，并且也在实践过程中得到了巩固。我们在分析和总结过往的教训踪迹经验的基础上，以尽快统一全国范围的财税为目标。早在 1950 年时期，政务院就发布了决定——该决定要求我国开始要统一财税税制，同时要实行相关的税制的实施细则，在全国范围内一共设立了共计 15 种税制。随后，我国在 1954 年和 1958 年对相关的规定进行了修订及调整，使我国流转税的种类得到了大幅减少，并初步建立了复合税制体系。

我国多个部门于 1950 年联合颁布了《政务院工商业税暂行条例》，这一文件规定了我国企业要在交易行为产生的地方，要按要求的缴纳工商税。同时，这一文件将我国企业所缴纳的税费划分为工业部分及商业部分两大类，其中，我国建筑企业在经营过程中所缴纳的税费属于工业的行业部分，因此，按照国家相关文件的规定，这部分税费的额度由企业的营业总收入来决定，其数值为总收入的 2.5%。

2. 第二阶段的建筑业商品税（1958 ~ 1977 年）

我国建筑行业商品税发展的第二阶段为 1958 ~ 1977 年。在前一阶段，我国建筑行业随着社会的不断进步得到了快速的发展，但是，随着"大跃进"及"文革"的到来，我国建筑行业受到了极大影响，相关企业的运营陷入停滞，该领域逐渐被人们所忽视，行业的发展面临着前所未有的挑战。在这样的大环境下，我国的建筑行业给国家财政收入带来的国民总收入的占比有了大幅度的下降，到 1961 年的数据为止，我们看到占比仅存 2.1%，与 1957 年相比，同期下降了 2.9%，降幅达到了 56%。同时，由于受到了当时整个的社会情况和政策的影响和带动，我国建筑业的发展出现了停滞乃至倒退的情况。随着行业发展受到影响，行业的税收自然也遭受波及，处于一种名存实亡的状态，建筑行业商品税的发展进入了低谷期。在这一背景下，我国相关部门对财税的征收体制进行了调整，将商品流通税、营业税、货物税和印花税四个税种合为一个新的税种——工商统一税，来简化我国建筑行业的税收制度，从而促进建筑行业的发展。

改革开放以来，我国迎来了新的机遇，社会及经济得到了快速发展，带动了各个行业的复苏与发展。随着我国国力的不断增强，全球化进程的不断推进，各行业的发展也逐渐走向了国际化与现代化，同时，建筑行业也开始慢慢地发展起来，并取得了很好的成果，此外，建筑行业的商品税制也在这一期间分别展开了 3 次全面而深刻的改革。

3. 第三阶段的建筑业商品税（1978 年以后）

我国建筑行业商品税发展的第三阶段为 1978 至今。1978 年是我国发展过程中的一个重要转折点，随着改革开放的实行，我国社会、经济及科技得到了快速的发展，建筑行业作为一个关系着国民发展的重要行业，逐渐受到了重视。在改革开放后，为了促进建筑行业的发展，我国对建筑业商品税征收体系进行了三次广泛而深刻的改革。

（1）改革起步阶段（1978 ~ 1983 年）

在十一届三中全会之后，我国对过去一段时间所犯的错误进行了总结及纠正，国内的税收工作也逐渐得到恢复与发展，同时，相关部门出台了一系列政策来对我国税收体制进行调整与完善，各地区税务机构的人员配备情况得到进一步改善，这些都为今后的税制发展打下了良好的基础。

1984 年，国务院下发了《建筑税征收暂行办法》，标志着我国建筑行业税收体制正式建立，此后，国务院又颁布了一系列文件，来明确该政策在实施过程中的相关细节。在具体实行过程中，我国建筑行业税收体制得到了进一步的发展与完善。建筑税征税的对象是各个地区以及各个单位的全部资金投入以及更新/变换/改造项目中的工程总投资金额，税收的额度定为该数值的 10%。建筑税的制定与完善不仅促进了我国建筑行业的发展，维护了市场秩序，同时增强了我国对固定资产投资的管理力度。

（2）改革全面展开（1984 ~ 1993 年）

1984 年，国务院颁布了《中华人民共和国营业税暂行条例》，这一文件的出台标志着我国营业税正是从工商税中脱离，成了一个独立的税种。按照相关的规定，我国建筑行业中的企业及个人需要根据自身经营的交易性业务收入来缴纳税费，其具体的数值被定为交易总收入的 3%。对于国营的建筑安装企业，在工程建造及修缮过程中的相关收入暂不征收营业税额。对于企、事业单位及其名下的各单位在工程建造及修缮过程中所获得的收益，无须缴纳营业税。对于分包及转包出去的相关工程，其项目负责企业及个人则需要依照项目的从收益，缴纳一定数额的营业税。

第二年，财政部、国税总局联合颁布了相应的细则文件，文件提出国家对于国营建筑企业应按照相关的规定，按照项目的总收入缴纳 3% 数额的营业税。此后，多个部门联合发布了《关于恢复征税的通知》，该文件提出税收部门要根据相关的规定恢复对国营建筑企业征收营业税，从而降低行业中其他企业及个人的税负，维护市场环境。为了完善建筑税征收体制，促进建筑行业的发展，财政部门决定对乡镇企业及个体商户增收建筑税，税率则由企业及个人的实际情况依照相关标准进行确定。1990 年，我国将建筑税正式更名为固定资产投资方向调节税，并将私营企业纳入该税种的税收对象，并对相关的免税政策进行了调整。

（3）改革完善阶段（1994 年以后）

我国于 1994 年与 2008 年对税制进行了两次广泛而深刻的改革，旨在促进国内经济的发展，完善国内的税收体制。在改革过程中，我国的营业税征收体制得到了发展与完善，其中有关建筑行业营业税的条例得到了修改，使其更加具体而明确，这对于我国建筑行业的发展具有积极的作用。

二、"营改增"改革

1994 年，国务院经过研究决定对货物劳动税进行全面改革，对我国的建筑业营业税征收体制做出了如下调整：对于分包或转包的建筑工程项目，其税费由总承包人按相关标准进行缴纳；工程进行转包过程中，视为发生应税劳务；工程的总金额由材料、劳务及其他物资相关费用之和来确定。这一规定标志着我国建筑业营改增税收改革的正式启动。此后，我国对建筑业营业税征收政策做出了如下几点调整：工程总承包人不再担任扣缴义务人的角色；禁止对建筑工程实行分包等行为；对于跨省的建筑工程项目，税金的缴纳地点由劳务发生的地点所决定，及企业及相关人员需向劳动发生地的税收机构进行缴税。通过这些改革，我国建筑业营业税征收体制不断得到调整与完善，更加适应我国国情与行业的发展。随着我国经济及社会的不断发展，我国在营业税征收方面逐渐暴露出一些问题与不足，因此相关机构与部门需要对我国现有的税收体制做出进一步的调整。

（一）主要财税政策变化历程

2011 年 11 月，财政部与国家税务总局联合下发了《营业税改征增值税试点方案》，这一试点方案是为了建立、健全税收制度，从而促进我国经济结构的调整、完善，以此来推进我国的现代服务业的进步，这一试点方案是视作营业税改收增值税的整体指导文件来正式的拉开我国税改政策试点工作开始的巨幕，此后，政府部分又持续的颁布了许多的相关通知说明细则。做本将通过研究自营改增试点开启以来的主要财税政策进行了汇编从2011～2016年，不断推进营改增实施，增加试点范围与时间，进一步明确了试点应税服务适用零税率和免税政策，不断对营改增试点税收政策进行补充。

除36号文外，税务总局还颁布了2016年13～19号文件以及23号、25号公告等一系列政策。

（二）财税〔2016〕36号文简介

发布的一系列文件，除了宣布扩大营改增的试点范围和规定试点时间之外，还发布了四个重要的相关附件。

（1）第一个重要的附件是：《营业税改征增值税试点实施办法》。这一实施办法主要是依据前期文件中的相关政策规定，以及营业税改征增值税的试点，对相关的税收政策进行补充与调整。该文件共有55项规定及说明，其主要内容包括以下几点：

1）明确了我国目前营改增试点的具体实施范围

2）对增值税行为的税率计算标准给予说明

3）附注了销售服务、无形资产、不动产的注释内容。

（2）第二个重要的相关附件是：《营业税改征增值税试点有关事项的规定》。该文件主要依据各地区营改增实施办法及国内相关的税收政策，对试点地区的营改增具体实施细节进行细化和补充，促进营改增政策的落实与发展。

（3）第三个重要的相关附件是：《营业税改征增值税试点过渡政策的规定》。该文件对营改增试点工作开展期间，企业及个人所需缴纳的费用及相关优惠政策进行规定，旨在推进营改增政策在试点地区的发展。

（4）第四个重要的相关附件为：《跨境税为适用增值税零税率和免税政策的规定》。该文件对营改增试点地区的相关产品进出口细节进行了规定，明确了税费的承担着及缴纳标准，并制定了相关的免税政策，从而促进我国进出口贸易的发展。

三、建筑业改征增值税的必要性

建筑行业是一个对于国民发展具有十分重要意义的行业，它在推动经济的发展、维持社会稳定的过程中都发挥着巨大的作用。改革开放以来，我国经济飞速发展，建筑行业也随之进入了快速发展时期，各地的建筑工程总量持续保持增长。在这种环境下，政府需要通过制定相关的政策，来加强对建筑行业的监督管理，从而促进行业的长远发展。

（一）推进"营改增"改革的意义

1. 税改的必要性

我国在推行税制改革以后，营业税、增值税成为我国税收领域两个重要的税种，在推动经济发展、维护社会稳定的过程中发挥了巨大的作用。但是随着环境的不断改变，我国现有的税收制度已难以满足国家及企业发展的实际需求，其中暴露出的一些问题亟待调整与解决，因此，我国需要对税制进行再一次的深化改革。目前，我国营业税及增值税的征收体制主要存在以下几点问题：

（1）重复征税问题突出。如前文所述，由于我国增值税抵扣链在制定过程中存在缺陷与不足，导致企业在经营过程中需要重复缴纳税费，这对经济的发展十分不利。具体来说，就是我国在政策上鼓励企业进行专业化发展，从而促进我国社会分化协作进程的推进，但是对商品流转过程中所应征收的税费没能及时进行调整，导致按照现有的政策需要对其征收营业税及增值税，造成了水费的重复征收，抑制相关企业的结构的重组以及在专业化方面的快速进步。在营改增这一政策还未实行前，我国在增值税的征收范围较小，仅涵盖有形动产及相关人员的劳务费，其他的均为征收营业税额，这样的税收方式严重造成纳税人在进行销售及提供劳务期间需要重复交纳税金的问题出现。此外，由于增值税抵扣链条制定的不完善，企业及个人还需额外缴纳相关的营业税，其税负得到进一步加重，这对于相关行业的发展十分不利，与我国可持续发展的战略相悖，同时，这也是经济发展方式转变的一大阻碍问题，因此，我们必须从根部解决问题。

（2）增加了税收风险。我国经济水平的不断发展和进步以来，各大单位、企业的经济交易过程变得非常复杂。根据原来的中国税制，我国的各大企业需要对自身参与的交易进行核对，造成了企业经营成本的上升，同时降低了企业的运营效率。此外，由于我国各行业间的交流合作日益频繁，使得国地税之间的征收主体划分不够明确，从而加剧了税收的风险。

（3）制约了服务业的发展。随着我国经济的不断发展，各行业之间相互融合已成为社会发展的必然趋势。但是目前我国据营业税和增值税并存，这会导致许多企业在经营过程中需要交纳额外的税费，导致经营成本的显著增加，这对于我国企业的分工协作会产生不利影响，降低相关投资者的创业热情，显著制约了服务业的发展。

（4）制约了财政体制改革。统一的税制对于促进国内经济发展、维护社会稳定、保障各行业的竞争环境都具有重要的意义，因此，我国需要加快税收体制改革，明确增值税及营业税的税收标准，从而完善我国财政体制，促进社会的发展。

2. 改革的作用

据统计，我国建筑行业目前共有 8.1 万余家企业，从业人员超过 4500 万人，行业总产值达到了 17.7 万亿，建筑行业目前已成为影响我国国民发展的重要行业。随着经济的不断发展，我国建筑行业近年来保持高速增长势头，十二五期间，行业年均增长速度超过50%，2006~2014 这几年间，行业总产值增加 5 倍以上，占我国 GDP 总量的 5% 左右，成为影响我国经济发展的重要领域。随着建筑行业的不断发展，为我国实施营改增提供了充分的客观条件。据调查，我国建筑行业的企业需要承担的产值利税率为 6.8%、资产利税率为 8.1%，企业的税负较重，行业总体的利润率较低，为了维护企业的切身利益，推进我国建筑行业的发展，相关部门决定对我国建筑行业的企业实行营改增政策，将企业的增值税税率调整为11%，同时取消企业所需缴纳的营业税。通过这一政策，企业在运营过程中所承担的税负显著降低，同时，对于企业所从事的部分项目，可按照相关的规定享受免税或减税政策，从而进一步降低了企业的税负，促进我国税收体制的完善，推动国内经济的发展。

营业税改增值税是我国税收体制发展过程中的又一次重要改革，上一次的改革时增值税转型。改革将解决原有的两大税种并存导致的重负征税的困境，同时能够达到减轻企业税负的最终目的，这也为我国的现代服务业的发展提供了推动作用；此外，通过营改增这一证词来优化我国的财税制度的结构能够深化我国不同产业之间的分工，这也有助于帮助我国明确各企业的分工协作，提高各行业整体的技术水平，促进我国经济的不断发展。具体来说，包括以下几方面内容：

（1）有利于税制的完善。在营业税改征增值税这一过程完成之后，我国将取消对企业增收营业税，取而代之的是增值税，并将增值税的征收范围覆盖商品以及服务的所有环节。到那时候，税收的重要意义就可以充分体现出来，有利于我国打造一条完善的增值税抵扣链条，避免出现重复征收税款等问题，降低企业的税负，同时有助于促进我国企业间的分工协作，加快行业的发展，并最终带动我国整体经济的发展。

（2）有利于促进经济发展方式的转变。营改增这一重大的举措是为了消除了增值税和营业税这两大税种长期并存而产生的各种缺点，也是为制造业的转型和升级，以及服务业的稳健进步提供更好的政策性条件。此外，这一举措也会进一步改革原有的产业结构，让税收流程中相关的单位受益实现共赢。

（3）有利于财政体制的建设。目前，我国已进入深化改革的关键时期，在这一过程中，推动营改增的发展对于完善我国财税体制具有重要的意义。随着这一举措的试点工作的开展，一直以来，营业税作为地方主体税种将逐渐消失，从而被增值税覆盖。这也是为两我国的财税部门提出了更高的标准，也需要改革各地的现行税收制度和体系来适应新市场的新要求。由此可见，营改增的推进与发展不仅有助于我国简化税收体制，同时可以加快我国财税体制的改革，使其更适应我国的国情，从而推动经济的发展。

（二）建筑业"营改增"的作用

自1984年以来，我国建筑行业的相关企业需要按照相关的规定缴纳营业税，在经营过程中，由于建筑行业的上游企业较多，导致购买建筑材料及设备所需的资金数额较大，增值税的存在会使得企业的经营成本显著增加，制约了行业的发展，同时，由于增值税抵扣链条中存在相关的问题与缺陷，使得工程在进行过程中往往还要重复缴纳税金，我国建筑行业的企业普遍面临着巨大的税收负担。由于我国建筑行业对于经济及社会的发展具有重要意义，因此相关部门需要制定相关的政策来完善建筑行业的税收体制，解决过去存在的一些问题，从而消除不利因素的影响，促进行业的发展。对于工程的施工方来说，依据相关规定，工程所需缴纳的税金需要由其自身来承担，这就导致施工企业的经营成本显著上升。此外，由于整个行业上下游企业之间没能形成一个统一的税收政策，导致不同企业之间的税负不平衡，长此以往，会使行业发展陷入畸形，同时也违背了税收的公平性原则，对于行业乃至整个社会的发展都十分不利。增值税与营业税之间存在着明显的区别，增值税是对商品在流转及劳务服务在价值提高时所征收的税款，这对于平衡各企业的税负，维护税收的公平性具有重要的意义。同时，由于增值税的计费基础为商品及劳务服务所增加的价值额度，因此企业所需承担的税款由其盈利金额所决定，这样就显著降低了企业的税负，有利于促进我国企业的发展。

在营改增政策全面实施以后，我国的增值税征收体制将得到进一步的调整与完善，从而平衡各企业的税收负担，维护税收的公平性。对于建筑行业整体来说，营改增不仅有利于统一行业上下游的税收政策，促进行业的稳定发展，同时还具有以下几点作用：

（1）有利于整合行业中的相关资源，促进行业发展；

（2）有利于加强对行业的监管，有效降低不良行为的发生频率；

（3）有利于降低施工企业的税负，维护税收公平性原则；

（4）有利于将强税收行业相关企业的经营管理水平；

（5）有利于建筑行业中的相关企业朝着专业化、精细化的方向发展。

综上所述可知，实施营改增，就目前我国经济和社会的发展进程来看，对建筑业是必要的。

四、"营改增"对建筑业发展的影响

对建筑行业实施营改增政策，对于我国税收体制的完善具有重要意义，促进我国财税政策的发展，使之更适应我国的国情，同时，营改增对于行业的可持续发展具有积极的意义。

（一）改变工程计价规则

通过实行营改增政策，我国建筑行业的相关工程在工程计价上可以实现"价税分离"，其含义为将营业税下的各项费用的各种不同的计价规则，将其改为现行文件规定的计价规则。依据我国相关政策的规定，我国建筑工程计价规则的具体内容及费用额度要依据《建筑安装工程费用项目组成》这一文件来进行确定。

1.建筑安装工程费用的项目组成

在营改增政策实施以后，我国建筑行业的进项税额不再计入建筑工程税前费用之中，同时，项目所需缴纳的税金按照国家规定，要计入造价的销项税额之中。

2.要素价格

（1）人工单价

人工单价指的是工人的工资不用进行调整，因为没有进项税额。

（2）材料价格

材料价格的组成需要相应的进行调整。

施工机具台班单价

施工机具包括工程建造过程中所需要使用的各类机械设备及仪表仪器，其计算方式为：

施工机械台班单价二台班折旧费＋台班大修费＋台班经常修理费＋台班安费及场外运费＋台班人工费＋台办燃料动力费＋台班车船税费

仪器仪表台班单价＝工程使用的仪器仪表摊销费＋维修费。

3. 费用定额

（1）调整范围

企业的管理费包含日常经营管理过程中所需的办公费及相关项目检验所需的检验费，且需要扣除进项税额。利润和规费在营改增后均不包含进项税额。

（2）费率调整方法

在开始实行营业税改征增值税之后，需要采取的基础费用及其内容都发生了很大的变化，此外，相应的费率也需要做出修正，按照费用的发生额，在税改前后进行相应的调整。

应纳税额＝当期销项税额－当期进项税额销售额不含项税额

纳税人所需缴纳的需要按照如下公式来去定：

销售额＝含税销售额＋（1＋税率）

如果出现销项税额不足以抵扣进项税额时，其相差的金额可以使用结转下期的方式来进行处理。

通常来说，纳税人的简易计税方式的适用范围为：

（1）通过清包进行的相关建筑服务

（2）甲方所提供的相关建筑服务

（二）统筹协调企业税负水平

由于我国建筑行业的税收政策较多，税费的计算过程较为复杂，企业面临的税负压力较大，同时，由于税收体制的不完善，行业中不同企业所面临的税制也不统一，导致了行业上下游企业在经营过程中需要承担不同的税负，这显然违背了税收公平性原则。

例如，建筑行业进行的修缮项目，其与工商业重点修理业务的整体性质大致相似，这两者都是对一个目标进行改善，但是按照我国的税务规定，建筑业的修缮时是业税范畴，而工商业则是属于增值税范畴，这一规定就使得这两者一个性质的项目却被要求遵循不同规定来计算，那么，他们的税负就有了一定差距。此外，根据《营业税暂行条例实施细则》中的规定，对于企业混合销售的交易行为需要提供劳务且需要销售自产的货物时要分别进行计算；例如，在工程建设过程中所需使用的原料及相关设备，按照不同的政策法规需要交纳不同额度的税金，因此工程在施工过程中，不同的企业要承担不同水平的税负，导致公平性原则不能得到有效维护。通过实行营改增政策，建筑行业中相关企业所需缴纳的税金则是由经营过程中获得的利润所决定，不仅有效平衡了行业上下游企业的税负，维护了公平性原则，同时有利于降低企业的经营成本，避免因税收过重导致企业经营陷入困境，有效地促进了行业的发展。

（三）规范建筑业市场行为

过去一段时间，由于我国建筑行业监管体制的不完善，导致行业中许多企业的发展没有收到有效的制约与引导。虽然近年来我国通过出台相关的法规及政策来强化对行业的监管，建立并发展相关的管理体系，但是违法分包、转包及挂靠的现象在行业中仍然屡见不鲜。通过适时营改增政策，可以对企业在财务及票据上进行更为有效的监管，从而规范企业的市场行为，促进行业的良性发展。在违法分包、转包及挂靠行为中，工程的具体施工方通常不具备施工资质及条件，这就使得工程的质量难以保证，对人民的生命财产安全造成隐患，针对这一问题，对其进行较为具体的分析。工程挂靠指的是没有相应建筑资质的企业或个人利用具有相应的资质的单位和企业的名义接下该工程的行为。在这一过程中，没有相应资质的那一方被称为挂靠人，而有相应的资质的那一方，即出借公司名义的单位则被称作为被挂靠人。在实际的工程招投标过程中，有一些自身的资质条件不符合要求的承包商，他们为了能够拿到自己想要的某些项目，常常会选择使用各种不良的竞争手段欺骗招标单位，各种不良手段中便包括了利用符合条件的单位证书来取代自己不符合条件的本质——即所谓挂靠。这类不良的竞争手段不仅仅会扰乱了建筑市场的正常竞争状态，而且往往是导致重要的修建工程的质量隐患的首要因素。因此，挂靠方为了在工程项目中获取更多的利益，会通过采取偷工减料、以次充好等手段来降低成本，这将使工程的质量大打折扣，并买下巨大的安全隐患。

在过去征收营业税的时候，挂靠承包这在进行财务处理时，通常采取以下两种措施：一是内部承包，即挂靠人与被挂靠人签订相关的承包协议，来完成工程施工的交接；二是分包，将挂靠人视为被挂靠人的分包人，通过签订相关的协议来明确具体的分包项目。由于过去税收机制的不完善，一些企业会选择通过需靠发票、提高人工费等方式来降低所需缴纳的税金，进行偷税漏税等违法行为。而增值税在征收过程中，由于对发票的形式及内容有较为明确的规定，税务部门对这部分税金的征收管理也较为严格，因此相关企业在进行挂靠后将无法获得足够的增值税专用发票而导致税负的增加，自身经营成本也随之上升，从而无法获得利润，这样就可以有效地遏制违法挂靠等行为的发生。

通过实行营改增政策会使得建筑市场中其他违法违规行为的操作难度增加，企业的违法成本也随之上升，在无利可图的情况下，企业会自觉规范起自身的市场行为，从而有效地维护了市场环境，促进了行业的健康发展。

（四）促进建筑业企业向专业化、精细化发展

通过实行营改增政策，对企业在原料采购、日常管理及财务管理等各个方面提出了更为严格的标准与要求，不仅有效地规范了企业的市场行为，同时也降低了企业所承担的税负。随着这一政策的推广，一些企业会自觉地进行管理方式上的改革，从而使自身的经营模式与相关的规定相匹配，同时，也加速了企业朝着专业化、精细化的方向进行发展，促进了行业整体技术水平的提高。对于一些专业化、精细化水平较低的企业来说，在经营过程中会面临着无法获得符合要求票据的风险，造成经营成本的增加，因此，企业将会自觉地提高自身的专业化程度，从而促进行业的发展。

此外，在实行税收体制改革之后，一些企业可以通过专用发票来抵扣购进相关资产时所需缴纳的税款，避免重复征税问题的出现，显著降低了企业所面临的税收负担，由此来调动企业未来的可持续发展、做大做强的积极性。从未来的发展前景来看，这一措施有助于建筑业优化自身的财务制度、经济情况，从而也可以帮助其提高建筑业的技术含量与未来的经济价值。

综上所述，通过实施营改增政策，可以有效遏制建筑行业中的违法违规行为，加速相关企业的产业转型，对于维护市场的竞争环境、促进行业的长远发展具有积极的作用。

第二节 "营改增"对建筑施工企业工程项目成本管理的影响

一、"营改增"对企业财务的影响

（一）对会计处理的影响

目前我国建筑行业实行的是营业税，即行业中的相关企业需要依照营业税的缴纳体系来缴纳税金。营业税缴纳体系中由于无法实施进项税抵扣，许多施工企业需要将在原料购进及设备购买过程中获得的增值税专用发票的税额计入工程成本中，导致企业需要缴纳更多的税金，造成经营成本的上升。根据我国相关法律及政策的规定，企业及个人若提供了具体的建筑业劳务，则其总营业额必须包含劳务过程所需要的材料、设备及其他的款项。根据这一规定，建筑行业出装饰劳务以外的相关工程中购买的材料都需要缴纳一定数额的营业税。

营改增这一举措在建筑业的实施过程中，其直接的改变就是企业会计处理上的改变，具体指的是将其改为总承包中的增值额为基础来计算缴纳的增值税，取代了以往的以工程的总额为基础计算的营业税。具体来说，企业在购买相关的材料及施工设备时，可以将所获得的增值税专用发票进行进项税额的抵扣，同时，建筑单位需要依据施工中相关的价款

向施工方提供增值税专用发票，从而取消了甲方供料所需缴纳的税款，降低了企业的经营成本。

根据我国的相关规定，在实行营改增政策之后，建筑行业总体的增值税税率保持在11%。这一规定出台后，企业在经营过程中所面临的经营成本及最后总体的利润率都会发生相应变化，总体来说，营改增政策将降低相关企业所面临的税负，促进我国建筑行业的发展。现对各方面内容进行较为详细的说明。

1. 资产

通过实行营改增政策，施工企业在购买原材料及相关设备时，将依照不含税的价格进行记账，这会使得施工企业在工程施工过程中所需缴纳的税金与原来相比会有一定的下降，使得企业的经营成本得到降低，资产负债率也随之上升。对于一些以经营大型施工设备的企业来说，公司整体的资产结果会发生较大的转变，对于促进企业发展，激发市场的活力具有积极的作用。

2. 收入

由于过去所征收的营业税属于价内税的一种，因此营业税的税额也包含在企业的营业收入之中，而对于增值税来说，增值税的税额不计入企业的营业收入之中，因此企业账面上的营业收入会下降，实际需要缴纳的税金也随之降低。据计算，在其他条件不变的情况下，企业的账面收入将降低至之前的90%左右。

3. 费用与成本

工程项目在施工过程中，会涉及众多的成本项目，其中既包含增值税进项税额的项目，又包含不含增值税进项税额的项目，这就导致许多项目无法分别入账，造成费用与成本的上升。对于不同的成本费用项来说，由于其使用的税收体制及税率不同，导致企业在进行记账时需要将价税进行分离，最终结果是账目中所体现出来的费用及成本和原有的营业税征收金额相比会有所下降，从而降低企业所需缴纳的税金。具体来说，企业每一项费用及成本若不能取得增值税专用发票，则公司的财账会与营业税模式下的财账保持一致，反之，若可以获得增值税专用发票，则财务记账会因口出发票载明的增值税金额而减少。

4. 利润

企业经营的最终目的是获得利润，因此，利润是促进企业经营发展的最终动力。若在实行营改增政策之后，企业的利润率发生了较大的变化，企业及相关人员会对政策产生抵触情绪，使行业的税改将难以平稳完成。因此，要想使营改增政策得到顺利实行，政府及相关部门首先要保证企业的利润率保持在一个相对稳定的区间内。根据相关的理论，企业的营业利润率计算公式如下：

营业利润＝营业收入－营业成本－营业税金及附加－期间费用－资产减值损失＋公允

价值变动收益－公允价值变动损失＋投资收益（－投资损失）

上述公式中，"资产减值损失""公允价值变动收益""公允价值变动损失""投资收益（损失）"不会因营改增政策的实施而受到影响，而其余四项内容会显著受到政策具体内容的影响，因此在实施过程中，政府可以对这四项因素进行评估来预测企业利润率所发生的变化。

（二）对会计报表的影响

建筑行业在实施营改增政策后，会计报表中的资产负债率及利润表会发生较大的变化。建筑单位的会计报表是反映建筑单位的具体财务状况及现金流量变化情况的文件，因此，建筑企业主要通过财务报表来实现对公司财务情况的披露，此外，它也是财务核对计算流程中的重要组成部分。

此外，建筑单位需要填写出具的资产负债表，它则是用来反映建筑单位在所拥有或可利用的经济资产依据所承担的现时义务。根据相关的政策，建筑行业在营改增实施前接手及实施的工程项目，按照原有的相关政策进行管理，其资产负债表不会发生变化；政策正式实施以后建筑行业相关企业所接手及实施的项目将会按照新的规定实施价税分离。具体来说，企业资产负债表中国的存货、固定资产等内容的报表金额会有所下降，同时，应缴税费由于营业税变为增值税，会使其在金额上发生一定的变化。

建筑行业相关企业的利润表可以直接反映出企业的收益及利润率等内容，详细说明了企业经营过程中相关收益的来源及其构成。通过实施营改增政策，企业的营业税会直观地体现在利润表中，由于增值税不会再相关的利润表中反映出来，因此在实施营改增政策后，企业的利润表会发生一定的变化。

具体来说，由于"主营业务收入"及"主营业务成本"的改变，企业利润表中的报表金额会有一定程度的下降，同时，由于"营业税金及附加"项目中不含有营业税，报表的金额会进一步地下降。

二、"营改增"对企业税务的影响研究

（一）对企业税负的影响

在企业财务管理中，非常重要的一项内容就是税务管理。合理科学地筹划税务直接关系着企业盈利乃至发展。对建筑施工领域的企业而言，仅须对于营业收入计提和缴纳营业税即实施营改增即可，如此能够有效地帮助企业提高税收管理效率，而这对企业财务部门来说，在税务计算与筹划上则面临着更精细和更高的要求。所以，建筑业在营改增施行之后，企业必须对其纳税筹划与税负水平相关问题更加关注和重视。

理论税负计算分析

把原有营业税的征收统一改成增值税的征收，这一举措，对与建筑企业单位而言，其税负的影响是非常大的，这也是国家推行的税改政策在实现过程中政府所关心的重点。在

建筑业实行营改增之后，若企业的应缴纳的增值税额开始了明显上升，这一结果对税改过程的推进不利，同时，这也会阻碍建筑业企业自身推进营改增的实施；反之，若建筑企业在实施营改增之后，税负情况有了明显的下降，那么将会促进建筑企业的大力推进，但是，这也将会影响到政府和国家的税收。本节依据规定的增值税的计税机理，将建筑企业应该缴纳的增值税额列出如下的公式：

应缴增值税＝销项税额－进项税额

因为施工企业经营模式有其特殊性，因此一般来说施工企业会在各地成立了单独的会计核算项目部。鉴于项目部工程具备长周期性和单件性，因此建筑施工企业在进行税务筹划时，必须从具体项目的实际特性与情况出发，如此才能够将企业真实税负水平和相关的影响因子体现出来。假如施工企业为增值税的一般纳税人，那么销项税额的计算公式为：

销项税额＝工程结算价 ×11%/（1+11%}

而进项税额计算公式为：

进项税额＝（外购原料、燃料、动力）× 税率 /（1+ 税率）

（二）对纳税管理的影响

对建筑行业进行增值税的改征后，缴税方面对施工企业产生很大的影响。最早，建筑业执行营业税制度，《营业税暂行条例》规定，一般纳税人进行纳税的条件是，只需提供具体建筑业中劳务部分即可。但是，自从建筑业开始改为征收增值税以后，根据政府出台办法的相关规定可知，对于跨地区的纳税人，一旦提供了具体的建筑业的劳务部分，那么就必须在本企业劳务所在地进行缴税，税率2%，然后再向劳务所在地的税务机构进行申报，才能进行企业纳税。跨地区的纳税人，可以根据具体的劳务服务选择适用自己的计税形式，另外，对于小规模的企业，产生跨区劳动服务的，必须按照规定进行计算纳税。

再在建筑业的劳务发生地预缴税款，规定的征收税率为3%，此后，还需要向当地的税务机构进行增值税的申报并进行税务的缴纳。在建筑企业的营业税的征收过程中，以建筑业的劳务发生地地方作为增值税的应纳税点，这一规定符合建筑业的跨地区的特点，此外，这一规定也帮助了当地的税务单位进行增值税的征管。但是，因为政策的变化，对于跨区企业来说，会产生缴税在劳务发生地，税务的汇总在企业所在地这种情况，增加了税收管理的难度。因为，营业税和增值税是两种完全不同的税种，所以，填写申报增值税的表格更加详细具体。比如，2016 年政府发布的 13 号文件中说明，纳税人在填写申报增值税的具体税务时，需要提供申报表和相关附件，其中包括：

一：《增值税纳税申报表（适用一般纳税人）》；

二：《增值税纳税申报表附列资料（一）》（本期销售情况明细）；

三：《增值税纳税申报表附列资料（二）》（本期进项税额明细）；

四：《增值税纳税申报表附列资料（三）》（不动产，服务，无形资产扣除项目明细）

五：《固定资产（不含括不动产）进项税额抵扣情况表》

六：《增值税纳税申报表附列资斜（四）》（不动产分期抵扣计算表）

七：《增值税纳税申报表附列资料（五）》（税额抵减情况表）

八：《增值税减免税申报明细表》

九：《本期抵扣进项税额结构明细表》

由上述各文件不难发现，申报增值税很详细具体，对比营业税申报的更加严格，所以，不难看出，营增改在建筑业实施后，增值税的申报、管理对企业来说是一个难点。

（三）对税务风险的影响

一般而言，企业在财务管理中，其财务风险主要体现在企业纳税环节，以及企业违法违规时的风险，企业存在着许多的应纳税，但是未纳税或者是少纳了税的情况，从而企业将需要后期的补交或者需要缴纳罚款，甚至是受到处罚的可能，严重的还会危害到企业的声誉等，这些风险都是建筑业在进行营业税改征增值税以后，可能会受到相关的税收的政策文献等影响产生的巨大变化，因此，建筑单位要及时采取有效对策来防范。

1. 税控设备管理的税务风险

（1）防伪税控的专用设备丢失或者被盗窃的风险。根据政府的相关文件内规定，因为单位自身的保存不当或者其他的原因导致了设备被盗或丢失，根据相关规定需要罚款，款金一般处一万元以内，并且相关单位必须在政府规定的期限内办理处罚手续。因为，企业丢失税控设备的结果非常严峻，因此，丢失单位必须要及时地向税务机关申报。

然后，税务机关审批通过才可以重新购买，并且，对于丢失设备，不仅影响企业的增值税发票正常使用，也让不法分子借助电子数据手段进行增值税发票的虚开，从而骗取国家税收资金，导致国资严重流失严重。

（2）没有根据规定使用或安装税控装置所引发的风险。根据政府出台的税收征收管理的办法规定，如果单位没有按照原则装配合理的税控装置或私行篡改装配，将会按规定被要求修正，另外，还会被处二千元以下的罚款。

2. 发票使用管理的税务风险

增值税发票必须严格把控和管理，其严格性体现在发票内容上，而且在申报的时间限定上也很严格，对于虚假发票打击力度也非常大。所以，营增改后，施工单位的增值税发票管理上的风险更高，具体如下：

（1）获得的发票不符合要求的税务风险

按照政府目前的文件中说明，对增值税的抵扣凭证必须严格符合国家税务部门的规定，如果不符合，相应的税额无法进行抵消。在执行之前的增值税政策下，2016年36号文件中规定了增值税抵消税额发票的具体要求。并且，对建筑单位提出要求，避免因为企业疏忽而出现了不合规的税务发票。

（2）增值税发票认证不及时的税务风险

按照国税总局下达的增值税抵扣凭证调整通知，纳税人必须在开具增值税发票的180天以内，进行财务单位的认证，才可以获取专用的增值税发票，否则不能够进行抵扣该发票的进项税额。此外，还要在增值税发票认证过后的第二个月内的可以申报的日期内，要向财税单位进行合理的申报，以此才能用来抵扣进项税额。一旦增值税发票没有在规定时间内进行认证，或者申报逾期，同样会造成无法进行税额的抵扣问题。

此外，按照政府出台的其他有关增值税的发票适用的有关文件可知，增值税的纳税人在获取这些增值税的专用发票之后，如果发生了商品退回或者开具的增值税票据出现差错的情况，但是，又不符合规定中的发票作废条件的，如若，因为商品的一部分退回或者发生了销售后转让的情况的，购买方需要主动去财税单位开具发票申请单。申请单中的蓝色字体的专用发票是财税单位认可的。根据上述规定，若不按照政府出台的有关规定开具、认证或者申请有效的增值税专用发票，将会有两种税务风险：

①如果增值税发票在开具的180内，付款单位没有进行认证，那么会造成无法抵扣后果，同时企业也会发生重复纳税的情况。

②如果付款单位不发生退货情况，但是在增值税发票开具的180天内没有进行认证，那么，购买方就无法进行通知单的申请，同样增值税发票同样不能够用来抵扣销项税额，结果也会造成买卖双方都纳重复纳税的不必要情况。

所以，对于增值税票据的管理工作，施工单位要进行严格管理，保证票据认证的时效性。

1）虚开发票的税务风险

开虚假增值税发票的情况：

①单位只提供为他人开具增值税的业务。

②该单位自身有货物需要销售、提供了应税的劳务行为，但是为他人开出了不符合实际情况的增值税发票；

③行了实际经营活动，但让他人为自己代开。

依照国家税务总局对开具虚假增值税发票的规矩：增值税的一半纳税人如果开具了不符合实际情况的发票，同时，没有按照它不实的金额，按规定进行认证、申报，并在期限没交税额的单位，需要根据其不实的税额继续交规定的增值税；此外，如果单位意见根据不实的金额进行认证、申报，且也在规定的时间内交了税额的，那就不根据它不实的增值税的金额再进行交纳税额。依照规定，针对虚假增值税发票的开具行为，财税机关会根据国家规定的税收征收管理法、发票管理办法中规定来对其进行处罚。

3. 账务处理的税务风险

相关的单位在会计的日常处理过程中，因为相关处理人员其自身的不良素质，导致他们对于国家规定的法律法规的不予重视，其次，他们对缺乏相关专业认识的极度医乏，使得对条例和法规认识有了偏差，无法按规定操作、收税，最终导致了避税的事实，这将给相关的单位带来许多不可预见的弊端。

税务风险方面的问题：

①销项税额上，对于不知道存在销售行为和计税不准确的情况，以及应该纳税但是没有申报的情况等。

②在处理方式上，对本来不能抵扣的部分进行了抵消，抵消部分的税额须按未转出进项税来处理。

③发票上是否根据规定来填写内容可开具，是否合规地使用了红字发票，抵扣凭证与要求相符与否。

第三节　"营改增"对建筑施工企业工程项目采购和分包管理的影响

一、工程项目部经济业务解析

根据财税〔2016〕36 号文的政策规定，施工企业在计税的方式上根据不同的项目选择不同计税方式，一种是一般方式，一种是简易方式。但是对于简易的计税方式，一旦执行就要使用 36 个月无法更改。同时这两种方式的区别比较明显，进行增值税的改征后，建筑单位进行具体对象分析和计算，研究改革后的增值税政策对企业的工程管理的影响更加的合理。在研究过程中，首先分析增值税改革实施之前的工程管理方面的影响，对工程部门的经济业务进行具体的梳理。在本节，我们基于项目施工的角度，对施工企业在工程进行中的经济来往业务进行了相关的阐述。

（一）建筑工程项目合同关系

我们对施工单位的经济业务进行分析时，先对项目中的合同之间的关系梳理，图 2-3-1 是工程的合同系统图，体现了具体的工程中合同的不同层级关系。

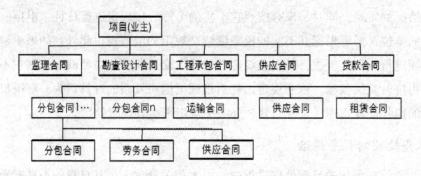

图 2-3-1 工程项目合同体系

一般来说建筑企业是项目的承包单位，合同中的相关义务是由承包单位来执行，这些义务有工程的设计，施工，后期的竣工以及工程的保修，同时为完成工程所必需的劳动力，硬件设备，工程的管理人员，施工场地等。建筑企业对于一些专业能力，工程需要的材料，硬件设备，通常会委托给第三方的专业公司来完成这让产生了比较复杂的合同关系。

（二）项目部经济业务关系

一般情况，项目部门设在工程项目的现场。项目部门是公司在服务所在地的代表，具有独立的核算能力，对整个工程中的经济业务来往实施核算，总公司在这里只起到辅助的作用，因此对项目部分的经济业务进行分析和了解，这是统计分析公司经济业务的基础及关键之所在。项目部经济业务之间的关系如下图2-3-2。

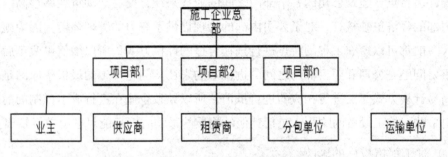

图2-3-2 项目部经济业务图

（1）施工企业和项目部内部往来。一般而言，施工企业内部业务有很多，一般有基于成本控制的总公司统一采购活动，对项目所需的材料，机械统一采购后分到各个所需部门，同时，企业的分公司提供了不同的服务，例如机械、劳务等子公司，在这种内部业务来往的情况下，项目部门，子公司之间的经济来往一般通过内部核算完成。

（2）和业主方之间的业务往来。业主方与项目部为交易活动的主体，其活动主要体现在：项目建筑方为业主进行建筑安装等工作，对承包合同内的工作进行相应的完成，同时业主对项目的实施方进行支付工程款。

（3）与供应商的往来业务。这部分的业务来往主要体现为，项目的供货商依照签订好的合同内容规定，对施工单位提供所需的材料，工程设备和相应的劳务，施工单位对供应商支付材料，工程设备款。

（4）与设备租赁单位的往来业务。这部分业务的来往体现为，施工单位使用租赁公司提供的设备进行项目施工，施工单位对租赁工资供给设备租赁资金。

（5）和分包商之间的业务活动。此处可将分包商划分成劳务分包商和专业分包商这两种。因此，施工单位就产生了两种的分包商的业务来往，一类是和专业分包商的专业施工服务，一类是劳务服务。并且建筑单位对两类分包商支付款项。

（6）与运输单位的往来业务。这部分的业务来往表现为，按照合同规定，运输单位为施工单位提供合同内要求的运输服务，同时施工单位对运输单位支付运输款。

二、"营改增"对工程管理的影响

营改税实施后，对建筑业的影响体现在计税方式，项目工程的计价，来往业务进项增值税抵扣等方面，同时，对建筑单位内部的业务来往以及工程对外的招标，项目的成本，合同以及材料的采购，业务的分包上都产生了不同程度的影响。

（一）对内部往来的影响

施工单位内部之间的业务来往，包括子公司，分公司等之间，对工程款、各项费用结算等，这些活动所发生的各种的往来款项。建筑单位的项目因为地点的分散以及流动性比较强等等许多特点，建筑公司的各个部门之间的业务来往，交易活动负载率很高。因此进行公司内部的经济单独核算，对于公司内部的管理提供了有力的管理环境。因为施工单位的纳税人一般都可以遵守工程的特点进行选择合适的计税方式，所以增值税改革后，建筑行业的重要问题是公司和项目部门之间的进税额的来往。问题产生的最根本原因是，公司采用的简易计税方式无法进行相应的进行抵消，所以导致企业在进行成本控制的前提下的统一物料采购，施工设备的购买，包括其他的物质的采购时，只能对进项进行转出。

（二）对工程招投标的影响

现如今，在我国建筑领域，最常用的竞争方式就是项目招投标方式。首先，项目招标方会开展公平的项目招投标活动，并在各投标单位当中甄选出方案科学，报价合理，资质健全等符合要求的优秀承包商来完成。同时，投标人通过选择自身单位资质满足的项目，进公平地投标、竞争有价值的项目，从而获得相应收益。

营改增之后，建筑业很多方面均出现了显著变化。首先，其项目计价规则变化显著；其次，计税方式更加灵活多样。而这一系列变化使得项目工程的招投标活动受到了很大的影响，因此施工单位也必须及时调整和转变，具备项目招投标活动时，必须甄选报价更合理的投标者，从而确保具备价格优势，以更好地盈利，实现自身利润的最大化目的。详细来说，假如项目工程招投标中未选择合理明确的税务计算方法，则投标书一般会出现几种不同的情况，归总如下：

其一，竞标者一般会通过一般计税方式来进行项目税目核算的。因此各投标商在报价时，基本上都是按照增值税税率为11%来核算的，故招投标竞争基础较为统一。

其二，竞标者均为增值税的小规模纳税者，抑或者是进行简易计税的一般增值税纳税人。因此各投标者都是根据3%的税率来计算增值税并报价的，即招投标竞争基础相同。

其三，竞标者中存在一般纳税人和小规模纳税人等。故在计算增值税时，各类竞标者所采用的税率不同，一些会按照11%来计算，一些会按照3%来计算，因此各竞标者报价经济核算基础并不统一。

由于工程投标报价总价款涵盖了税金，因此当含税价一样时，各投标人因计税方式不同，给出的最终报价也是不同的。对招标单位而言，在中标单位那里采购服务或者物质所形成的应纳进项税则可抵扣，项目投标当中不含税报价的部分才会被纳入项目招标商成本费用中。所以，假如价格评标依然使用原来营业税制度下的评标方式，则会出现以上第三种不公平竞标的情况。

（三）对工程成本管理的影响

工程项目的成本管理是工程项目全过程的管理，也是施工整个管理过程中最为核心的管理内容，是减少企业项目成本费用和促进其单位价值提升的必然之选，在企业营运管理中占据了十分重要的位置。

企业经济业务活动均离不开合同形式，因此合同管理对企业而言至关重要，它甚至直接关乎着企业经营成败。我国建筑领域在施行营改增制度之后，项目施工合规性则直接关乎着施工单位是否可以做进项抵扣。如此表明施工单位承接项目工程的时候，假如无法和项目发包商签署合法合规的项目施工合同，那么就不可进行进项税的抵扣，则企业税负会显著增加。在我国建筑领域中，当前项目发包商和承包商两方时常会出现不签署相关合同或协议的情况，而在营改增之后，此类问题则会导致企业税负风险无形加大。规定合同之内，实施营改增给建筑商产生的影响涉及多个方面。

（四）对工程合同管理的影响

所谓合同管理，指的是企业对于自我作为当事人与他方所签署的合同进行依法审查、终止、转让、解除、变更、履行、签署、控制、监督等各种操作的集合。企业经济业务活动一般是以合同的形式而开展的，因此合同管理对企业而言至关重要，它甚至直接关乎着企业经营成败。我国建筑领域在施行营改增制度之后，项目施工合规性则直接关乎着施工单位是否可以做进项抵扣。按照我国《营改增试点施行办法》可知，纳税人凭借完税凭证进行进项税额抵扣的，必须具有境外单位发票或对账单，付款证明，书面合同。若资料不完整，则不可在销项税中进行进项税额的抵扣。如此表明施工单位承揽项目工程的时候，假如无法和项目发包商签署合法合规的项目施工合同，那么就不可进行进项税的抵扣，则企业税负会显著增加。在我国建筑领域中，当前项目发包商和承包商两方时常会出现不签署相关合同或协议的情况，而在营改增之后，此类问题则会导致企业税负风险无形加大。此外，合同内容方面，营改增给施工企业亦会带来一系列影响，即：

1. 预付款支付条款

工程预付款又名材料预付款，它是发包人于开工前给承包人的，让其用来购置材料、设备或者租赁设备机器等前期需要做的工作的支出费用。

根据政府发布的增值税的实行细则中规定，增值税的一般纳税人提供了相应的建筑服务将采取预收款方式来进行，那么，纳税人的纳税义务自收到了预收款当天起生效。这与原有营业税制度下纳税义务的发生时间虽然是相同的，可营业税的税率和增值税的税率却是差别显著的，牵制为3%的税率，后者为11%的税率，这导致企业收到了业主所支付的项目预付款之时必须缴纳更多税费，其现金压力更大。所以对实施项目预付款的工程项目而言，营改增以后其合同规定的项目预付款额度通常会有所增加，如此可以使得承包商初期现金流负担与压力得到一定的缓解。

2. 调价结算条款

工程的调价一般是因为工资、材料价或者机械费等，从预编到竣工这一阶段的期限内出现了增减的变化，根据约定，按照合同标注的可以修正的范围之内合理调节。

我国建筑业实施营改增之后，上式当中核定价格与预算价格到底涵盖增值税与否，并不确定。若为含税价，则上式所涉及的增值税税率为材料增值税税率，还是项目施工方所承接项目工程的增值税税率，企业均会受到这一系列问题的直接影响。

（五）对采购管理的影响

1. 物资采购

营改增之后，建筑企业应当怎样合规合理地采购和管理物资，这是非常重要和关键的。由于在采购物资的时候所产生的进项税是能够抵扣的，建筑商就不会一单纯的最低总价款当作标准来采购物资，而是会将这一因素考虑进去。所以企业采购物资的时候，物资不含税价所体现的事实上为企业的物资采购成本费用，增值税额那部分则会对企业货币资金总量产生较大的影响，此点区别于原税制下的税负计提方式。建筑商采购物资的时候，材料供应商报价是否为含税价格，增值税模式之下，建筑商采购原材料的时候，必须从供应商纳税人的身份出发来做价格对比和选择。

小规模纳税人原材料供应商所提供的报价比一般纳税人原材料供应商所提供的报价88% 低的时候，抑或者不规范原料供应商报价比一般纳税人原料供应商报价 85.5% 低的时候，项目承包商通过不规范供应商或小规模纳税人供应商那里采购原料才称得上是得到了价格优惠。必须注意这一点，假如建筑商原料采购源自不规范供应商，则是不能够得到正规的增值税专用发票的，无法进行税费扣缴，而在未来很容易导致企业税负增加。假如考虑到企业所得税，则只有在不规范材料供应商报价比一般纳税人的报价 57.3% 低的时候，其报价才更富有竞争力。

项目工程中造假部分扣除机械费和材料费之后，一大部分则为人工费。由现行形势可知，我国建筑业尚未实现广泛的工业化。伴随建筑行业工人薪资水平的不断提高，不难预测在将来较短时间之内，项目工程的人工费在整体成本中的所占比会不断提高。因此，建筑业实行营业税改为征收增值税以后，单位的工人的成本是否可以得到专用发票来抵扣，且抵扣是如何来抵扣的，这是营改增在施工单位的实施中必要的思考部分。此外，劳务单位也是建筑市场的一大重要占比，在税改的工作中，已经被列在了文件上。按照营改增的实行细则描述，建筑行业在进行税改这一举措之后，若是提供了劳务部分的承包的，可以根据规定按照税制的简易计税法进行增值税税额的计提与上缴，对应的税率是 3%。由于营改增之后，其税率和之前毫无变化，所以劳务分包单位的税负变化不大。

（六）对分包管理的影响

本小节重点分析和研究了专业工程项目的分包情况，把承保项目中部分项目发包给有着对应资质的单位。一般来说，建筑项目有着非常重要的内容，建筑公司往往不具备自主施工所有项目内容的实力，所以就会把一部分专业项目外包出去。营改增之后，由于是对于营业额的差额部分进行增值税的计提与征收，因此这种外包专业工程的做法能够使得项目总承包商应税额降低。可不管选择何种分包的方式，在差额抵扣之后，建筑单位营业税负均是无改变的。营改增以后，因为增值税税率是不同的，项目承包方税负则会被所采用的分包方式所影响。详细来说，若选择包工包料分包方式，那么分包工程内所涵盖的材料采购会由项目分包单位得到相应的专用增值税发票。鉴于分包单位对于项目总承包商所开具的增值税专用发票对应税率为11%，假如采购材料增值税税率采用17%这一税率，则对总承包单位来说，以包工方式来分包项目，则其进销项之差额会损失6%，会造成企业税负加大。假如以包工包料方式进行项目分包，那么分包商或许会通过简易计税的方式来规避税负增加，抑或会通过加大报价方式把税负转移给项目总承包企业。所以，假如施工企业为总承包商，那么分包项目的时候，必须综合考虑来选定最适合的成本方式。

第四节 "营改增"背景下建筑施工企业 工程项目管理改进对策

目前我国颁布法令，将之前征收的营业税改为增值税，这不仅对于我国目前的税制改革是一个重大的信号，同时对于各大企业和公司来说，无疑也是一大利好消息。但是对于某些建筑公司来说，根据之前的相关组织对于建筑行业的施工企业的测算来说，还有部分建筑单位自行发起了有关测算，这一税制改革不仅没有降低税负，反而可能导致有关税负的上涨。这反映了理论和实际仍有很大的差异，这也反映了当前建筑行业有很多不规范不合理的财务管理相关行为，而这也导致了企业不能获取足够的利润支付相关税额。因而相关的企业和施工单位也需要从自身做起，针对自身问题做好充分的管理工作，为适应当下的税制改革的要求，及时有效的规范各项经济动作。

一、总体层面的建议

（一）重视税改过渡期

对于建筑行业的营业税改征增值税法案的实施来说，可以预料到的是，在未来的很长一段时间，相关行业中的各个单位和企业在管理和运营方式和体系上都会发生一个重大的变化，并不断发展和完善，直到重新稳定并达到均衡。但是在刚开始实行这一改革方案的时候，因为企业的管理体系和机制对此还没有一个明确的反应计划，所以短期内会对建筑施工行业的正常运营和发展带来一段时间的痛苦时期。因此作为一家优秀的建筑施工企业，一定要对此引起积极的重视，并通过构建领导班子自上而下采取积极有效的方式来完成各种资源的提升和重组。因为要面临如何进行税务处置的问题，而且这一时期在财务和会计管理方面需要做出的处理方案的变化会对企业发展带来一些不利的影响，因此这一税制改革方案实施这一时间段的过渡期显得尤为重要。

为了使相关企业能够有效地渡过这一改革的阵痛期，相关的组织机构针对之前的建筑业的老项目，对其采取简单计税的方式来征收增值税，这一方案可以有效使得老项目因为相关发票的获取数量太少、超过认证抵扣等之前可能出现的引起税额上升的问题免于发生。但与此同时，施工建筑单位也要从自身做起，积极实行财务和管理上的改革，为能够平稳渡过这一税制改革引起各项变化的阵痛期。对于人员配备的方面，企业要加强相关改革内容各项方案的培训和学习；对于软硬件相关内容上，要注意通过购买相关税控设备或和增值税相关的各种软件，来发展和完善自身的应用系统；而在企业的经营管理的方面，企业对此要引起重视，尽早完成各项相关的税负改革和测算方案，并研究在新的税制改革方案下应该采取何种方式来更加高效合理地进行生产和运营，以此实现降低税额并且获得最大利润的目标方案。

（二）加强企业领导，组织员工培训

1. 加强领导

相关的建筑施工单位的内部各级的管理工作是一个纷繁而又浩大的体系，对相应的管理工作要从上到下层层把关。首先需要引起重视的是企业的领导和管理层，针对这一税制改革要积极带领相关的财务会计管理人员，发展并成立专门的领导团队，并且要使预算、合同、设备、物资等各方面的有关管理人员积极参与和组织其相关项目计划的冲杯工作，紧紧和各项相关管理层沟通交流，针对改革做出统一而又有效的统一工作计划。

2. 加强企业相关人员培训

建筑单位须有计划、有组织的对建筑单位内部管理人员进行合理的培训，不仅要充分了解增值税有关的知识体系和相应内容，充分掌握增值税和相关法律条款规定，要针对这些薄弱内容展开重点针对性的学习，营业税改为增值税以后，政府部分发布的一系列相关政策文件及重要的附件；对于增值税改革的各项针对性培训和教学内容要抱有积极的态度勇于参加。

（三）及时认定纳税人身份

需要提到的是，纳税人这一身份主要包含有以下两层含义：即小规模的纳税人以及一般的增值税纳税人，区分这两者的标志在于年应税销售额度。根据 36 号文件的描写，每年应该缴纳的增值税的销售额总计不少于了 500 万元的纳税人称之为增值税的一般纳税人，此外的单位，就认为其为小规模的增值税纳税人。同时文件中还详细的规定出，需要办却未办一般增值税纳税人资格登记的纳税人，要根据增值税的总销售额以及文件中详细规定的税率来计算应该缴纳的税额，而且增值税不能够进行进项税额的扣除。所以，有关的建筑施工单位要对于税额进行有效的测算，如果发现在改征增值税时相应需要负担的税额下降，那么就可以提出有关申请，以成为一般纳税人。

（四）规范企业财税管理

相比较于之前征收的营业税，这一次改征增值税也有着很大的不同，首先国家对此的征收和管理更加严苛，对于违法现象的处罚标准更高，如果想有效针对这一新型税种，建筑和施工单位就一定要对此积极筹建确定的税务责任体系和相应的管理方案。

首先，企业针对增值税应该构建一个税前扣除相应凭证的审计监察过程，并且采取完善的责任追究的机制。因为建筑单位的增值税专用发票的获取方式，主要是在各自不同地点的，因此，单位对于增值税发票的流转时间较长，可能会有延迟的情况发生，因此，为来减少获得不合法凭证的因素，应缴增值税的企业需要对具体销项税额的扣除过程中的审核、报账等流程进行监控把关。此外，建筑单位需要发展并完善相关增值税发票的保存和管理制度。因为增值税的发票在开出、保存和缴纳认证各方面规定都十分严苛，因而和一般的发票大不相同。在营业税改征为增值税之后建筑施工单位因其跨地域、流动性强等特点，因此建筑单位一定需要建立严格的财务机制来管理保存增值税的发票。

二、工程项目层面的建议

（一）合理确定计税方式

建筑企业几种简单计税的情况通常包括如下几种：

（1）当建筑服务是以包清工的方式；

（2）当建筑服务是以甲方供应工程方式；

（3）当建筑服务是针对老项目展开的；

为了达到利益最大化，施工企业在进行投标时，假如招标文件中没有如"必须开专票且增值税率为 11%"的硬性规定，那么施工企业就可以根据具体情况具体分析，论证之后再选择合理的计税方式。这样的处理方式可以确保负税水平没有明显的提高。甲方工程的定义是发包方作为主体，对于大部分或者全部的设备和材料进行采购。这类工程的承包方需要按照工程的具体情况，考虑是否采纳简易计税的方式进行计税。

（二）完善工程预算管理

在工程项目的管理中，工程预算是一项十分重要的工作，同时他也是工程中成本管控的基本。随着建筑行业税收制度的改革，由于改收了增值税，价税产生了分离，随之发生变化的就是建筑额计价方式与规则。因此企业为适应这一系列的改变，也要对于工程预算工作进行一系列的修改和提高。其中最为重要的，就是在坚持价税分离的基本原则下，重新审核成本费用的预算和收入的预算，并予以适当的完善和修改。同时，不能忽略资本预算和利润预算等，也要根据实际情况，进行相应的修改，有时候甚至要打破原有的预算，进行新的分析计算，求得新的数值。

另一方面，营改增也带来多重影响，例如营改增也使得成本和负债内容等产生了深刻的变革，随之而来的企业的工程管理和财务税务管理也要发生相应变化。施工企业为了适应这种变化，就必须因时因地制宜，在同时衡量影响程度的前提下，重新审核如考核与编制原则等相关原则和办法，并进行相应的修改，以期完善整个预算管理模式。

（三）明确工程合同内容

建筑业在开始实行营业税改为征收增值税以后，建筑单位应该按照规定的营业税改征增值税的试点办法、政府发布的增值税的相关规定的要求，修改建筑单位的合同部分来规范完善其管理。在营改增之后，最重要的一点便是要以法人名义对外签订合同，无论是施工单位对外签订承包合同还是对外的其他业务往来，都要始终遵守这一原则。这样做的目的就是规范程序，来保证纳税人主体和合同签订主体一致。面对如此复杂的要求和需要，当企业在处理协商时，应当注意以下几点：

1. 保证所提供的增值税发票的合法性与有效性；

2. 要明晰在索赔和调价等过程中的责任主体，搞清支付主体，明确是否含有税；

3. 确保纳税人主体的一致性。为了防止因主体不一致而导致的抵扣不成功，必须使合同上的单位名称与增值税发票上的单位名称保持一致；

4. 同时在于各分包商的合作过程中，不要在没有明确的情况下付款，需在对方提供购销凭证等相关文件之后再进行支付。

为了确保增值税发票能够抵税成功，对于涉及由甲方来提供材料的合同且增值税税率较高的情况时，需要和对方进行深入沟通，协商采用甲方提供的材料的方式，也可以使甲方、供应商和施工单位签订三方协议，来确保供应商头功给总包单位合法有效的可以抵扣的发票。当对外签订合同时，必须遵照程序使得经办人递交相关文件到有关部门进行审核和检查，相关部门就对方当事人的资格问题、项目社会经济环境以及合同涉及的业务可行性（包括经济利益、安全保障等）和可能产生的影响进行严格纠察，此外一些细节问题，如是否按协商提供有效增值税发票，以及主题名称是否准确一致，也是需要着重注意的。

（四）严格筛选分包单位

增值税抵扣方式与计算方式对企业财务核算的准确性和经营管理的规范性发挥着决定性的作用和影响。良好的增值税计算方式和抵扣方式可以使得建筑企业得到更多进项增值税专票来进行销项税的抵扣，进而使得企业税务负担减轻。在项目工程施工中，假如项目某一分包商由于财税管理工作未做好，管理水平低，那么营改增之后，其税负就很容易加大。而为尽可能地维持与原有税制之下相同的利润和收益水平，则分包商就往往会想办法进行税负的转嫁。税负转嫁指的是纳税人把自身所担负的税务负担部分或者全部转移给其他方来承担的行为或过程纳税人税负转嫁常见方式为税负前转，也就是通过提升生产要素的价格或者产品价格的办法把自身税负转嫁到购买者身上。建筑公司假如在营改增之后其税负加大，那么其利润便会相应降低，因此分包商企业会想办法来弥补这一损失，其做法一般是低价中标之后，施工中要求项目总承包商给予额外的资金，或者会直接抬高工程报价。所以分包商在项目施工中或许会通过与总包商进行索赔和扯皮等各种手段来达成自己盈利减负的目的，而这一般会使得总承包单位猝不及防。

第三章　基于物联网、大数据对施工企业的项目管理

第一节　我国建筑业四库一平台的思维与创建

我国正处于建筑行业快速发展时期。但一些建设单位不按工程建设程序办事，强行要求施工单位垫资承包、为规避招标肢解工程。有些施工承包企业中标后层层转包，上场施工人员与投标人员不符，造成现场履约能力欠佳。这些都是因为建筑市场发育不完善，企业信用意识薄弱，因此加快推进建筑市场监管体系建设工作就十分迫切和必要。"四库一平台"的全面建设启用将有效监管建筑市场，重新构建建筑市场环境。促进企业信用机制的完善。

一、全面启用后对施工企业的影响

2016 年 11 月 30 日，"全国建筑市场监管与诚信信息发布平台"更名为"全国建筑市场监管公共服务平台"，俗称"四库一平台"后正式上线。"四库"指的是企业基本信息数据库，注册人员基本信息数据库，工程项目基本信息数据库，诚信信息数据库，"一平台"就是一体化工作平台。

（一）对施工企业申请资质时注册人员的影响

施工企业保持一定数量的注册类人员是取得施工资质的必要条件之一。随着"四库一平台"注册人员基本信息数据库的率先建成并投入使用，已杜绝同一人在不同单位注册挂证的情况。目前，人力资源和社会保障部明确 2017 年底基本实现全国社保一卡通，届时，住建部的"四库一平台"也将与之实现全面对接，一旦对接成功。人员社保所在单位与证件注册单位不一致的情况也将被发现，注册类人员挂证将彻底失去市场，企业靠引进注册建造师来维持施工资质的现状将一去不复返。

（二）对施工企业申请资质时业绩认定的影响

以往施工企业申报资质时自己提供业绩证明材料，由资质管理部门审核。由于信息的不对称，管理部门很难核对业绩的真实性，业绩造假往往能蒙混过关。

2016 年 10 月住建部，在《关于简化建筑业企业资质标准部分指标的通知》（建市 [20161226 号）中提到对申请建筑工程、市政公用工程施工总承包特级、一级资质的企业。未进入全国建筑市场监管公共服务平台暨"四库一平台"中发布的企业业绩，不作为有效业绩认定。随着工程项目基本信息数据库的建成。只要输入项目相关信息，业绩的真实性毋庸置疑。而同一业绩的录入建设单位、设计单位、监理单位、招标代理机构等多方信息。业绩无法造假。

（三）对施工企业经营投标的影响

经营承揽直接关系着企业发展，"四库一平台"全面启用后，一是投标建造师将捉襟见肘。以往一个项目投标中标后，另一个项目继续使用已中标建造师投标，由于信息不对称，招标方及监管方很难发现建造师有在建项目。二是企业类似施工业绩将更加透明。原来投标企业及项目经理类似业绩往往是按招标人要求，生搬硬造，由于招标人精力有限，从而对投标人类似业绩真假难辨。三是投标时施工奖项加分。以投标人提供的资料为认定标准，获奖证书的真实性无法及时查证。四是各个环节没有建立信息共享机制，各省信息无法互通，企业对诚信重视不够。这些问题"四库一平台"启用后都将彻底改变。

（四）对施工企业现场履约的影响

以往投标单位中标后上场人员与投标人员不符，监管部门核查时投标项目人员到场应对检查。而"四库一平台"全面启用后，对已中标建造师实行锁定，使其无法再参与投标，现场核查以投标项目班子全员为核查对象，实行现场核实身份证信息，与"四库一平台"中信息比对，杜绝转包、分包、挂靠施工行为。

二、施工企业的应对措施

（一）加强企业人才储备，建立健全企业及人员基本信息数据库

储备大量的施工人才是施工企业的当务之急，要专人负责本公司的"四库一平台"的建库及日常维护，及时掌握本公司人员动态。由于人员信息库的全国联网，自有持证人员数量将直接决定参与投标数量，决定企业的经营承揽效果。解决持证人员不足问题，一是注册类证书，企业内部及早出台相关政策，加大奖励力度，对取得注册类证书的人员提高个人待遇，与职务晋升相挂钩。积极引进注册类人才，不拘一格使用人才，"筑巢引凤"，使注册类人才为我所用。二是对培训类证书，与相关培训单位沟通，加大取证力度，及早培训。

（二）梳理企业项目信息，建立工程项目数据基本信息库

住建部在《关于启用全国建筑市场监管公共服务平台的通知》（建市综函〔2016〕122 号）中要求：各地要加大工作力度. 督促本地区所有地市新开工项目信息全部进入省级一体化

平台。同时，要完善工程项目历史数据补录办法，回应企业诉求，方便企业办理工程项目历史数据补充入库，督促各级住房城乡建设主管部门加强补充入库数据复核，确保补录数据真实有效。施工企业要及早梳理本单位以往施工项目，建立工程项目信息台账，为施工企业资质升级及企业经营投标奠定坚实基础。

（三）改变企业运营管理模式，做强做大企业总部

加强总部对现场的管理、管控能力。提升总部的服务能力。要出台一系列管理措施，加强现场财务管理、对现场物资采取集中采购、定期发布企业内部物资采购价，对大宗物资采购实行招标模式，防止企业效益流失。出台标准化施工流程，对现场施工做到标准化管理，针对工程类别做到模块化、流程化施工，加强技术人员培训，办理各种培训班，提升员工素质．使企业发展与员工素质同时提升。加强成本控制，提高产值利润率。

（四）调整产业结构，适度多元化经营，努力提高利润率

企业要长久发展，不能单一依靠施工。需要形成一业为主，适度多元的经营格局，要向工程总承包领域、PPP 项目领域发展，做精、做细、做强专业施工市场，要一专多能，挖掘具有投资潜力的项目，根据企业规模适度投资．向物流、物业管理等行业发展。

（五）提升自身技术等级，做优做强品牌

要加强施工企业技术创新能力、不断提升自身技术等级，在施工技术上创新，做强做优品牌，由原来的大干快上向质量、效益迈进；要下大力气争创省优、部优及国家级质量奖项，这些都是企业综合素质的体现，品牌展示了企业的综合形象，具有不可估量的市场价值。在经济高度发展的今天，要建立以企业为主体，技术为中心，充分发挥内部技术专家带头作用，在技术管理、创新技术应用，申请企业专利，努力提高企业核心竞争力。

（六）加大施工企业信息化建设，及时了解企业动态

要建立健全信息化网络平台．使企业的关键信息能及时反馈给决策着。"四库一平台"正是信息化的利用，能够及时地动态反映企业的各个数据，对企业的监管更加直观化。施工企业也要利用好信息化，建立各种平台，对大数据及时分析，制定企业的发展目标，及时了解国际国内市场变化，及时调整产业布局。

（七）加强现场履约，以现场保市场，加强施工全过程控制

现场履约一是要加强自身管理，在投标阶段项目经理能及早介入，选用能履约项目管理班子参与项目投标，做到现场施工人员和监管平台中人员一致。二是要加强沟通，及时了解各方对现场施工意见，切不可掉以轻心。总之、"四库一平台"的启用是进一步加强了对建筑市场的监管，促进施工更好的发展，施工企业要及早适应，及早转变，要有针对性的改变以往不好的做法，提升企业管理能力，使企业发展更上一个台阶。

第二节 信息化对建筑施工企业项目管理的影响

一、我国企业信息化投资发展过程分析

作为发展中国家，我国信息基础设施相对薄弱，成为信息产业发展的巨大障碍。为此，政府采取了一系列措施，加大对信息化建设的投资，目标是建立满足社会需求的基础设施并适应现代化发展。例如，政府成立了高规格的国家信息化办公室，明确制定了以信息化带动工业化的国家发展战略；国家大力投资于电力、通信线路，扩大电讯容量，加强对集成电路、计算机硬件设备、数字程控、远程通信的投入等。同时，随着信息产业的快速发展，越来越多的企业已经认识到应用信息化技术可以降低运营成本、提高作业效率、增加效益。各种企业根据行业特色、具体运作状况，均加大了对信息化建设的投入，积极推动企业信息化建设向纵深发展。

从我国企业信息化建设过程来看，国家和企业对信息化的投资建设随着信息化的发展也在发生变化，大致可划分为 3 个发展阶段。第 1 阶段，国家将信息化建设纳入社会发展战略，投入大量资金建设外部网络，构建信息化发展的基础。一些大型国有企业的信息化也得到了发展，但仅处于简单地使用计算机阶段。第 3 阶段，部分企业逐步认识到信息化建设的广阔发展前景，开始把信息化建设列入企业发展战略中，主动加大这一领域的投资力度。一方面政府积极发展信息基础设施，另一方面，致力于政府信息化，利用信息技术改革政府，构建电子政府。第 3 阶段，信息化的全面发展导致信息产业的迅猛发展，给企业带来了巨大的利益。面临自身发展的需要，企业逐步加大对信息化建设的自主投资及经营力度，信息化服务作为新型产业也应运产生了，同时，也吸引了民间风险资金的进入。

二、我国建筑企业信息化发展的局限和不足

由于工程项目管理的生产经营特点，如工序复杂、动态性强、资料档案繁多、信息管理难度大等，建筑业应用信息化管理整合企业资源的整体水平较低，存在着明显的局限与不足，主要有以下几个方面：

（1）国家有关法律相对滞后。电子商务的持续发展取决于相关合同法律框架的制订，只有制订一系列规则和标准，使企业信息化的政策法律环境进一步优化，为企业信息化营造公平的交易平台，才能促使其步入良性的循环发展中。但是电子商务在我国发展缓慢，国内关于此类法律要么空白，要么简单，难以确保建筑业信息化运作的安全性、合法性。

（2）一方面，各级政府和有关部门对建筑企业信息化管理的促进作用认识不足；在技术、资金、通信基础设施建设等方面支持力度不够。另一方面，政府信息化程度不高，

没能为企业信息化提供良好的支持环境和对接方式；未发挥对企业信息化的推动作用。

（3）社会相关信息化服务机构不健全，整体服务水平不高。不论政府网站还是商业网站，大都以信息发布为主，缺少工具类网络软件，缺少信息互动；以企业管理诊断和重组为特长的咨询机构太少，软件市场的无序竞争问题也亟待解决。

（4）建筑企业未能充分利用 Internet 带来的便利，实现网上材料采购、招标、项目管理、信息交换、信息发布等，电子商务没有真正开展起来。

（5）以应用单机版软件为主，单机操作，仅仅利用了计算机计算速度快的特点，没有形成网络，没有实现企业信息的共享和即时传递，效率较低。

（6）具备较深厚的计算机知识、熟悉本单位业务的复合型管理人才是企业实施信息化、网络化建设的中坚力量和有力推动者。但长期以来，对计算机知识和管理知识的培训相互脱钩，分开进行，缺乏对复合型人才的教育培训，人才过于单一化。

我国建筑企业信息化发展滞后于其他行业，因此，现阶段我国建筑企业信息化的投资发展策略，主要应该是根据自身财力、技术、发展战略、市场核心竞争力等，研究介入信息化建设的时机、投资的力度、建设信息化的模式等。

三、政府促进信息化建设的战略

我国信息化建设经过 20 年的发展历程，政府作为社会信息化建设的倡导者、促进者及使用受益者，利用政策指导了行业的信息化发展，促进信息共享，投资建设公共设施基础，提供社会公益服务，大力发展电子政府等。

（1）尊重企业的主体作用。通过各条渠道调动和提高企业的积极性，使之产生信息化的内在动力和自觉性。发展电子政府工程，利用现代信息技术手段，带动政府部门的政务管理和运行，把政府机构改革和职能切实转变到宏观调控、社会管理和公共服务上去。一切以企业为中心，通过市场运作，循序渐进地推进信息化的进程，以此带动全社会信息化建设。

（2）政府在强化基础设施建设、加快信息资源开发的同时必须立法保障。一方面，在信息化建设初期政府致力于建立高速信息公路，为企业的信息化发展提供一个良好的外部环境，如银行、税收等金融管理体制、政府财政管理体制等的联网信息化建设。政府主要通过政策法律保障社会信息化的发展、激励企业投资信息化，从而促进信息化的提高发展。另一方面，政府要充分运用信息技术，推进政府的管理体制、管理观念、管理方式和管理手段的转变，推进政府职能向宏观调控、社会服务、公共管理和市场监督的要求转变，带动国民经济和社会的信息化。

（3）引导民间资金的投入，扩大第三方（如信息化建设服务商）的投资力量。由于信息产业的广阔市场前景，对民间资金具有不可抵挡的诱惑力。我国信息化建设应引入市场化运作模式，将一些能产生经济效益的项目交给第三方来做，引入民间资金，发展信息产业。因此，国家应当出台相关的风险投资管理规定，开放民间资金市场，引导民间资金进入风险投资市场，增加对信息产业的总体投入。如通过税收、财政等政策、通过维持低廉资费扩大需求等手段，对信息产业单位给予一定的支持，政策性降低风险投资的风险，增加信息公司的收益。

四、建筑企业促进信息化建设的战略

实现信息化是建筑企业生存发展、增强国际竞争力的必然要求。建筑企业必须深刻地认识到信息技术在工程项目实施过程中扮演着越来越重要的角色，从而加大这一方面产品的应用工作。信息化建设一定要从企业的本身条件出发，按照客观规律的要求来推进。企业也要认识到信息化建设在带来高效益的同时，也带来了高风险。即信息化建设在提高企业生产率、扩大收益的同时，若投资不善也可能使其陷入投资困境。为此，建筑企业必须准确理解和应用信息化管理，对信息化管理进行评价，制定并实施有效的信息化发展战略。对建筑企业而言，一个准备充分的、有效的信息化建设战略应包括：

（1）企业内部进行资源整合、准确定位。尽管在企业制度、管理模式、发展阶段、经营规模等方面具有共性的企业，可以相互借鉴信息化建设的经验教训，但是，任何企业信息化模式（即使是非常成功的）都是不能完全照抄照搬的。因为，每个企业所面对的问题不可能是完全一样的。因此在投资建设信息化之前，企业决策层首先应当从经营战略、体制、技术、管理、企业文化、人力资源、行业环境等方面，对企业进行全面的自我诊断和准确定位甚至重新定位，在此基础上确定本企业信息化建设的关键需求、方针、范围、阶段和深度，确定信息化建设的策略，才能很好地服务于企业未来经营发展和增强核心竞争力。

（2）明确企业信息化建设的总目标和阶段目标。由于企业的信息化建设是一个动态、长期的过程，因此，企业首先应制定总体目标，同时，根据企业本身的经营方式、产品特点、管理流程来规划信息化发展的阶段目标。一般来说，企业信息化建设的总目标有：加强企业各层人员之间、企业与各合作单位之间的沟通；加强客户关系管理，提高服务质量；加强和优化企业管理水平，提高企业生产效率等。只有逐次实现阶段目标才能不断推进企业的信息化进程，如建立企业内部网络，加强信息资源的开发利用，加强信息化基础设施建设，包括计算机系统、数据库系统、网络系统、信息应用系统等；加快信息流通，实现内部资源共享；连接企业内部网络和外部网络，充分利用企业网和互联网，建立网上营销系统，积极推进企业电子商务，实现公司经营信息化，实现经营信息系统辅助决策智能化，建立客户关系管理和供应链管理系统；利用企业信息化系统的先进管理理念，调整企业管理与组织模式，使之与信息化系统相配套的，逐步实现企业各项工作的信息化管理等。

（3）确定启动信息化建设的时机及投资力度。信息化建设是一项系统工程，它的启动涉及企业管理理念的变革，流程的新建、重组与再造及企业资源的整合；关系到人员的工作方式、思想观念等。因此，启动时机和投资力度的选择便变得至关重要，企业应全面、客观地分析国家对信息化建设和企业自身对信息化建设的关系，蓄积动力、克服阻力，积极地、有计划地准备信息化实施所需的条件，并由此确定启动信息化建设的最佳时机和最佳投资额。

（4）进行信息化建设的评价。信息化建设是高投入、高风险的过程，所以必须定期对信息化管理和信息化业务进行评价，明确企业信息化建设过程中的不足与过剩，及时调整企业信息化建设的策略，才能实现优化企业的价值链，提高生产效率，创造更多的价值的目标。

五、建筑施工企业项目信息化的影响

（一）工程项目信息化管理的意义

建筑业是一种分工细致及劳力密集的行业，而建筑施工的目的，是形成具有一定功能的建筑物产品。建筑工程管理具有施工人数众多、工序繁复、分散性、移动性和一次性等特点，对建筑施工过程本身以及施工过程中涉及的人力、物力和财力进行有效的计划、组织和控制，是建筑施工项目管理的主要内容。目前我国建筑工程管理领域已初步形成了多层次、多元化的信息收集整理、分析、利用的渠道和网络。然而大部分企业信息化尚未启动或是处于信息化初级阶段，信息化仅限于专业软件的局部使用。这与美国、日本及西欧等发达国家的建筑行业信息化程度相比，差距颇大。

工程项目管理涉及的项目参与者，包括政府、业主、咨询单位、施工承包商、设备供货商以及设计和监理单位等，工程实施中需要处理和协调项目成本、质量、工期、材料等多个方面。对于大型、复杂的工程，其在管理过程呈现涉及面广、工作量大、制约性强和信息流量大等特点，因此仅仅依靠传统的手工管理将很难实现预期的工程目标。此外，工程项目各方面的管理活动并不孤立，它们之间存在相互依赖、相互制约的联系，各管理活动之间必然需要信息的交流与传递，因此实现工程项目信息化管理就显得尤为重要。工程项目信息化管理的本质是，在工程项目管理中通过充分利用计算机技术、网络技术、数据库等在内的科学方法对信息进行收集、存储、加工、处理、并辅助决策，以便提高管理水平、降低管理成本、提高管理效率。它的意义体现在：

（1）利用信息网络作为项目信息交流的载体，从而使信息交流速度可以大大加快，减轻了项目参与人日常管理工作的负担，加快了项目管理系统中的信息反馈速度和系统的反应速度，进而能及时地发现问题，及时做出决策，提高了工作效率。

（2）它适应建筑工程项目管理对信息量急剧增长的需要，允许将每天的各种项目管理活动信息数据进行实时采集，并提供对各管理环节进行及时便利的督促与检查，实行规范化管理，从而促进了各项目管理工作质量的提高。

（3）利用公共的信息管理平台，从而方便各参建方进行信息共享和协同工作，一方面有助于提高工作效率，另一方面可以提高管理水平。

（4）建设工程项目信息化使项目风险管理的能力和水平大为提高。现代信息技术给风险管理提供了很好的方法、手段和工具。

（二）工程项目信息化管理中存在的问题

近些年来，我国信息化建设取得了举世瞩目的成就，但不可否认的是，在信息化建设过程中，也出现了不少问题，如信息资源得不到充分利用、信息化效益低等。总的来说，我国工程管理信息化无论从思想认识上，还是在专业推广中都还处于初级阶段，仅有部分企业虽然不同程度地孤立地使用信息技术的某一部分，但仍没有实现信息的共享交流与互动。

工程项目信息化管理建设的现状，暴露出了工程项目管理的信息化过程中存在的——信息化重要性的认识、人员推行力度、软件开发模式与工程项目管理实际情况不能很好结合、项目管理人员的管理理念和思想落后、信息技术应用环境落后等诸多问题，使得工程项目信息化管理的建设发展处于一个两难的处境中。

1. 工程项目管理信息系统还处于阶段性开发和应用状态

从总体上看，我国工程项目管理信息系统主要是按照工程项目的规划、设计、施工、运营等几个阶段进行开发的，但大部分软件系统主要应用在施工阶段，包括质量管理软件、文档、合同、造价、财务、进度和人才机管理软件等，这就造成了项目各阶段的信息和项目各管理流程信息之间无法实现数据交换和共享。此外，信息化的推广也仅仅使用在企业的财务管理中，没有一个共享的平台。信息化管理为建筑工程提供了工具，但是这并没有带来深刻的变革。

2. 工程项目信息化管理有诸多制约因素

在建筑工程的项目中，项目的施工、设计、监理和咨询等各个方面都相互独立，虽然同为一个项目工作，但是由于工作的方式都不相同，所掌握的数据都是独立的，这阻碍了信息化管理的进程。并且各个参与方都为了实现自己的利益，所以整个项目的最优就受到了很多方面的牵制，项目中的一部分数据被忽略，而一部分被重复地利用。

3. 工程项目信息化管理缺乏统一的标准

与国外的一些国家完整的信息化标准体系比较，我国的工程项目信息化管理处于严重落后状态。因为没有统一的标准，收集到的信息不能有效地利用，不同的地区，不同的部门拥有的信息不能够相互使用，达到共享。有些地方造成了数据的重复输入，从而导致了信息的闭塞。企业内部的工程项目信息化管理系统中和管理中都存在这种信息的不流通。由于缺乏统一的标准和规范，我国的建筑工程项目信息化管理得不到提高，严重阻碍了发展。

4. 政府对信息化管理的认识和建设不足

一方面，各级政府和有关部门对建筑企业信息化管理的促进作用认识不足；在技术、资金、通讯基础设施建设等方面支持力度不够。另一方面，政府信息化程度不高，不能为企业信息化提供良好的支持环境和对接方式，未发挥对企业信息化的推动作用。

5. 工程项目管理信息系统的开发缺乏综合性人才

目前，很多项目管理系统由专门的软件公司承担，而这些软件公司既没有很强的工程管理实践经验，也对工程项目管理的流程、管理要素、管理过程不熟悉，导致开发出来的信息系统没有整体性，全局考虑不周，软件不具备较强的可操作性和易用性。因此，培养既懂工程项目管理业务又懂软件开发的综合性人才，是提高工程项目信息化管理的当务之急。

6. 工程项目管理软件的开发和应用模式的落后

目前，国内企业应用管理信息化系统主要有两种应用模式：自行开发和购买成品。购买成品，不但节省了开发时间，还可以直接投入使用，但不是根据企业自身情况进行开发的，容易出现可操作性差、运转不畅等问题；自主开发，尽管适合企业自身现状，但开发时间太长，由于缺乏统一标准规范的指导，不同的单位开发出来的系统有着不同的管理模式和数据标准，而且成本很高，容易导致在不同项目中应用时不能与多方共享数据，不能很好地进行沟通，易形成信息孤立。

（三）改善我国工程项目信息化管理的具体措施

工程项目信息化管理的实现是一个长期而又艰巨的过程，不可能把希望寄托在某个企业完成这一任务，而需要企业、行业协会和政府的共同努力。

1. 建筑企业应当采取的措施

建筑企业必须深刻地认识到信息技术在工程项目实施过程中扮演着越来越重要的角色，准确理解和应用信息化管理，对信息化管理进行评价，制定并实施有效的信息化发展战略。根据自身财力、技术、发展战略、市场核心竞争力等，研究把握信息化建设的时机、投资的力度、建设信息化的模式等。为此，对建筑企业而言，信息化建设措施应包括：

（1）灌输项目管理信息化理念

建筑企业对信息化认识不准确，对建设工程管理信息系统的开发及应用重视不足。企业把信息化建设当作是一项"说起来重要，做起来次要"的工作，简单认为，信息化就是配备几台电脑，能上网或者建立自己的网页，宣传公司的业绩，用电脑代替手工劳动就可以了。显然这种观念是片面的、错误的，作为管理信息化的推动者，领导层首先应该转变旧的管理思维，树立管理信息化意识并提高自身的信息化业务水平，在信息化应用方面发挥表率作用。同时，制定与管理信息化相配套的制度和建设相应企业文化，对企业内部上至领导，下到员工，都要灌输管理信息化理念。

（2）充分利用企业资源

每个企业在发展阶段、经营规模、企业制度、管理模式等方面不完全相同，应吸取别的企业在信息化建设中值得借鉴的地方，任何企业信息化模式都是不能完全照抄照搬的。因此在投资建设信息化之前，企业决策层首先应当从经营战略、管理、体制、技术、企业文化、人力资源、行业环境等方面，对企业进行全面的定位，在此基础上确定本企业信息化建设的关键需求、方针、范围、阶段和深度，确定信息化建设的策略，才能很好地服务于企业未来经营发展和增强核心竞争力。

（3）优化组织管理模式

建筑施工企业传统的管理模式按职能展开，其组织结构的特征是纵向分层次，横向分部门。每个层次是一个权力等级，每个职能部门是一个相对独立的单位。这种组织结构使企业的内部信息采集、处理和传递是分散的、独立的。在强调企业对市场需求多样化应具有较高柔性的今天，传统的管理模式就显得不适应，管理信息系统的实施不可避免地对企业的传统管理产生冲击。这种管理模式追求企业整体效益和效率的提高，可以运用企业的全部资源来缩短开工前的准备时间、加强施工过程管理、提高工程质量、降低材料采购成本。尤其是大型特大型施工企业，工程项目多、地域分布广、管理跨度大，通过企业管理信息的系统化是实现集成管理的必要手段。

（4）加快专业人才的培养

人才是信息化建设的根本保障。作为工程项目信息化管理的主要实施者，员工对信息化的认同程度、对管理软件操作的熟练程度、在管理信息化过程中的执行力度都影响着信息化的成功，信息化团队建设需要大量的信息化人才，对信息化人才的培养有两种模式：一种是员工高校化，将企业年轻员工送进高校进行短期专业培训，集中学习项目管理和计算机专业，提高员工的信息化专业能力，对于经过培训的员工进行信息化能力考核，通过考核后才有资格上岗；另一种是学生企业化，高校将计算机与项目管理学作为基础学科对学生进行跨专业培养，并与企业合作，为学生提供实践环境，提高学生实践能力，为企业信息化做好人才储备。企业和高校的联合是实现工程项目信息化管理的重要途径。

2. 政府推进信息化建设的措施

政府作为社会信息化建设的倡导者、促进者及受益者，应利用政策指导行业的信息化发展，促进信息共享，投资建设公共设施基础，提供社会公益服务，具体措施如下：

（1）尊重企业的主体作用

通过各种方式调动和提高企业的积极性，使之产生信息化的内在动力和自觉性。发展电子政府工程，利用现代信息技术手段，带动政府部门的政务管理和运行，把政府机构改革和职能切实转变到宏观调控、社会管理和公共服务上去。一切以企业为中心，通过市场运作，循序渐进地推进信息化的进程，以此带动全社会信息化建设。

（2）加强主管部门的组织领导

信息化建设是一项复杂而持久的系统工程，必须强化管理机制，加强规划与管理，减少不必要的浪费，避免重复建设，因此，各级建设行政主管部门应当由主要领导亲自负责信息化建设的领导和协调工作，研究制定相关的规划与管理制度，解决信息化建设过程中的重大问题。建设领域各级信息化建设部门应当协调一致，建立各级信息化建设联席会议制度和部门信息主管制度，统一思想，及时沟通协调信息化建设中的有关问题。同时应当加强建设信息技术专家委员会的组织领导，提高对专业理论研究专家、技术专家的重视，充分发挥专家委员会在建设领域信息化建设中的指导和参谋作用。

（3）完善相关的规范和立法

目前，我国企业信息化的指导方针是"政府推进，市场引导，企业主体，行业突破，区域展开"，政府部门在信息化过程中发挥着重要作用，政府部门应牵头制定信息化标准和规范，并向社会征集草案，与在信息化管理进程中取得一定成绩的工程企业、相关领域的高校共同合作，通过实践和实验共同细化分项标准，组织国内工程领域及信息工程领域的专家、学术界和研究机构的代表组成评审团共同审议细化后的草案，再交至上级主管部门审定并试行，并在完善后正式执行。此外，应规范信息化建设中出现的渠道不畅、信息孤立等问题，加强信息资源的公开与共享，避免重复投资，增加信息化建设的效率与实效。

（4）拓宽信息化的投资渠道

各级建设行政主管部门要在逐年增加对信息化建设资金投入的同时，完善资金管理体制，拓宽投融资渠道，广泛吸纳社会投资，逐步形成由多种投融资渠道、多元投资主体构成的信息化建设投融资格局。建立信息化建设相关的优惠政策，探索信息化建设项目市场化运作的新思路、新方法，鼓励企业参与信息化建设的市场运作。

（5）加强技术的合作与交流

在专业应用项目系统开发等信息化建设的实际工作中，要加强调查研究与技术交流，及时掌握国内外建设及相关领域的信息技术及发展动态，把握发展时机、提高创新意识，不断完善建设领域信息化的体系结构。加强国内外、各地市的技术合作，不定期组织相关专家进行研讨交流；派遣有能力的技术人员及管理人员进行信息化研究机构进修培训；引进国内外先进的技术和管理经验；研究制定竞争机制，鼓励信息化项目建设承包商参与建设领域信息化建设等等。

（四）行业协会推进建筑业信息化建设的措施

（1）组织开展信息化标准制定，实现数据流通，解决行业信息化的信息及数据的共享问题。

（2）加大信息化宣传和培训的力度，普及信息化知识，培养信息化人才。

（3）加大数据库的建设力度。这就需要行业协会协调社会资源、依靠市场机制完成，同时也需要政府在有关方面给予政策上的有力扶持。

第三节　基于物联网的建筑施工项目管理体系构建

一、体系构建的理论基础

基于物联网的建筑施工安全管理体系，以典型的事故致因理论为依据，作为体系构建过程中，避免事故发生的理论指导。常用的典型事故致因理论由事故频发倾向论、海因里希事故连锁理论、轨迹交叉论等等，在此只列举体制构建过程中所用的几项事故致因理论。

（一）海因里希工业安全理论

在《工业事故预防》一书中，海因里希提出了工业安全理论的雏形。他认为，人员伤亡通常处于一系列因果连锁的末端，而人的不安全行为或者物的不安全状态，就是这一连锁过程的起因。这也是最早的事故因果连锁理论：

①人员伤亡是事故的结果

②事故的发生的原因有：人的不安全行为和物的不安全状态两种

海因里希工业安全理论可以形象的借用于多米诺骨牌来描述其原理，5块骨牌分别是：

①遗传及社会环境（M）

②人的缺点（P）

③人的不安全行为和物的不安全状态（H）

④事故（D）

⑤伤害（A）

这5块骨牌有着因果连锁的关系，上一块骨牌倒下，会导致下一块骨牌接连倒下，引发连锁反应。如果撤除其中一块骨牌，则会终止连锁反应。因此，在海因里希事故连锁理论中，消除人的不安全行为，避免形成事故连锁过程，是避免事故发生的主要控制措施。监管措施的落实与执行，有利于工作人员提高安全意识和个人行为的自我约束意识，减少个人不安全行为的发生频次。

因此，在体系构建的过程中，将着重加强各项制度的监管，使得各项安全制度行之有效的落实。

（二）轨迹交叉理论

轨迹交叉理论认为，当人的因素的运功轨迹同物的因素的运动轨迹，在时间或者空间上发生交叉时，就容易发生事故。换句话说，当人的不安全行为或者物的不安全状态各自独立出现时，并不会导致事故发生，但当两者同时出现并发生重叠时，就极易发生事故。其中：

1. 人的因素运动轨迹包括

（1）生理、先天身心缺陷

（2）社会环境、企业管理上的缺陷

（3）后天的心理缺陷

（4）视觉、听觉等个人感官的差异

（5）行为失误

2. 物的因素运动轨包括

（1）设计上的缺陷

（2）制造、工艺流程上的缺陷

（3）维修保养上的缺陷，降低了可靠性

（4）使用上的缺陷

（5）作业场所环境上的缺陷

人的因素运动轨迹和物的因素运动轨迹按一定的方向顺序进行，两个运动轨迹交叉的点，就极易发生事故。

基于轨迹交叉理论，在日常的安全管理过程中，就尽量避免人的不安全行为和物的不安全状态同时出现。通过培训、监督甚至惩戒等方式，来约束作业人员按照规范操作；通过对设备或危险源的检查、维修的方式，避免其出现不安全状态。

（三）现代因果连锁理论

现代因果连锁理论认为造成事故发生的最根本原因是管理上的失误。管理失误影响工作条件和人的行为，进一步引起不安全行为和不安全状态，因此而引发事故，造成人员伤亡。

因此，在日常的建筑施工安全管理过程中，管理制度的制定要充分考虑到人的承受能力，同时，落实各项安全管理制度，避免执行失误造成不安全行为或者不安全状态，最终导致伤亡事故的发生。

（四）能量意外释放理论

能量意外释放理论认为在生产作业过程中，能量的非正常释放，是导致事故发生的根源。在人类的生产作业过程中，通过不同的限制控制措施，使能量按照既定的意图产生和传递，从而实现某种特定需求。但当能量违背既定意图而释放时，就容易产生人员伤害或者财产损失。

基于该理论，常规预防事故发生的措施主要有：

①替换不安全能源

②限制能量释放

③防止能量积蓄

④缓慢释放能量

⑤设置能量屏幕措施

⑥通过管理措施隔离人和能量

在建筑施工的安全过程中，对于人与危险源的隔离是十分必要的。除了常规的隔离措施外，靠近预警和提示也是一种重要管理措施，切断能量释放到人体的途径，避免事故发生。

（五）两类危险源理论

危险源是指可能引起人员伤害或者财产损失的状态、行为、物资的统称，控制危险源是避免事故发生的有效措施。根据危险源的特点和种类可以将其分为第一类危险源和第二类危险源：第一类危险源是指意外释放可能导致事故的物资或者能量；第二类危险源是指导致第一类危险源释放的各类因素的集合。

针对第一类危险源的控制措施是减少其所具备的能量总量，针对第二类危险源的主要控制措施主要是通过管理手段，消除或减少其数量。

因此，在建筑施工过程中，对重大危险源的监管和隔离是避免事故发生的关键措施，同时，及时的预警机制能有效减少人与危险源的接触，避免危险源意外释放导致人员伤亡。

二、体系构建的技术基础

本章研究的主要内容是基于物联网的建筑施工安全管理体系构建，以物联网为技术支撑，构建建筑施工安全管理体系。物联网的通俗定义是：通过 RFID 射频识别标签、传感器、GPS、扫描器等信息传感设备，按照约定的协议，将物品与互联网相连接，使其能够进行信息的传递和交换，最终实现对物品的智能化识别、定位、跟踪、监控和管理的一种网络概念。

（一）物联网的体系结构

物联网最显著的三个特征是：全面感知、信息可传递和智能处理。通常将物联网分为感知层、网络层和应用层三个层次，而应用层又可以细化为应用层和处理层两个层次。

感知层：负责信息和数据的采集，目前常用技术有 RFID 射频识别技术、传感器等；

传输层：负责信息和数据的传递，常用传递方式有互联网、移动通信、卫星通信、局域网等；

处理层：信息、数据的处理层，负责根据需求和设计原则对信息和数据进行处理、分析、挖掘、整合、存储等，主要技术有云计算、数据分析及存储技术等；

应用层：提供服务的末端，实现既定功能。

（二）感知层的常用技术

感知层是整个物联网体系中信息和数据的源头，目前常用的技术有 RFID 射频识别、生物识别、传感器等。

1.RFID 射频识别

RFID 射频识别，是一种以电子标签作为识别媒介的非接触式物体识别技术。电子标签是一种包含有芯片和天线的识别标签，芯片的作用是存储待识别物体属性的特征数据，天线用于芯片与读卡器之间的无线电波传递。电子标签上的天线通过无线电波，将待识别物体的属性特征数据发射到附近的 RFID 读写器上，RFID 读写器接收到数据后，按照约定的协议，对数据进行识别和处理，就可以实现识别物体的功能。

RFID 射频识别技术的系统由硬件组件和软件组件两部分构成。硬件组件就是指 RFID 读写器、电子标签和网络设施；软件组件包括了驱动程序、RFID 中间件以及应用软件等。

（1）RFID 的工作原理

RFID 无线射频技术的工作原理是电子标签与读写器之间，利用天线发射的无线电波，实现射频信号的空间祸合，进而实现能量的传递和数据的交换。

读写器和电子标签之间射频信号的传递是利用了电感祸合的原理。当读写器发射出一个特定频率的无线电波时，电子标签内的电路就会受到电磁感应，将其内部数据送出，此时，读写器根据时间顺序依次对接收到的数据进行解读，然后送入特定的应用程序做相应处理。

（2）RFID 系统的基本组成

一套完整的 RFID 系统是由电子标签、读写器和应用层三个部分构成的。

1）电子标签

电子标签上安置有芯片和天线。芯片作用是存储待识别对象属性的特征数据，并通过天线来实现与读写器之间的信息传递。因为每个电子标签的电子编码是唯一的，因此，其所存储待识别对象的属性特征数据也是唯一的。

2）读写器

读写器是整个 RFID 系统中的信息控制中心和处理中心。读写器发射出特定频率的无线询问信号，当电子标签接收到这个特定的询问信号时，就会给出相应的应答信号，然后将其存储的待识别物体的属性数据以无线电波的形式传递给读写器。读写器收到电子标签传递回来的应答信号后，再对信号进行加工、处理，最终将处理后的信号传输至主机。

3）应用层

应用层是指计算机网络系统，用于处理读写器传回的各类信息，完成数据的处理、传输和通信工程。

2. 生物识别技术

生物识别技术是指利用光学、声学、生物传感器收集生物特征数据，在通过计算机处理系统和生物统计学原理对收集到的数据进行识别和处理，以人体固有的生理特性作为识别依据，比如指纹、脸型、虹膜等来实现对个人身份的识别。

生物特征具有独一性的特点，这就使得生物识别技术更加的安全和可靠。目前，生物识别技术发展已相当成熟，应用领域广泛。常见的指纹识别、面部识别、语音识别等已基本普及，应用于生活中的各个方面。

3.图像识别技术

图像识别处理技术是利用计算机对图像的扫描和分析处理的功能，能够识别图像内的特定标识，实现对图像的自动识别。

4.传感器技术

传感器是一种由敏感元件和转换元件组成的，能够感受被测量，并能实现信息转换和传输的检测装置。配合计算机控制系统和用户交互界面使用，就可实现感知信息的传输、处理、存储、显示、记录和控制的功能。

（1）传感器的分类

传感器可分为物理传感器和化学传感器两类。而建筑施工监测项目多为压力、位移等物理变量，在这里也重点常用的介绍物理传感器。

（2）智能传感器

智能传感器是利用嵌入式技术，将传感器与微处理器集成为一体，使传感器变成了具有环境感知、数据处理、智能控制以及数据通信功能的智能数据终端设备。

（三）网络层的关键技术

网络层主要功能是实现信息在感知层和应用层之间的互相传递。目前，常用的网络层技术主要有互联网、移动通信网（3/4G通信）以及短距离无线通信网络。互联网和移动通信网应用普遍，这里主要介绍短距离无线通信网络。

短距离无线通信网络的定义相当广泛，通常认为，只要在较短距离范围内，通信双方能以无线电波等形式实现信息的传输与交换，就可称之为短距离无线通信。常用的短距离无线通信网络有无线传感网、ZigBee等。

1.无线传感网

无线传感网是通过由大量部署在作业区域内的传感器节点组成的、具有无线通信与计算能力的传感器网络。无线传感网的优点是不论时间、地点和环境条件，均可以实现对处理网络覆盖区域内感知对象信息的感知、采集和传输功能。一个典型的无线传感网通常由传感器节点、汇聚节点和任务管理节点三部分组成。

2.ZigBee技术

ZigBee技术作为一种新兴的短距离无线传感器网络标准,具有低成本、低功耗、体积小、容量大等优点，并同时兼具经济、可靠、易于部署等优势，广泛应用于环境监测、安全预警、目标追踪等领域。

（四）应用层的关键技术

应用层是整个物联网体系中，能够实现同使用者进行信息传递的交互平台。广义上的应用层包括了处理层和应用层两个层次的内容。目前。应用层的常用技术有当下很火热的云计算、人工智能等。

1. 云计算

云计算（Cloud Computing）是基于互联网的相关服务的增加、使用和交付模式，能够通过互联网来提供动态易扩展的虚拟化资源。目前，对于云计算最权威的定义来自于美国国家标准与技术研究院（NIST，它将云计算定义为一种可以提供便捷可用、按照使用量进行付费的网络计算资源共享池。

2. 人工智能

人工智能是计算机科学的一个分支。它试图通过对智能这个概念实质的理解，生产出一种新的、能够同人类思考相类似的计算机系统。该领域研究的主要技术有语言识别、图像识别、自然语言处理系统等。

（五）物联网应用于建筑施工安全管理的优势分析

物联网强大的感知能力和信息的智能处理功能，为其应用于建筑施工的安全管理，提供了其他技术所不具备的优势。

1. 全面性

感知层的传感器技术、RFID 射频识别技术以及智能图像识别技术等，可以全部应用于建筑施工的安全管理。广泛布置和安装各类传感器，对施工过程中因受力、形变或者位移而引起能量意外释放的构造物、支护结构、支撑结构进行全面的监测，并且具有很高的精度。通过广泛布置末端传感器、摄像头等的方式，可以对施工区域内的任一位置实行全时监测，弥补了当前传统安全员巡检的局限性。

2. 稳定性

物联网应用于建筑施工安全管理的稳定性可以从两个方面理解：一个方面是物联网硬件设施以及信息传递的稳定性，RFID 射频识别技术、指纹识别技术、传感器等均具有硬件可靠不易损坏的特点，物联网的信息传递途径多样，移动通信、无线通信均可实现信息的传递，这样就保证了信息收集和传输的稳定性；另一方面是系统设置的稳定性，一旦系统设置了安全阈值或者准入权限，一般很难发生变化，可以准确地实现监测或者身份验证的功能。相比传统的人为监测或者人为管理，具有相当高的稳定性。

3. 远程性

通过网络层的通信技术，可以实现对施工现场信息的远程获取，从而对施工现场的各类参数实现远程的监测。常规的形变、位移监测均需安排专门的测量人员，定时进行人工测量，并做记录。施工作业过程的监督和现场的日常巡检也需专职人员的参与。利用物联网信息远程传递的功能，将感知层传感器、摄像头获取到的数据参数或影像资料传至远端的管理中心，管理中心的安全监管人员就可以时刻掌握施工现场内的情况，发现不安全情况可立即做出指令。这样不仅可以提高安全监管的效率，并且可以减少施工区域内的活动人员数量，减少了不安全行为的出现。同时，也减轻了事故造成人员伤害的后果。

4. 全时性

传统的以人为主体的建筑施工现场安全监管体系中，重点位置的形变监测需要专职人员定时监测、施工现场的安全巡检需要安全员不定时进行等，所有的监管工作均需通过人的劳动行为实现，而受限于人的生理、心理局限性，无法做到全时的监管。物联网技术应用传感器或者摄像头，系统可实现全天 24 小时的运转。安全监管的全时性，可以及时发现风险隐患，防卫于未然。

三、基于物联网的建筑施工安全管理体系构建

（一）体系构建的原则

1. 系统的集成性

在物联网应用于施工安全管理的过程中，不单单是某一项技术应用于某一项作业的管理，而是从系统的角度出发，由多项技术的集成，实现对施工作业过程中人、机、环境的全面管理，共同作用，起到预防事故发生，有效规避风险的目的。

2. 执行的唯一性

所构建体系的各项制度，在执行过程中应具有唯一性，不是模棱两可的。在管理制度的制定上，充分考虑制度在实施过程中，人员可能面对的选择性。尽力将执行的选择性降到最低，保证制度执行的唯一性。

3. 运转的动态性

建筑施工项目是处于一个动态的变化过程中的，每时每刻施工区域内的环境、设备都会发生变化。因此管理体系的各项指标，需根据项目的变化而动态变化，保证其能真实反应现场情况，及时更新各项风险指标，保证管理的时效性。

根据近几年我国建筑施工安全事故数据统计分析的结果，结合目前建筑施工安全管理体系的特点，以及主要的事故致因理论，在应用现阶段相对成熟的物联网技术的基础上，构建包括人员管理系统、风险交叉警示系统、监测及预警系统和远程监控系统四个部分的基于物联网的建筑施工安全管理体系。

人员管理系统：用于建筑施工现场的管理人员、作业人员的作业活动和日常活动管理，

主要包括人员活动区域管理和特种设备／特定区域准入管理；

风险交叉警示系统：用于建筑施工作业过程中，人、设备、环境产生空间和时间上潜在风险交叉时的警示，重在风险警示，使参与人员提高在潜在风险状况下的安全意识；

监测及预警系统：利用传感器和无线传感网络技术，对施工过程中的重大危险源，例如基坑工程、模板工程等进行全时监测，并在监测数据超出安全值时警报提醒；

远程监控系统：用于施工区域的安全巡检和作业过程的安全监管，提高安全监管效率。

（二）人员管理系统

人作为建设施工的主体，既是工程项目的建设者，同时又是工程事故的受害者。而施工区域人员活动的无序性是导致安全事故发生的一大主因。根据海因里希工业安全理论和现代因果连锁理论，人的不安全行为是导致事故发生的一大主因，因建筑施工区域内的人员无序性，导致某些人进入非己作业区域或操作自己未能操纵的机械设备等情况发生，而目前建筑施工的安全管理不能做到对每一位作业人员的全时监管，从而导致一些本可避免的事故发生。

为避免此类因误入或误操作等人员主观失误造成的事故发生，应用指纹识别技术的唯一性，通过设置屏障和门禁的方式，避免误入或误操作等情况的发生。

人员管理系统的主要管理对象为参与施工的各类人员，通过对各类施工人员活动区域和作业类型的限制和监管，减少施工区域内的无关人员，规范施工作业管理程序，提升施工区域人员管理的有序性。

1.人员活动管理系统

人员活动管理，是通过设置隔离措施，将施工场地内，生活区和作业区分隔，并设置门禁。门禁验证的唯一方式是作业人员指纹识别验证，作业人员进、出门禁均需进行

通过此种方式，一是对进入施工现场的人员进行身份验证，避免无关人员进入施工现场；二是可以记录施工现场内的人员数量和类别，管理端可以随时查看施工区域内的施工人数、以及人员信息等。

2.特种设备／特定区域准入系统

特征设备准入系统是将指纹验证同特种设备启动装置向关联。操作人员通过指纹验证，同指纹库内特种设备操作人员信息相匹配后，设备方可启动。否则，特种设备无法启动。

特定区域准入系统是指针对作业区域内专项工作区域，比如钢筋加工棚、木材加工棚、焊接棚等区域，通过设置屏障和指纹识别门禁的措施，控制该类作业专项人员的进入。其他作业人员无权进入。

当不具有准入资格的其他人员试图通过指纹识别进入时，系统将自动记录该人员信息，管理者可及时发现并对其进行安全教育、甚至惩戒，从而提高所有作业人员对自我行为的约束意识。

（三）风险交叉警示系统

轨迹交叉理论认为，当人的不安全行为与物的不安全状态两者的运动轨迹在时间和空间上相重合时，就容易发生事故。建筑施工环境中常出现洞口临边、大型起重、运输设备等高危险性区域或设备，作业过程中不可避免的产生人与这些高危区域或设备的交叉。因此在风险交叉情况出现时，及时的警示能够让作业人员意识到自己处于不安全状态下，引起注意并尽快撤离。

风险交叉警示系统利用 RFID 读写器与电子标签之间的信息传递和读取的功能，分别给参与施工作业人员、运输设备等佩戴电子标签，并在危险区域内安装读写器。当佩戴有电子标签的人员或者运输设备靠近危险区域时，读写器读取到电子标签信号，就可发出警示信息，提醒靠近危险区域的作业人员或者设备操作人员。并在管理中心，显示风险交叉的情况。

1. 系统准备工作

（1）电子标签的信息录入及佩戴

将所有参与施工的作业人员身份信息及重型机械、运输设备信息录入电子标签。个人或各设备佩戴相对应电子标签。

（2）读写器的布置

在危险区域及重型起重、运输设备上安装布置读写器。

（3）系统设置

在系统内设置读写器与电子标签读取距离，使其为人与设备或危险区域的安全距离。当低于安全距离时，作业人员随身携带提醒装置产生振动或声音提醒其注意。并在管理中心系统交互界面显示风险交叉的详细信息。

2. 风险交叉的类型

风险交叉是指当电子标签和读写器产生祸合，其距离低于系统设置的安全距离时的状态。此种状态下，人与设备或危险环境、设备与设备或危险环境的距离过近，极易产生安全事故。

施工现场内的风险交叉主要有人与危险区域、人与设备、设备与危险区域、设备与设备四类情况。

人：出现在施工现场内的所有人员；

危险区域：根据两类危险源理论，建筑施工现场内的危险区域主要指可能存在高处坠落、坍塌、高空坠物等事故的区域。具体包括：洞口及临边、基坑边缘、高大模板边缘、塔吊工作覆盖区域、高压配电箱、危险材料堆放点等；设备：出现在施工区域内的运输车辆、移动起重设备等重型机械设备。

3. 系统运行流程

当人与危险区域、人与设备、设备与危险区域、设备与设备四类风险交叉情况其中任一类出现时，第一步是人或设备随身携带的警示装置响应提醒，第二步是风险交叉信息传至管理中心，管理中心通知现场管理立即确认风险交叉情况，并及时责令相关人员或设备提高警惕并撤离，以消除风险。

（四）监测及预警系统

监测及预警系统通过在关键位置布置无线传感器的方式，对施工作业过程中安全关键节点实施全时监测，并通过无线传感网络实现监测数据的传输，实现远端监测。一旦监测数据超出系统设定安全值，系统自动发出警报，从而立即采取措施，避免事故发生。

1. 监测对象

根据我国建筑施工事故数据统计及分析结果看来，施工中坍塌事故所占比例较大。因此，可能发生坍塌事故的各类工程，是监测的重点。

2. 监测内容

（1）基坑工程

基坑工程因其施工环境的特殊性，同时具有高处坠落和坍塌、以及物体打击等多项事故的潜在风险，所以基坑工程的监测极其重要。《建筑基坑工程监测技术规范》（GB50497-2009）中规定了基坑工程主要的监测项目。

（2）模板工程

模板坍塌是常见工程坍塌事故中的一种。模板工程主要的监测内容有：

1）典型位置支撑构件的应变监测

2）支撑模板的位移监测

模板的位移监测包括水平位移监测和竖直沉降量监测。

3）支撑模板的变形监测

通过在模板及支撑架关键位置安装应变片、位移传感器等装置，实现对模板的变形、受力和位移监测。

（3）脚手架

脚手架的监测主要有：沉降监测和倾斜监测。通过在脚手架关键节点设置位移传感器的方式，对脚手架整体沉降和倾斜程度进行监测。

（4）塔吊

塔吊主要监测项目有塔身的受力和形变监测。通过布置位移传感器应变式压力传感器、倾角传感器和加速度传感器的方式，再综合算法，对塔吊的基座位移、倾斜程度、塔身受力进行监测。

（5）构造物

通过在浇筑过程中预埋压压力传感器的方式，对构造物进行整体的内部应力监测。

（6）作业环境

作业环境的监测主要监测内容包括气候环境和工作环境两个方面。气候环境的监测主要项目有温度、风速两个能对作业过程产生较大影响的因素；工作环境的监测项目有粉尘、噪声、有毒气体、易燃易爆气体等对作业人员身体造成一定伤害或可能引起事故而造成人员伤害的项目。

3. 系统运行流程

通过传感器的布置，实现对各个项目的全时监测。根据施工的地质、项目安全管理目标等各项条件，设置监测指标的安全阈值。当所监测的某项指标超出安全阈值时，同时触发现场警报和管理中心警报，实现管理中心应急制度的响应指挥现场进行疏散，及时切断危险源与人体的接触途径，避免事故的发生。

（五）远程监控系统

远程监控系统是利用摄像技术以及图像识别技术，通过安置在施工区域内的摄像设备实现对作业过程监督、施工区域的监控、安全隐患排查等功能。

1. 作业过程监督

根据规定，安全生产负责人需对施工作业过程全程监督。可视化远程监督，实现安全生产负责人的岗位转换，由目前的现场监督转变为管理控制中心的远程监督。减少作业现场人员数量，减轻事故造成人员伤害后果。同时，可提高作业人员作业过程中的安全意识。主要的监督项目有：

（1）岗前交底制度是否落实，并视频备案

（2）安全防护设备是否按要求佩戴

（3）作业流程是否按照规范执行

（4）材料加工是否按照规范操作

（5）作业过程有无分神、注意力不集中

（6）作业整改情况检查

2. 安全隐患监控

施工作业现场需时刻进行安全巡检和隐患排查工作。远程监控可以代替人为的现场巡检，减少施工现场活动人员数量的同时，提高安全巡检的效率。

安全隐患监控的具体内容有：

（1）安全防护设施是否完备

（2）重大危险源的状态监控

（3）明火等火灾隐患监控

3.安全状态监控

可视化远程监控覆盖全部施工现场，当风险交叉警示系统或监测预警系统联动发生安全警示时，可迅速查看现场情况，并下达安全指令，消除安全风险。

4.系统运行流程

远程监控系统的重点监控对象是各项作业过程的监督和施工现场安全隐患排查。

（六）系统集成

基于物联网的建筑施工安全管理体系中的四个系统运行时是相辅相成，功能是相互交叉的。人员管理系统保证了施工区域内的有序性，避免了非作业人员的违规操作；风险交叉警示系统起到危险警示的作用，避免因无意识造成的伤害事故；监测及预警系统主要针对施工过程中危险性较大的分部分项工程，全时的监测监控和预警，有助于管理人员及时发现安全事故隐患，预先采取措施，避免造成人员伤亡；远程监控系统既可以改变目前作业过程安全监管和安全巡检的现状，又有助于管理者对施工区域内整体的掌控。四个系统各司其职、相辅相成，共同实现施工过程的安全管理目标。

（七）配套制度

1.安全培训、教育

安全培训是安全管理体系的基础。在基于物联网的建筑安全管理体系中，通过安全培训，让工程参与人员了解新技术应用下的安全监管流程，使其意识到作业全过程的安全监管，并执行管理规定，保证制度落实。对违规人员的安全教育甚至惩戒，能加深其对安全制度的遵守程度，约束其不安全行为。

2.安全防护

施工全过程的监管可以有效提高作业人员安全意识，及时发现安全隐患，最大限度的在风险演变为事故前，将其消除，但监管并不能代替安全防护。高质量、全面的安全防护措施，是保护人员不受伤害的关键屏障。

3.应急制度

应急制度减少事故损伤的首要措施。没有绝对的安全，也就没有万无一失的监管和防护措施。应急制度应包括应急疏散制度和应急救援制度。当警报发生时，作业人员能够迅速疏散，远离危险区域，避免造成人员伤亡；应急救援制度可以有效地保证，在事故发生后，迅速展开救援，减少事故造成的伤害。

第四节　层次分析法的系统综合评价

一、层次分析法

层次分析法的基本思路是先将复杂问题分解为若干影响因素，然后比较判断两两影响因素之间的重要性程度，根据比较结果建立判断矩阵，通过对判断矩阵的一系列计算，得到各因素重要性程度的权重。层次分析法的基本流程如下：

（一）层次分析模型的建立

建立层次结构模型，首先要分析系统的特点，以及目标要求，将影响因子分解成各组成因素。然后根据各组成因素之间的隶属关系，按不同层次将其组合，形成一个多层次的结构模型。包括最高层、中间层和最底层。

（二）构造判断矩阵

将同一层次中的各元素，在关于上一层次的准则下的相对重要性进行两两比较，并赋予一个分值，从而构成判断矩阵。

（三）评价模型计算

计算每个判断矩阵中各因素的相对权重，运用特征根法计算该因素权重系数，并将其做归一化为统一层次相对应指标对上一层次的权重向量。最后进行一致性检验。具体步骤如下：

1. 计算特征值和特征向量

（1）计算判断矩阵每一行元素的乘积

$$W_i = \prod_{j=1}^{n} b_{ij} \quad i=1, 2, 3, \cdots n$$

（2）计算 Wi 的 n 次平方根 $\overline{W_i}$

$$\overline{W_i} = \sqrt[n]{W_i}$$

（3）对向量 $\overline{W} = [\overline{W_1} \overline{W_2} \cdots \overline{W_n}]^T$ 规范化

$$W_i = \frac{\overline{W_i}}{\sum_{i=1}^{n} \overline{W_i}}$$

计算即判断矩阵的特征向量：$W_i = [W_1 W_2 \cdots W_n]^T$，其中，$W_i$ 表示第 i 个元素的权值。

（4）计算判断矩阵的最大特征根 λ_{max}

$$\lambda_{max} = \sum_{i=1}^{n} \frac{(AW)_i}{nW_i}$$

式中：（AW）i 表示向量 AW 的第 i 个元素。

2. 基本一致性检验

为检验各指标权重的计算排序结果是否合理，进而引入了对判断矩阵一致性检验的方法。当检验结果不满足一致性时，就需修改原判断矩阵，直至满足一致性为止。

（1）计算一致性指标 CI

$$CI = \frac{\lambda_{\max} - n}{n - 1}$$

（2）计算平均随机一致性指标 CR

$$CR = \frac{CI}{RI}$$

当计算结果 CR<0.1 时，说明判断矩阵满足一致性。否则不满足。

式中：RI 为平均随机一致性指标，具体取值如下表：

表 3-4-1 随机一致性指标取值表

阶数	1	2	3	4	5	6	7	8	9	10	11
RI	0	0	0.58	0.90	1.12	1.24	1.32	1.41	1.45	1.49	1.52

3. 层次总排序

层次总排序是指在同一层次中，所有因素对最高层元素的相对重要性权值的综合排序。

二、预防事故发生维度的评价

以预防事故发生、降低事故发生可能性为评价原则，对已建体系中各项措施及功能进行综合权重的计算和排序。

1. 评价体系构建

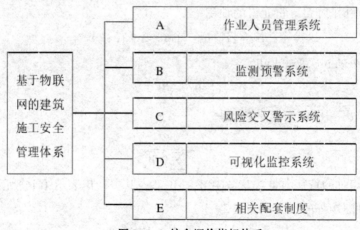

图 3-4-1 综合评价指标体系

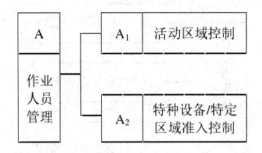

图 3-4-2 作业人员管理指标体系

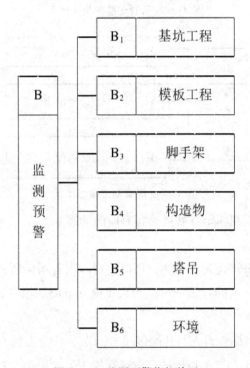

图 3-4-3 监测预警指标体系

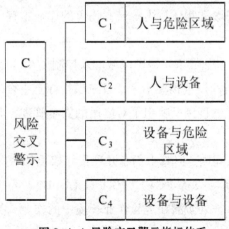

图 3-4-4 风险交叉警示指标体系

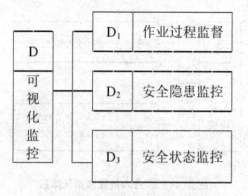

图 3-4-5 可视化监控指标体系

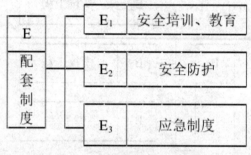

图 3-4-6 配套制度指标体系

2. 根据评价体系构建判断矩阵并进行相对应的计算

3. 对评价结果分析

将层次总排序的结果转化为柱状图，可以直观看出各指标所占权重的多少。将所有指标根据权重大小分为三个区间：第一区间为权重值 0~0.05、第二区间为权重值 0.05~0.1、第三区间为权重值大于 0.1.

位于第三区间内的指标：有人与危险区域（C1）、基坑工程（B1）和人员设备（C2）三项，并且人与危险区域（C1）指标的权重远远大于另外两项。这就说明，在预防事故发生的原则下，避免人员危险区域和危险设备的接触是最有效的预防事故发生的措施。基坑工程作为兼具高处坠落、坍塌和物体打击等潜在伤害的作业工程，是建筑施工安全管理中需要重点管理的点。

第二区间内的指标有：特种设备／特定区域准入控制（A2）、塔吊（B5）和设备与危险区域（C3）三项。三项指标权重相差不多，且三项指标有重合之处。塔吊是建筑施工中最主要的特种设备之一，这也直接反映出了对塔吊的安全管理，是预防事故发生的一项重要措施。

大多数指标位于第一区间内，但其中仍有几项指标权重相对较突出：安全防护（E2），作业过程监管（D1）、设备与设备（C4）、模板工程（B2）等，安全防护作为被动式安全措施的一种，能够有效保护处于潜在危险作业环境中的作业人员，避免事故发生；作业过程的监管，保证了作业人员按要求穿戴防护措施、按要求进行施工作业，加强预防的同时，避免了不安全行为的出现；设备与设备和模板工程分别属于人—机—环境中的"机"和"环境"，人作为事故伤害的主要对象，对"机"和"环境"的监管和监测，能够避免其发生意外能量释放而造成人员伤害。

剩余指标权重相比相差不大，但仍起到了预防事故发生的作用。没有一项安全措施是多余的。实际的施工过程中，都不得已松懈。

三、减少事故损伤维度的评价

在减少事故损伤维度原则下，对相应的指标体系再进行各指标的权重计算，得出对应的矩阵和层次总排序。

对评价结果进行相应的分析：

同样将各指标根据所占权重大小分为三个区间：第一区间为权重值 0~0.05、第二区间为权重值 0.05~0.1、第三区间为权重值大于 0.1。

权重值大于 0.1 这一区间内有特种设备 / 特定区域准入控制（A2）、基坑工程（B1）、模板工程（B2）和人与危险区域（C1）四个指标，并且两个维度下，人与危险区域（C1）、基坑工程（B1）两个指标均占有较大权重。而危险区域、基坑、模板和特种设备 / 特定区域均为施工过程中的重大危险源，对于重大危险源的控制，是减少事故伤害的必要措施。

第二区间内的指标有构造物（B4}、人与设备（C2）、安全隐患排查（D2）三项。在降低事故伤害的角度下，处了对重大危险源的控制外，事故隐患的及时处理也占有一定比重。事故隐患存在的蝴蝶效应，是我们所不可预见的。

第一区间内占有较大权重的指标有活动区域控制（A1）、脚手架（B3）、设备与危险环境（C3）和安全防护（E2）。在建筑施工过程中，没有绝对的安全，由于潜在致伤因素较多，且多是大型的设备和构造物与人的接触，所以建筑施工的安全管理，任何一点都不可放过。

第四章 智能化建筑与项目管理

第一节 建筑智能化系统的构成与特征

一、建筑智能化系统的组成和功能

在智能化建筑环境内体现智能化功能的是由 SIC，PDS 和 3A 系统等五个部分组成。

（一）智能化建筑的系统集成中心（SIC）

智能化建筑的系统集成中心具有各个智能化系统信息总汇集和各类信息的综合管理的功能。具体要达到以下三方面要求：

1. 汇集建筑物内外各种信息。接口界面要标准化、规范化，以实现各智能化系统之间的信息交换及通信协议（接口、命令等）。

2. 对建筑物各个智能化系统的综合管理。

3. 对建筑物内各种网络管理，必须具有很强的信息处理及数据通信能力。

（二）综合布线系统（PDS）

综合布线系统是一种集成化通用传输系统，利用无屏蔽双绞线（UTP）或光纤来传输智能化建筑或建筑群内的语言、数据、监控图像和楼宇自控信号。它是智能化建筑连接 3A 系统各种控制信号必备的基础设施。目前已被 IB 广泛采用。PDS 通常是由工作区（终端）子系统、水平布线子系统、垂直干线子系统、管理子系统、设备子系统及建筑群室外连接子系统等六个部分组成。

PDS 克服了传统布线各系统互不关联，施工管理复杂，缺乏统一标准及适应环境变换灵活性差等缺点。它采用积木式结构，模块化设计，实施统一标准，完全能满足智能化建筑高效、可靠、灵活性强的要求。

（三）建筑设备自动化系统（BA）

建筑设备自动化系统对智能化建筑中的暖通、空调、电力、照明、供排水、消防、电梯、停车场、废物处理等大量机电设备进行有条不紊综合协调，科学地运行管理及维护保养工作。它为所有机电设备提供了安全、可靠、节能、长寿命运行可信赖的保证。

建筑设备自动化系统必须按建筑设备和设施的功能划分为十个子系统。

1. 变配电控制子系统（包括高压配电、变电、低压配电、应急发电等），主要功能有监视变电设备各高低压主开关动作状况及故障报警；自动检测供配电设备运行状态及参数；监理各机房供电状态；控制各机房设备供电；自动控制停电复电；控制应急电源供电顺序等。

2. 照明控制子系统（包括工作照明、事故照明、舞台艺术照明、障碍灯等特殊照明），主要功能有控制各楼层门厅及楼梯照明定时开关；控制室外泛光灯定时开关；控制停车场照明定时开关；控制舞台艺术灯光开关及调光设备；显示航空障碍灯点灯状态及故障警报；控制事故应急照明；监测照明设备的运行状态等。

3. 通风空调控制子系统（包括空调及冷热源、通风环境监测与控制等），主要功能有监测空调机组状态；测量空调机组运行参数；控制空调机组的最佳开 / 停时间；控制空调机组预定程序；监测新风机组状态；控制新风机组的最佳开 / 停时间；控制新风机组预定程序；监测和控制排风机组；控制能源系统工作的最佳状态等。

4. 交通运输控制子系统（包括客用电梯、货用电梯、电动扶梯等），主要功能有监测电梯运行状态；处理停电及紧急情况；语音报名服务系统等。

5. 给排水设备控制子系统，主要功能有监测给排水设备的状态；测量用水量及排水量；检测污物、污水池水位及异常警报；检测水箱水位；过滤公共饮水、控制杀菌设备、监测给水水质；控制给排水设备的启停；监测和控制卫生、污水处理设备运转及水质等。

6. 停车库自动化子系统（Parking Automation System 简称 PA），主要功能有出入口票据验读及电动栏杆开闭；自动计价收银；泊位调度控制；车牌识别；车库送排风设备控制等。

7. 消防自动化子系统（Fire Automation System 简称 FA），主要功能有火灾监测及报警；各种消防设备的状态检测与故障警报；自动喷淋、泡沫灭火、卤代烷灭火设备的控制；火灾时供配电及空调系统的联动；火灾时紧急电梯控制；火灾时的防排烟控制；火灾时的避难引导控制；火灾时的紧急广播的操作控制；消防系统有关管道水压测量等。

8. 安保自动化子系统（Safety Automation System 简称 SA），包括门禁系统、闭路电视监控系统、防盗报警系统和防火报警系统。门禁系统主要功能有刷卡开门；手动按钮开门；钥匙开门；上位机指令开关门；门的状态及被控信息记录到上位机中；上位机负责卡片的管理等。闭路电视监控系统主要功能有电动变焦镜头的控制；云台的控制；切换设备的控制等。防盗报警系统主要功能有探测器系统在入侵发生时报警；设置与探测同步的照明系统；巡更值班系统；栅栏和振动传感器组成的周界报警防护系统：砖墙上加栅栏结构，配置振动、冲击传感器组成的周界报警防护系统；以主动红外入侵探测器、阻挡式微波探测器或地音探测装置组成的周界报警防护系统；用隔音墙、防盗门、窗及振动冲击传感器组成的周界报警防护系统等。防灾报警系统主要功能有煤气及有害气体泄漏的检测，漏电的检测；漏水的检测；避难时的自动引导系统控制等。

9. 公共广播与背景音乐系统，主要功能有背景音乐；用软件程序控制播音；可根据需求，分区或分层播放不同的音响内容；有广播、背景音乐及扬声器线路检测功能；紧急广播和背景音乐采用同一套系统设备和线路，当发生紧急事故（如火灾时），可根据程序指令自动切换到紧急广播工作状态；火灾报警时，可进行报警层与相邻上下两层的报警广播；提供任何事件的报警联动广播；手动切换的实时广播等。

10. 多媒体音像系统，包括扩声系统、会议声频系统、同声传译系统、立体声电影放声系统、视频信息点播系统（Video On Demand 简称 VOD）等。扩声系统主要功能是把自然声源（如唱歌、演奏、演讲等）的声音信号加以增强，提高听众的声压级，使远离声源的听众也能清晰地听到声源发出的声音。会议声频系统由主席机（含话筒和控制器），控制主机和若干部代表机（含话筒和登记申请发言按键）组成，大型国际会议系统由数字会议网（DCN）构成。同声传译系统是将一种语言同时翻译成两种或两种以上语言的声频系统。立体声电影放声系统采用放映室内的杜比器声道还音系统，利用标准机柜将电影录音，经功放分若干路引至观众厅四周的扬声器组，以达到最佳的立体声效果。VOD 系统有随时自主点播精彩影视、各种账单查询、宾馆酒店信息查询、查看交通信息、气象预报、股市行情、商业信息、完成电视购物、卡拉 OK 音乐点播、Email，Internet 浏览、收看闭路电视等功能。系统自动完成点播—计费并可与宾馆酒店计算机管理系统连接。

（四）通信自动化系统（CA）

通信自动化系统能高速处理智能化建筑内外各种图像、文字、语言及数据之间的通信。CAS 按功能划分为八个子系统：

1. 固定电话通信系统，设 PABX 或采用公网的集中小交换机。

2. 声讯服务通信系统（语音信箱和语音应答系统），具有存储外来语音，使电话用户通过信箱密码提取语音留言；可自动向具有那个语音信箱的客户提供呼叫（当语音信箱系统和无线寻呼系统连接后），通知其提取语音留言；通过电话查询有关信息并及时应答服务功能。

3. 无线通信系统，具备选择呼叫和群呼功能。

4. 卫星通信系统，楼顶安装卫星收发天线和 VAST 通信系统，与外部构成语音和数据通道，实现远距离通信的目的。

5. 多媒体通信系统（包括 Internet 和 Intranet），Internet 可以通过电话网、分组数据网（X25）、帧中继网（（FR）接入，采用 TCP/IP 协议。Internet 是一个企业或集团的内部计算机网络。

6. 视讯服务系统，（包括可视图文系统、电子信箱系统、电视会议系统）它可以接收动态图文信息；具有存储及提取文本、传真、电传等邮件的功能；通过具有视频压缩技术的设备向系统的使用者提供显示近处或远处可观察的图像并进行同步通话的功能。

7. 有线电视系统，可接收加密的卫星电视节目以及加密的数据信息。

8. 计算机通信网络系统，由网络结构、网络硬件、网络协议和网络操作系统、网络安全等部分组成。

（五）办公自动化系统（OA）

智能化建筑中要处理行政、财务、商务、档案、报表、文件等管理业务，安全保卫业务，防灾害业务。这些业务特点是部门多、综合性强、业务量大、时效性高。没有科学的办公自动化系统来处理这些业务是不可想象的。因此办公自动化系统被誉为智能化建筑的忠实可靠的人事、财务、行政、保卫、后勤的总管。

OA 系统是在 CA 系统基础上建立起来的信息系统。主要由日常事务型和决策型两个子系统组成。

前一个子系统是通用的，主要是提高人们的工作效率。后一个子系统是与人们从事的工作领域有关，是"专门领域的应用信息系统"，如：金融领域的专用信息系统、工业企业领域的专用信息系统、国家经济宏观调控领域的专用信息系统等。

二、智能化建筑系统集成

智能建筑的发展史是一个不断集成化的过程，集成化概念是区别智能建筑与传统建筑弱电系统的一个重要标志，也是智能建筑所追求的最重要的目标和评判智能化程度的重要依据。

（一）系统集成的主要特征

智能建筑的智能化实质就是集成化，就是信息资源和任务的综合共享与全局一体化的综合管理，通过系统集成实现综合共享，提高服务和管理的效率。

智能建筑集成化的技术核心是建立在系统、功能、网络和软件界面集成的多种技术集成基础上的新型技术，以信息集成作为目标。

系统集成的主要特征：①建立一个以网络为基础的监控管理平台；②提供一整套采集和处理各分系统实时数据的系统软件，并将这些数据在集成的网络系统上发布；③实现对系统信息、资源和管理服务的共享；④具有简易和方便的个人操作界面，且能满足众多用户的不同作业需求：⑤具有向上的开放性能和向下的包容能力。

（二）系统集成的内容

智能建筑的系统集成就是将这些系统及其不同的子系统进行集成，实现集成的目的。

（三）系统集成的方式

目前，智能建筑的系统集成根据集成内容的分布，甚至是管理的需要，集成方式有面向消防的集成、面向安防的集成、面向楼宇自控的集成、面向设备的集成和面向定制收费的集成等。基于系统集成的目的和智能建筑的现状，目前，系统集成存在多种模式，主要总结为以下三种。

1. 以 BAS 为中心的系统集成

以楼宇自控系统（BAS）为中心的系统集成，采用 BAS 专门的通信控制器和他方产品以串行通信的方式连接起来，使系统间传递数据。即将他方产品纳入 BAS 的集成方式。

该系统集成方式的特点如下：

（1）该系统集成方式优化了对电气设备参数的采集和控制，实现了对现场设备的监控。

（2）目前广泛应用的 BAS 以通信网络构成，但其软件均是自成系统，相对封闭，缺少向外的开放能力。虽然有的 BAS 提供了一定的数据交换接口，如 DDE 交换功能和 API 接口函数等，但不支持网络操作系统，且需要专门的编程。大部分 BAS 在网络环境下和其他应用程序交换数据的能力十分有限，当通过 BAS 与上级集成系统交换数据时会产生瓶颈效应而不能获得预期的结果。

（3）一般的 BAS 不具备网络环境下的信息集成管理功能，不能面向网络提供透明的数据源，没有提供开放的数据库接口，也不向用户提供分布式多用户的网络工作环境。

（4）一般的 BAS 在系统产品的选择和优化方面选择范围很小，可连接的他方产品受限制，即向下的包容能力很差。

2. 区域网——子系统集成

该系统结构为集成智能建筑管理系统（IBMS）。系统结构分 IBMS 管理层、系统管理层和设备层。其中硬件采用通信网关实现和各子系统间的通信连接，采集各子系统中电气设备的实时数据；网络基于 TCP/工 P 协议的以太网结构；软件基于 WindowsNT 操作系统，运用构件对象模型（COM）、软件构件重用和智能代理技术（Agent），是一个典型的分布式客户机/服务器（C/S）工作模式。

该系统集成方式的特点如下：

（1）区域网——子系统集成的软件体系是为集成信息管理而开发，是智能建筑信息化集成的基础。由于支持系统集成的新一代软件技术已趋完善，如分布式客户机/服务器（C/S）工作模式、开放的数据库接口 ODBC、支持不同应用程序之间交换数据的 OLE2 工业标准、支持代码重用的构件对象模型 COM 及其组装技术等，使区域网—子系统集成的软件体系运行比较成熟。

（2）由于弱电产品的多样性，信息交换有的通过软件、有的通过硬件，传递的数据格式也各自定义。采用区域网—子系统集成可将这些不同类型的数据模型整合起来进行集成管理，以一致的格式和界面提供给用户。

（3）在区域网——子系统集成基础上可方便地建立增值应用，如对智能建筑综合管理自动化系统进行二次开发，使该系统不仅要对整个建筑内所有的设备资源和运行状态进行监测、记录和管理，而且对建筑物内的各种公共服务设施、通信系统、办公自动化系统等进行综合集成管理，构成一个集成的自动化管理系统和信息服务系统，即 IBMS（Intelligent Building Management System）。

3. 基于应用集成的 ABMS（Applied Building Management System）模式

以大楼物业管理为核心，基于物业管理的系统来进行的系统集成。由于物业管理系统涉及对大楼内各个子系统的现场设备的运行状态、运行历史数据、管理方式、物业计费以及保证用户方便、安全等方面的综合管理，所以，大楼内各个子系统应该先按功能和逻辑联系进行集成，为物业管理系统方便、高效地提供相关的数据信息。在该方式中，由物业管理部门来统一管理整个建筑物内的基础设施，并提供安全、舒适、便利、快捷的物业服务，提高对设备、设施的可维护性。通过一个集成的系统来方便地实现其物业管理的总体目标，该系统中对各个子系统的数据加工和处理均以物业管理的要求为准。

该系统集成方式的特点如下：

侧重于物业管理，其技术目标是对各子系统进行统一的监测、控制和管理：实现跨子系统的联动，提高整个系统工程的功能水平，这种跨系统的控制流程，大大提高了系统的自动化水平；提供开放的数据结构，共享信息资源，分布式 C/S，B/S 体系结构使集成信息系统充分发挥其强大的功能；根据现代化小区物业管理和社区服务的需求，构建各应用子系统和功能模块。因此这种模式要求集成方有相当的软件开发实力。

目前，以 IBMS 方式进行集成是业界的主流，该方式需要工程集成商具有较强的软件开发、工程项目管理方面的实力，相应的技术含量较高；而以 BAS 为基础的 ABMS 集成主要是相应的楼宇自控产品生产供应商提供的集成模式。可以预见，以 ARMS 方式集成将会成为未来智能建筑系统集成一个重点，可以较好地将高层应用与建筑物内最底层的基础设施进行功能上的融合。

三、智能化建筑的特征

智能化建筑与传统建筑相比具有许多鲜明的特点：

（一）拥有强大的智能化功能

智能建筑是建筑艺术与现代控制技术的完美结晶，它与一般建筑的最大区别就在于拥有强大的智能化功能，如建筑设备自动化、通信自动化和办公自动化等。

（二）发展迅速、内涵容量大

智能化建筑发展迅速、内涵容量大且各种高新技术和设备将不断引入 3A 系统，例如多媒体电脑、宽带综合业务数据网（B-ISDN）等。

（三）灵活性大，适应变化能力强

表现在两方面，首先是智能化建筑环境具有适应变化的高度灵活性，譬如房间设计为活动开间（隔断），活动楼板，大开间可分成有不同工位的小隔间，每个工位楼板由小块楼板拼装而成，这样建筑开间和隔墙布置就可随需要而灵活变化。其次，管线设计具有适应变化的能力，可以适应租户更换、使用方式变更，设备位置和性能变动的各种情况。

（四）能源利用率高，能运行在最经济、可靠的状态

例如，空调系统采用了焓值控制，最优启停控制、设定值自动控制与多种节能优化控制措施，使大厦能耗大幅度下降，从而获得巨大的经济效益。

（五）设备投资比例加大

各类智能建筑中智能化系统占总投资额的比例较大，几乎与结构工程的投资相当。

（六）施工任务繁重，复杂，施工工期长，质量要求高

设备的安装与调试是智能化系统施工的主要内容，其中包括众多子系统的设备和控制系统的安装、综合布线系统的布线工作、各子系统的竣工调试以及中央控制系统的安装调试等工作，不仅内容多，而且工期长、质量要求高。一般而言，智能建筑可能占用总工期的一半，而智能化系统的施工任务则分布在总工期的一半还多的时间里。而且就目前情况看，智能化系统的设备及控制系统大部分是国外进口的，技术性强，施工要求高，除需要土建方面的密切配合外，各子系统之间的安装、联网、调试等也需要协调一致、相互配合。

（七）基于 3A 系统相互配合而产生许多新功能

（1）建筑物管理系统与远程通信系统的配合，从而可使用户利用身边的电话机作为终端控制温度和湿度给定值的变更；温度和湿度值测试值的确认，能源使用量和设备运行状态的通知；在异常时的用户报警通知；空调、照明投入和切断等。还可使建筑群（小区）管理中心，通过外部网络，对几座建筑物进行集中监视。

（2）建筑物管理系统与办公自动化系统的配合，从而使接在办公自动化的区域网络上的个人电脑、工作站获得建筑物管理信息。使会议室等空间的预约管理系统与空调机运行结合起来实现联动。还可使建筑物管理系统收集到的能源使用且与办公自动化的财务管理系统相结合。

（3）远程通信系统与办公自动化系统的配合，从而使信息上孤立的建筑物，成为广域网的一个结点。

第二节　智能化建筑项目策划与风险管理

项目管理作为建设项目实施过程中的重要部分，其管理水平的高低，对于项目的进展、质量和成本都具有非常重要的意义。智能化系统需要依附于建筑主体而存在，所以在主体施工中需要与其他工程相配合来完成。同时智能化系统是一项高科技的技术，其结构和功能性都较为复杂，涉及的学科较多，所以无论其在施工还是高科技特征方面都需要与其他项目及学科进行很好的配合和协调，因此在建筑智能化项目管理过程中，应从各个方面和

环节进行有效的控制、沟通和协调，从而达成项目管理的最终目标。

一、智能化项目的管理体系

在目前建筑弱电系统的建设当中，随着不断发展和完善，弱电系统也不单纯是简单的弱电子的累加，而是随着其不断地完善形成了具有较高关联性和集成性的智能化系统。对于这样一个高科技系统的项目不仅需要具有统一的界面，同时还需要具有明确的责任，当前在对智能化系统项目管理体系中，通常以弱电项目总承包制为主，这是一个行之有效的项目管理体系，需要总承包商要具有相应的智能化施工的资格证书，同时具有智能化系统的策划、设计和实施能力，另外还需要其具有建筑智能项目管理体系、方法、经验和实力。只有具备以上条件后才能承接此项目。

二、项目经理和项目组织

目前在建筑智能化系统项目中，普遍采用项目经理负责制，通过项目经理组织带领团队来对项目实施。这就需要企业把赋予相应的权力给项目经理，同时项目经理需要清楚自己在项目中所应承担的责任和利益。对于项目实施过程中所需要的各类人员的组建，则由项目经理自行进行组建和领导。在这一项目中，对项目经理的要求较为严格，需要项目具有广博的知识，不仅要了解弱电的相关知识，还要对其他相关专业的知识比较清楚，同时还要熟悉相应的法律法规等，其作为整个项目的组织核心，需要具有非常好的组织和协调能力，从而在项目实施过程中实现良好的沟通，保证项目的顺利实施。

三、智能化项目的沟通关系

在智能化项目的实施过程中，沟通是项目进行中非常重要的一部分，通过沟通可以实现信息的收集、反馈和处理，所以在建筑智能化项目的实施过程中，需要做好与业主、监理公司、设计单位、总承包单位、施工单位、团队内部和供货方之间的良好的沟通，从而保证项目的顺利进行。

（一）与业主的沟通

建筑智能化系统建成之后，最后的接收者和使用者都是业主，所以业主的需求在项目中是至关重要的，其也是项目的最终目标。因此对于最终目标的确定则需要项目经理与业主进行良好的沟通，从而在公平合理的前提下尽量满足业主的需求，确定项目的最终目标。

（二）与建筑监理公司的沟通

建筑监理公司在项目实施过程中负责对投资、进度、质量进行控制，同时需要对合同进行管理和组织协调，虽然项目经理也在项目实施中负责一样的职责，但建筑监理公司作为业主的代表，项目经理作为承建商的代表，二者的立场不同，所以需要在项目实施过程中进行良好的交流和沟通，从而对项目的各项关键要素进行良好的控制，从而使项目按照预期的设想顺利实施。

（三）与建筑设计单位的沟通

建筑的整体规划和设计都是由建筑设计单位来完成的，业主对于建筑设计的权威性非常认可。同时智能化系统是依附于建筑主体而存在的，在其实施过程中与建筑平面结构设计、暖通、给排水、供配电等系统的设计都存在着较大的联系，所以智能化系统的总承包单位需要与设计单位进行良好的沟通和交流，从而对其不完善的地方进行修改，使智能化系统得到完善，强化建筑的整体规则水平。

（四）与建筑总承包单位的沟通

建筑整体项目目标的完成需要由总承包商来负全责，而建筑智能化系统作为建筑整体的一个分项工程，其在实施过程中的每个环节和阶段都需要符合总承包单位的整体要求，需要与整体项目管理和协调相一致来实施。

（五）与其他施工单位的沟通

工程中会有许多界面、接口和矛盾冲突。项目经理必须能化解工程中的各种问题和冲突，理顺施工中的界面和接口。协同工作是与其他施工单位沟通的主要原因。

（六）团队内部的沟通

项目团队是一个临时性的组织，团队的凝聚力是项目成功的关键。项目经理的权威不仅仅来自企业赋予的权力，更重要的是他的人格。项目经理既是团队成员的领导，也是团队的成员。

（七）与供货方的沟通

智能化系统通常采用成熟的、主流的产品和系统，供货方是技术信息的直接提供者。项目经理与供货方的广泛交流，能获得项目最重要的技术目标线索。

四、项目的目标

1. 项目的质量（功能）目标。项目的最终交付物符合预定的各项要求，提供一套满足客户预定需求的、客户满意的建筑智能化系统。

2. 项目的进度目标。弱电项目的进度必须符合总体进度要求。

3. 项目的成本目标。项目必须在规定的成本范围内完成。

五、项目的计划与控制

（一）项目的进度计划与控制

进度计划表能直观反映项目的进度要求，方便进度的跟踪。根据进度计划表实施进度计划的控制。首先，要建立项目管理信息制度，责任主管应及时向项目经理汇报工作执行情况，项目经理应定期向客户报告，并随时协调项目资源；其次，预测项目未来的进展情况，结合对当时情况的衡量、预测情况和当时情况的比较，及时制定实现目标、进度或预算方案的修正。

（二）项目的质量计划与控制

（1）以客户为中心。项目经理在质量管理过程中必须树立以客户为中心的思想，保证项目达到客户满意。

（2）向客户明确项目质量管理的体系及项目质量控制规程，提供质量保证措施。

（3）按项目质量管理标准体系和管理流程的规定进行项目的质量控制。

（4）注重项目过程中关键点的质量检查和工艺操作规程的执行。

（5）明确各部门和人员的管理责任，注重记录和文件管理。项目的质量计划、检验计划都围绕保证项目质量，保证客户满意这个目标进行。

（三）项目的预算和成本控制

项目的预算和成本控制是承建商和客户共同的内容，也是项目管理的重点内容之一。成本控制包含在项目进度计划控制之中。主要采用预算与实际发生对比，根据比对结果采取相应的纠偏措施。

（四）项目的风险控制

任何项目都会存在着一定的风险性，智能化项目也不例外，所以在建筑智能化项目实施过程中，需要用科学的方法对风险进行识别和控制，从而避免在项目实施过程中风险的发生概率。

第三节　智能化建筑项目招投标管理

一、智能化建筑工程招投标现状与存在问题

（一）智能化建筑项目招投标的现状

招标与投标，是市场经济中用于采购大宗商品的一种交易方式。其特点是买方设定包

括商品质量、期限、价格为主的标的，约请若干卖方通过投标报价进行竞争，从中择优选定中标单位，双方达成协议，随后签订合同并按合同实现标的。

在市场经济中，建筑产品也是商品，因此．在国际上广泛采用招标投标的方式实现工程建设任务的发包与承包。工程建设招标与投标，是在国家法律的保护和监督之下，双方同意基础上的法人之间的经济活动。工程项目招标与投标是业主与承包商对未来建筑品的预价格进行交易的工程采购方式。

根据建设部建筑业企业资质管理规定，智能化建筑工程属于专业承包序列。因此，智能化建筑工程的发包，有直接纳入工程总承包内容，然后再由总包商分包的；也有单独作为专业工程分包招标的，目前以后一种形式居多。

智能化建筑工程招投标时是建筑智能市场引入竞争机制的结果。通过几年的招投标实践，不仅节约了大量的投资，促进了承包商不断加强自身完善，为推动智能市场的反展起到了积极的作用，在防止工程承发包领域的腐败，净化智能市场方面也取得了明显的成效。

（二）智能化建筑项目招投标存在的问题

在智能化建筑工程招投标完善和发展中，招投标过程中存在的问题也逐渐暴露出来。

1. 招标文件不规范

（1）招标范围不清

由于智能化建筑工程的特点，招标人对其往往很难有深入的了解，这样就不能确切地提出自己的招标意图和对工程的要求，通常只是套用其他智能化建筑工程的招投标文件要求或者将某系统集成商的初步设计方案简单修改后进行招投标，而没有具体的技术规范；更有甚者，有些业主在招标时连完整的、必需的图纸也不提供。这样的招标，招标人盲目，投标人更加心中无数。

（2）工程量不明

一方面招标范围不清，其至连图纸都没有，工程量的准确性就无从谈起：另一方面，智能化建筑工程的定额也相当不完善，招标文件相应地也很难提供较详细准确的工程量清单和设备材料明确。

（3）设计深度达不到要求

大多数智能化建筑工程由于招标前期的设计过于简单，达不到一定深度，在招标后的实施阶段，二次深厚设计工作量很大，不确定因素也多，施工过程中设计变更相应地增多，最后业主不得不追加投资或为了控制投资规模不得不降低档次、减少功能。这样不仅失去了招投标的意义，违背了招标人的初衷，也可能使得最后完成的智能化建筑工程达不到应有的标准，满足不了实际的使用需求。

2. 评判专家的人数和素质有待提高

智能化建筑工程评判专家人数奇缺。2003 年浙江省经过省政府认可的第一批"建筑智能"专业方面的评标专家总人数为 76 名，全省十一个市平均下来每个市不足七名。而且这些评标专家有近一半来自智能建筑承包单位，一旦这些单位本身就参加投标，那每次招标时可供挑选的评标专家就更加少。经过不断地扩充，到 2004 年底，台州市专家库中的该专业评标专家也才只有十八名，远远满足不了智能建筑工程的实际需求。这还是国内智能化建筑工程管理比较先进的华东地区，在内地很多省市基本还是空白。

智能建筑工程评标专家的素质也急待提高。一方面建筑智能专业只是的更新速度很快，市场上的新产品、新工艺、新技术不断涌现，需要专业非常注重平时的只是积累，才能满足评标的需求；另一方面由于专家的人数较少，从事智能化建筑工程的圈子也不大，评标专家和承包商的认识、熟悉程度远非其他如土建、市政等专业可比，因此在建筑智能评标时人情标、面子标的情况也时有发生。一旦碰到问题、争议，专家们不愿进行深入地讨论，你好我好大家好，互相间一团和气，只希望能尽快结束投标，拿到投标劳务费就行。

3. 评标方法缺乏科学性

评标定标是智能化建筑工程招标工作中最关键的环节，而评标办法又是其中最核心的内容，要体现招投标的公开公平，确保招标人挑选出最理想的中标人，必须要有一个公正合理、科学先进、操作简便的评标方法。目前智能化建筑工程招标时评标定标办法普遍缺乏科学性，要么评标办法规范性不强，使得评标过程中评委的自由性、随意性较大；要么评标办法中的定性因素多，定量因素少，缺乏客观公正；要么评标办法的漏洞较多，比如按照投标人报价的平均值取标底，就容易给串标、拢标提供方便，或者使得明显在报价中有优势的投标人不愿、不敢降低报价，最终导致中标价偏高；又如按照招标人的预算价作为标底价，投标人又会不择手段地拼命买标底，容易导致腐败现象。

4. 设备采购协议需要进一步完善

智能化建筑工程招标工作经常首先会遇到的问题是设备定型。在 20 世纪 80 年代中到九十年代末，智能化系统设备基本被美国的江森公司（Johnson control）和霍尼韦尔公司（Honeywell）这两家居于垄断地位的公司占据绝大部分市场份额，其设备标准接口对外不透明，一旦设备采购中确定使用其中某一品牌的产品，则第三方基本无法介入后续供货、维护、升级等等业务范围，产品的总经销商也能很容易通过控制出货渠道来约束各级代理，以保证高额利润。2001 年以来，具备开放性、能实现互动操作的 LonWorks 和 BACnet 等标准协议系统在国内得到了极大的发展，其中 BACnet 协议突破常规，具有显著的优点：独立于任何制造商，并得到众多制造商的支持；产品有良好的互操作性，有利于系统的扩展和集成；系统可以由不同厂商的产品组成，有利于市场竞争。另外，协议也允许生产商提供专用对象，专用对象增加的专用属性可以不被其他厂商的设备所访问和互操作。作为一种新的标准化协议，正在不断地发展和完善之中。作者认为，建立在开放协议基础上的智能化系统将是未来建筑智能化发展的方向和采用的主流技术。

智能化建筑工程评标过程中如何界定产品的品质、技术含量、原产地因素等等也比较困难。在某省电信枢纽楼智能化工程投标过程中就招标文件约定的进口品牌超五类线缆提供了三种不同方案，一是美国原产，一是新加坡生产（OEM）一是国内生产（OEM），开标后发现不同投标人报价的悬殊超过了60%，按商务标占50%~70%的评分原则基本上很难体现技术标中品牌等的因素影响。

5. 投标人行为需要进一步规范

投标人为了自身的利益，千方百计钻招标的空子，不规范、不诚信的行为层出不穷。有些投标人为了获取项目，常常投标时故意报低价"钓鱼"，施工时或采取偷工减料，或高价索赔；有些采取挂靠的方法，以他人名义投标或弄虚作假骗取中标；有些是串标、拢标，中标后再转手倒卖合同，或转包、分包之后再分包；而标后不订立合同，订立合同后不履行合同等违规行为也时有发生。

智能化建筑工程招投标工作中不仅存在以上种种违规行为，近年来部分项目还出现一些更隐蔽的手段。投标人往往在设计阶段和标底制作阶段就通过利用，设计院或业主单位项目技术负责人在投标设备、材料项目上做文章。比如把一个DDC执行器拆成几个甚至几十个模块分开报价；可用软件编程实现的接口如柴油发电机组、空调主机等等大型设备的二级控制回路的I/O在标底中列出报价要求，以此来误导其他投标人；在接到中标通知后才提出现场实际情况、踏勘结果与原设计存在种种不合理的地方，要求业主单位对设计方案做重大的调整，以便达到变更合同价的目的。

二、完善智能化建筑项目招投标的对策

完善我国智能化建筑工程的招投标，首先应从国外成熟的工程招投标模式中借鉴成功的经验，并在实际工作中加以应用；其次应从我国智能化建筑工程招投标的体制、结构、认识等多方面着手，积极探索，大胆改革，认真实践。目前，我们应着重做好以下几个方面的工作。

（一）积极推行工程量清单模式

2003年7月《建设工程工程量清单计价规范》在全国范围内正式实行，该规范提出了"强行执行统一规范，放开报价市场竞争"的概念，强调真正地把竞争机制引入到建筑市场中来。

在智能化建筑工程招投标中引入工程量清单模式，可以明确划分招投标双方的工作，招标人计算量，投标人确定价，互不交叉、重复，有利于招标人控制造价，也有利于承包商自主报价，不仅避免了预算工作的重复性和计算工程量是因角度不同造成的矛盾，克服"标底式"招标的种种弊端，还可以提高投资效益，更促使承包商在施工中采用新技术、新工艺、新材料，努力降低成本、增加利润，在激烈的市场竞争中保持优势地位。

实行工程量清单招投标，量价分离使招标人承担工程量的风险，投标人确定人工、材料、机械等的价格，承担价的风险。招投标双方风险共担，体现了合同法中合同双方平等

的原则。这样，企业就能够充分地发挥主观能动性和自身的所有优势，既保证了价格的合理性，也保证了招投标"公平、公开、公正"的原则能够得到贯彻。

在智能化建筑工程招投标时实行工程量清单招标，尤其要引起注意的是在针对某一工程量子项时，如有许多品牌的材料可满足时，应尽量在招标文件中明确推荐 2 ~ 3 家同等档次的品牌，以避免投标人自主选择档次悬殊的产品而导致报价悬殊，确保竞争处于统一平台。

（二）不断引进信息化技术

招投标是一个复杂的过程，传统的招投标方式要耗费大量的人力和物力，而且由于地域上的限制，使得招投标的信息传播范围狭窄，限制了招标方的选择空间，也制约了投标方的业务发展。同时违法招投标存在的根源是招标信息的不够公开，招标人用公家的钱办公家的事，招标的成败和招标人的私人利益不相干，这样在招投标过程中容易出现道德风险问题。尤其在我国，招标项目基本上是国有资金投资或参与投资的项目，招标人会牺牲公家的利益谋取自己的利益的例子屡见不鲜。

互联网的开放性和覆盖面的广泛性可以弥补传统的招投标方式的不足。基于 WEB 技术，凭借网络运行成本低，覆盖面广的优势，我们可以建立一个为招标方和投标方提供招投标服务的信息平台，通过无处不在的网络将招投标信息传送到各行各业，保证信息的公开透明，引入更多的竞争者；逐渐在互联网上实现招投标（包括评标在内）的全过程，招标人的权利将大大受到限制，可抑制招投标过程的腐败现象，同时使传统的招投标过程转变为一个简单、方便、快捷的过程，为招标方和投标方节约成本，带来最大的利益。特别是网上评标，评标专家的抽取将可以不受地域的限制，从全省乃至全国范围内抽取，从而有效地克服某一地域专家人数过少的问题。

据了解，应用电子商务平台招投标技术进行网上采购，还可降低招投标成本。美国政府网上采购费用平均节约了 10%，我国政府 2002 年政府采购规模约 1000 亿元，如果采用网上采购，将可节约 10 亿元支出。

（三）积极发展市场保障体系

建筑市场环境的改善需要规范各方建设主体的行为，而工程风险管理机制是以市场手段规范各方行为，加强责任制的有效措施。要借鉴国外成功的管理经验尽快建立我国的工程担保和责任保险制度，如：投标担保、工程履约担保、业主支付担保、保修担保等担保制度，以及勘察设计、工程监理等咨询机构的职业责任保险和建筑施工企业意外伤害保险等保险制度。尤其是承包商履约担保或履约保证，可以有效地化解投标人低价抢标、高价索赔所带来的工期风险、质量风险。

充分利用市场经济的手段，完善市场保障体系，这不但能减少工程建设工程中各方主体的经营风险，更能以市场手段来进行制约，使建筑业能更健康、更规范地发展。

（四）大力培育专业评估机构

目前评标专家对投标方案做出正确的评价这一点上做得还很欠缺，技术标评选时往往是走过场或是评自己的印象打分，而未能对投标人的技术方案设计做出综合、认真的评价。造成此种现象的主要原因是目前的专家库制度设计不合理。一方面专家库对工程类别的划分不清或不够细，专家们对自身专业以外的问题不了解，也就无从对施工设计做出合理或不合理的评价；另一方面评标小组中的专家们大多不是投资方的代表，也非受投资方的雇佣，我们很难想象在毫无约束力的条件下，他们会切实对投资方负责。这种责任感的强弱，往往关系到利害问题上是否能做到据理力争。相反，多数专家是随大流，对模棱两可的问题不明确表态，害怕遇到激烈的争论，对技术标的评判的结果显得漠不关心。因为他们不需要对自己的行为负责，挑选的方案再好，他们不会得到任何嘉奖，方案再差（只要不出现重大事故），也不会对其有任何利益损害，甚至对其名誉也无甚影响。

反观国际上的投标，投资方对技术专家们是非常倚重的。如何寻找合格、称职的专家小组，投资方并不需要花太多的精力，市场上有足够数量的投标咨询公司可供选择。这些咨询公司完全独立于投资方以外，它受投资方雇佣，对投资方负责。但在信息完全不对称的情况下，投资方如何能够做到对咨询公司的有效控制，市场法则起了关键作用，因为不能令投资方满意的咨询公司将很快被市场淘汰。合格的投标咨询公司储备了大量各式各样的专业人才，来满足不同类型的工程建设需要。这些专家不仅具有良好的知识储备，同样具有丰富的现场经验，基本上能够识别施工单位的弄虚作假。

作为智能化建筑工程的行业主管部门，要改革目前的专家库管理方法，充分利用市场法则，逐步培育专业评估机构，通过专业评估机构的专家进行评标，不但可以有效地避免评标专家到评标道德风险，也可以更好地为招投标双方服务，增强招投标活动的透明度，较好地保证招投标活动的客观公正性。

（五）逐步改革投资管理模式

目前我国基本建设项目包括智能化建筑工程，实行的都是建管合一的体制，即谁投资谁管理。这样的工程管理体制，造成了许多的"一次性业主"。而一次性业主给工程管理带来了许多无法克服的弊端。由于业主建设管理专业知识的欠缺，导致工程管理上的高投入低产出、浪费甚至"交学费"的现象比比皆是。逐步改革目前的投资管理模式，引入专业的项目管理公司，由专业的工程技术人员来管理工程建设的全过程，业主仅付出少量的项目管理费，但获得的收益却可远远超出。

体现在智能化建筑工程建设管理上，第一在前期施工阶段，就可以提出明确而详细的需求，有利于设计的一步到位，减少工程实施阶段的图纸修改，对控制工程造价有利；第二，可以在招标前期对投标报名人实行较为详细而专业的资格审查，在编制招标文件时，可以提出较为详细的工程量清单和推荐的材料品牌；第三，可以在工程施工阶段严格执行合同，控制进度、质量、投资。

（六）努力完善评标方法

在众多的智能化建筑工程承包商中挑选出一家各方面都能比较满意的承包商，是整个智能化建筑工程成果与否的最关键环节。完善评标方法，也就成了完善智能化建筑工程招投标对策的核心内容。

智能化建筑工程评标不仅是选择厂商产品、选择工程承包队伍，更重要的是细化招标人的需求目标、规划投资比重，以求得技术形式与功能、投资、效益的对称；达到结构、系统、服务、管理的最优组合，实行安全、经济、高效、舒适的目标。

因此，智能化建筑工程评标方法制定时不仅要考虑和国际惯例接轨，尽量将最低评标价的投标单位作为第一推荐中标单位，还要考虑每个投标人关于智能化建筑工程的技术、服务、经验等方面的因素能否给工程的顺利实施提供强有力的支持。"有限范围最低价中标法"可以较好地满足上述要求。

"有限范围最低价中标法"的核心思想是如要确保智能化建筑专项工程的顺利实施（包括施工和售后服务方面等），投标人的技术标承诺必须达到一定的要求，比如施工组织得当、选材搭配合理、售后服务周全等。投标人关于技术方面的承诺只要满足工程需求就行，不必太过先进或领先。如果技术先进性太过超前，则投资也会相应地增加，而太过先进的技术对招标人的工程管理及今后的使用并不会带来质的提升，相应增加的投资就会失去意义。投资人的报价不得低于其自身成本，在报价合理的投标人中选择报价最低的投标人作为第一中标候选人。

"技术先进够用"和"报价合理"是实施"有限范围最低价中标法"的两个前提，"最低价中标"是结果。

第四节　智能化建筑施工项目质量、安全监控与管理

一、智能化建筑施工项目质量存在问题及对策分析

（一）建筑智能化工程施工质量存在的问题

1.设备安装调试问题

在控制兼职智能化工程施工质量的过程中，需要注意设备安装调试的问题，经常出现的问题就是设备的运输和摆放没有严格地按照标准进行，因此会导致设备出现问题，尤其是受到天气的影响，设备的摆放没有考虑到空气的湿度和温度，影响之后设备的使用。很多的智能化系统使用的都是比较精密的设备，如果不严格加以保存，就会导致其出现问题，影响正常使用。受到员工素质、放置环境等多种因素的影响，如果不按照制度严格执行，

会导致设备的使用性降低。很多人不重视设备的摆放，比如一些室外的设备，雨雪天气对其造成很大的破坏，严重者甚至会导致危险事故的发生。此外，除了摆放的问题，还有调试的问题，尤其是在调试的过程中，如果操作人员不够专业，没有严格遵守正常的调试程序，就会导致存在安全隐患，这些工作没有顾全大局，会为后期的工作带来不必要的麻烦。

2.设备接线不规范

在施工的过程中，由于建筑智能化工程比较复杂，所以接线不规范的问题也比较突出，尤其是一些工作人员操作失误，会导致接线操作出现问题，接线比较乱，没有秩序，线缆接头的处理不到位等。施工的环节比较多，如果缺少合理接地屏蔽线的屏蔽层，采取简单的操作方式，会直接影响后期信号的传输质量，系统稳定性也得不到保障，这在无形之中增加了维护的难度。

3.图纸设计不科学

图纸的设计直接关系着施工的质量，不过在很多工程施工的过程中，图纸设计缺乏足够的科学性。第一，设计图纸之前没有对工程有足够的了解，尤其是没有从实际出发，即使图纸设计比较新颖，但是缺乏科学性导致不可行。第二，设计人员的技术直接影响着图纸设计的结果，一些设计人员缺乏专业的技术，尤其是忽视了技术的发挥，导致最终的图纸设计过于复杂，不利于施工。第三，图纸设计缺乏对工程情况的实际考虑，尤其是出现了设计的内容与施工需求不符的情况。

4.施工缺乏专业性

在施工的过程中，建筑智能化工程与普通工程有所区别，因此施工的过程还是缺乏专业性。施工过程中的监管不到位，施工技术不完善，施工的条件有限。施工管理制度也没有得到真正的落实，导致整个施工过程比较随意，因此直接影响施工的质量。

（二）提高建筑智能化工程施工质量的对策

1.加强施工过程的管理和控制

由于建筑智能化工程涉及的范围比较广，因此要注意对每个环节进行合理的控制。从设计到施工再到验收，都需要专业的监理人员负责监管，在施工的过程中需要控制好各部门之间的关系，做到相互配合，及时地进行交流，对出现的问题，大家要积极献策，找到解决问题的最佳方案。施工成本需要进行控制，所以管理人员要做好对成本和施工质量的控制，对施工的全过程进行记录和监控。前期的设备准备，施工中的安装过程，施工后期的维护工作都要严格按照要求执行。最好让相关的技术人员参与培训，不能随意进行操作，保证技术的专业性。为了不断地提高施工的质量，要对施工质量进行验收，严格比对施工结果与设计图纸，及时处理发现的问题。选择施工工艺要注意分析工艺要点，尤其是要制定合理的质量检查表格，对所有问题进行记录和分析，防止再次出现类似的情况。

2.不断提高施工队伍的综合素质

在建筑智能化工程施工过程中，施工人员的素质对施工质量有着直接的影响，所以有必要提高施工队伍的整体素质，施工管理过程中，要注意对施工人员的考核，主要是技术考核和道德素质考核，要求所有参与施工的人员具备专业的施工素养，尤其是要保证认真负责的施工态度。为了提高施工队伍的素质，要注意对施工人员进行严格的管理，建立相关的制度，保证正确的分工，要求管理人员可以以身作则。尤其是现场施工的环境比较复杂，难以控制这就要求管理人员真正具备现场协调的能力，掌握好现场施工的具体情况，对施工的进度以及质量进行严格的控制。施工管理需要管理人员做好全面的指导，才能不断地提高施工的质量。结合施工的时间控制好施工进度，注意记录运行过程中的问题，防止相似的问题再次出现。

3.提高设计图纸的科学性

建筑智能化工程施工很大程度上要依赖于图纸的设计，这也是施工前期的过程，因此必须重视图纸设计的科学性。注意从整体上了解工程，然后分析图纸设计的可行性，在设计的过程中，要注意考虑图纸的技术实用性，不能异想天开，选择了先进的施工技术，就要保证设计的过程中技术能够得到利用。同时还要对施工的时间、施工的质量进行考虑，分析建筑智能化工程的实际情况，注意对施工的位置进行分析，以此保证图纸设计的专业性，不断提高施工的质量。

4.提高施工的专业性

由于施工过程中涉及很多的因素，这就要求施工具备专业性，尤其是要求施工人员具备专业的技术水平。此外，要注意监管人员的专业性，要对施工过程中的每个环节进行控制，保证现场环境的可靠，尤其是防止一些恶性事件的发生，对于一些恶劣天气或者是突发事件应该做好应急准备，要不断地提高施工技术的科学性，提高施工的效率。要注意对现场进行标准化的管理，依照相关的制度，对现有的资源进行充分的利用，施工质量的提高需要全体成员的努力，不是一两个人就能决定的，因此在施工之前要做好基本的培训。

二、建筑工程智能化的管理

（一）新时期我国的建筑工程管理的智能化需求

建筑工程的智能化管理是一种运用科学的管理制度和先进的信息处理方式进行工程管理的一种管理方法，它可以使管理更加具有科学性、合理性。我国的建筑工程虽然发展了很多年，但是实现对建筑工程的管理却起步很晚，管理水平相比其他发达国家还有很大的差距，主要是因为我国的管理方法和观念受传统管理观念束缚较大，不能充分发挥管理的积极作用，管理效果较差。因此我国的建筑工程管理需要注入新的管理方法来加强工程管理。

目前我国能实现智能化管理的建筑企业少之又少，再加上受到传统建筑工程体制的影响，很多企业都采取在施工过程中再考虑成本的控制和质量安全的监测，而项目智能化管理可以对工程施工设计以及对成本、质量和安全的预测能力，可以减少一定的项目施工风险。在建筑行业竞争日益加剧的背景下，实行智能化的工程管理显得尤为重要，我国建筑企业应该运行智能化的管理方法，从而完善企业的管理制度。

（二）新时期建筑工程项目管理

1. 建筑工程项目管理的特点

（1）目标的明显性

每个建筑工程都有明确的建筑目标，从施工准备到施工过程再到竣工都是在为了这个目标而不断努力。在整个过程中，对于施工所要的材料、技术、人员等都是为了完成每一个小的或是阶段性的管理目标，只有每一个阶段、每一个都顺利完成，整个工程才会顺利竣工。

（2）责任的突出性

建筑工程相比其他工程更加复杂，对于技术的要求更高，工程一开始就要做好任务分配工作，落实责任制，明确好各部门，个人的责任与义务。对于施工过程中各种人力、物力、财力的合理分配也是明确各方责任的一种表现。

（3）工程的复杂性

建筑工程的复杂性是建筑工程管理的重要特性之一。建筑工程主要特点就是项目投资大、施工工艺复杂、施工周期长、工程范围比较广，而且影响工程质量的因素也很多，人的行为、物的状态、材料的质量和性能以及施工顺序都将会影响到工程的质量，这样造成了建筑工程施工难度大，管理任务艰巨。工程的复杂性也要求管理工作必须细致到位，不能有任何马虎。

2. 管理的科学性

随着我国现代管理制度的日益完善和改革，建筑工程管理的科学性也日益明显。现代的建筑工程管理是一个建立在科学的管理制度技术之上，实现管理目标的过程，具有很强的科学性。依据现代管理理论建立起来的项目管理组织形式，可以有效地提高施工的效率，确保项目目标实现。

（三）新时期建筑工程管理方法的智能化应用分析

1. 管理制度的智能化

建筑工程管理对建筑工程的质量安全起到非常重要的作用，只有加强工程管理的智能化，才能落实工程各项任务，保证工程各个阶段的施工质量和安全。管理制度的智能化包括很多方面的内容，在施工之前，我们应该采取智能化的管理制度来保证施工组织与设计的质量和水平，在施工过程中，我们应该采用智能化的管理制度来保证施工的顺利进行。这些制度都是为了给实现建筑工程的智能化管理提供保证。

2. 建筑智能化的施工现场管理

其实加强管理制度建立就是智能化管理的一种体现，加强建筑工程智能化的施工管理首先要建立严格的施工管理制度。其次要加强领导，落实责任制，明确各单位、各部门、各负责人责任，它可以将施工现场管理的责任落实到人，并将使管理工作落实到位，加强质量管理的监督和检查。一旦出现质量问题，直接落实到人，追究必要责任。这样就可以增强管理人员责任感，使他们真正负责任起来。加强施工现场智能化管理。

同时要努力提高施工人员的素质，施工人员的素质直接影响施工的质量和水平，因此要对施工人员进行定期的培训，培训内容既包括安全预防，也要涉及施工的技能和管理知识，提高员工的管理水平和施工水平。既然采用智能化管理就必须充分运用信息技术的积极作用，发挥计算机在施工设计和施工过程中的重要作用，提高工程的进度和科学性，加强建立智能化的监督系统，实现施工管理的智能化、信息化管理。施工现场千变万化，要做好突发状况的处理工作，对于发现问题要做好处理和善后工作，协调好施工现场管理中技术人员与管理人员，施工进度与施工质量等之间错综复杂的关系，做好施工现场的安全管理工作。

3. 对信息进行统一管理

建筑工程管理的过程就是一个对信息进行统一管理的过程，无论在建筑工程的哪个阶段都要重视对于资料，数据等信息的收集和管理工作。实现工程管理的智能化就必须得对信息进行统一管理，如果对信息进行统一管理，就给智能化管理方法奠定了一些资料、信息的基础，二者是相辅相成，相互促进的关系。做好信息统一管理需要对工程各个阶段的资料、数据、计划、记录等进行统一的收集、划分、整理以及分析，对这些信息进行认真的总结归纳，指导下一阶段的工作，找出工程中存在的问题和漏洞，进行及时的修改和完善，避免下次再犯，这样工程的管理就更加智能化，科学化了。在对信息进行统一管理中，对重要文件或信息要进行安全、完整的收藏，做好原始材料的保存，同时要重视信息技术或是计算机应用技术的重要作用，充分利用好它的优势来进行信息管理，实现信息的智能化管理。

第五章 BIM 技术在施工项目中的作用

第一节 BIM 技术在施工企业中的应用范围与价值

一、BIM 技术在施工企业中的应用范围

（一）深化设计

1. 机电深化设计

在一些大型建筑工程项目中，由于空间布局复杂、系统繁多，对设备管线的布置要求高，设备管线之间或管线与结构构件之间容易发生碰撞，给施工造成困难，无法满足建筑室内净高，造成二次施工，增加项目成本。基于 BIM 技术可将建筑、结构、机电等专业模型整合，再根据各专业要求及净高要求将综合模型导入相关软件进行碰撞检查，根据碰撞报告结果对管线进行调整、避让，对设备和管线进行综合布置，从而在实际工程开始前发现问题。

2. 钢结构深化设计

在钢结构深化设计中利用 BIM 技术三维建模，对钢结构构件空间立体布置进行可视化模拟，通过提前碰撞校核，可对方案进行优化，有效解决施工图中的设计缺陷，提升施工质量，减少后期修改变更，避免人力、物力浪费，达到降本增效的效果。具体表现为：利用钢结构 BIM 模型，在钢结构加工前对具体钢构件、节点的构造方式、工艺做法和工序安排进行优化调整，有效指导制造厂工人采取合理有效的工艺加工，提高施工质量和效率，降低施工难度和风险。另外在钢构件施工现场安装过程中，通过钢结构 BIM 模型数据，对每个钢构件的起重量、安装操作空间进行精确校核和定位，为在复杂及特殊环境下的吊装施工创造实用价值。

（二）多专业协调

各专业分包之间的组织协调是建筑工程施工顺利实施的关键，是加快施工进度的保障，其重要性毋庸置疑。目前，暖通、给排水、消防、强弱电等各专业由于受施工现场、专业

协调、技术差异等因素的影响，缺乏协调配合，不可避免地存在很多局部的、隐性的、难以预见的问题，容易造成各专业在建筑某些平面、立面位置上产生交叉、重叠，无法按施工图作业。通过 BIM 技术的可视化、参数化、智能化特性，进行多专业碰撞检查、净高控制检查和精确预留预埋，或者利用基于 BIM 技术的 4D 施工管理，对施工过程进行预模拟，根据问题进行各专业的事先协调等措施，可以减少因技术错误和沟通错误带来的协调问题，大大减少返工，节约施工成本。

（三）现场布置优化

随着建筑业的发展，对项目的组织协调要求越来越高，项目周边环境的复杂往往会带来场地狭小、基坑深度大、周边建筑物距离近、绿色施工和安全文明施工要求高等问题，并且加上有时施工现场作业面大，各个分区施工存在高低差，现场复杂多变，容易造成现场平面布置不断变化，且变化的频率越来越高，给项目现场合理布置带来困难。BIM 技术的出现给平面布置工作提供了一个很好的方式，通过应用工程现场设备设施族资源，在创建好工程场地模型与建筑模型后，将工程周边及现场的实际环境以数据信息的方式挂接到模型中，建立三维的现场场地平面布置，并通过参照工程进度计划，可以形象直观地模拟各个阶段的现场情况，灵活地进行现场平面布置，实现现场平面布置合理、高效。

（四）进度优化比选

建筑工程项目进度管理在项目管理中占有重要地位，而进度优化是进度控制的关键。基于 BIM 技术可实现进度计划与工程构件的动态链接，可通过甘特图、网络图及三维动画等多种形式直观表达进度计划和施工过程，为工程项目的施工方、监理方与业主等不同参与方直观了解工程项目情况提供便捷的工具。形象直观、动态模拟施工阶段过程和重要环节施工工艺，将多种施工及工艺方案的可实施性进行比较，为最终方案优选决策提供支持。基于 BIM 技术对施工进度可实现精确计划、跟踪和控制，动态地分配各种施工资源和场地，实时跟踪工程项目的实际进度，并通过计划进度与实际进度进行比较，及时分析偏差对工期的影响程度以及产生的原因，采取有效措施，实现对项目进度的控制，保证项目能按时竣工。

（五）工作面管理

在施工现场，不同专业在同一区域、同一楼层交叉施工的情况难以避免，对于一些超高层建筑项目，分包单位众多、专业间频繁交叉工作多，不同专业、资源、分包之间的协同和合理工作搭接显得尤为重要。基于 BIM 技术以工作面为关联对象，自动统计任意时间点各专业在同一工作面的所有施工作业，并依据逻辑规则或时间先后，规范项目每天各专业各部门的工作内容，工作出现超期可及时预警。流水段管理可以结合工作面的概念，将整个工程按照施工工艺或工序要求划分为一个可管理的工作面单元，在工作面之间合理安排施工顺序，在这些工作面内部，合理划分进度计划、资源供给、施工流水等，使得基于工作面内外工作协调一致。BIM 技术可提高施工组织协调的有效性，BIM 模型是具有参数化的模型，可以集成工程资源、进度、成本等信息，在进行施工过程的模拟中，实现合理的施工流水划分，并基于模型完成施工的分包管理，为各专业施工方建立良好的工作面协调管理而提供支持和依据。

（六）现场质量管理

在施工过程中，现场出现的错误不可避免，如果能够将错误尽早发现并整改，对减少返工、降低成本具有非常大的意义和价值。在现场将 BIM 模型与施工作业结果进行比对验证，可以有效地、及时地避免错误的发生。传统的现场质量检查，质量人员一般采用目测、实测等方法进行，针对那些需要与设计数据校核的内容，经常要去查找相关的图纸或文档资料等，为现场工作带来很多的不便。同时，质量检查记录一般是以表格或文字的方式存在，也为后续的审核、归档、查找等管理过程带来很大的不便。BIM 技术的出现丰富了项目质量检查和管理方式，将质量信息挂接到 BIM 模型上，通过模型浏览，让质量问题能在各个层面上实现高效流转。这种方式相比传统的文档记录，可以摆脱文字的抽象，促进质量问题协调工作的开展。同时，将 BIM 技术与现代化新技术相结合，可以进一步优化质量检查和控制手段。

（七）图纸及文档管理

在项目管理中，基于 BIM 技术的图档协同平台是图档管理的基础。不同专业的模型通过 BIM 集成技术进行多专业整合，并把不同专业设计图纸、二次深化设计、变更、合同、文档资料等信息与专业模型构件进行关联，能够查询或自动汇总任意时间点的模型状态、模型中各构件对应的图纸和变更信息、以及各个施工阶段的文档资料。结合云技术和移动技术，项目人员还可将建筑信息模型及相关图档文件同步保存至云端，并通过精细的权限控制及多种协作功能，确保工程文档快速、安全、便捷、受控地在项目中流通和共享。同时能够通过浏览器和移动设备随时随地浏览工程模型，进行相关图档的查询、审批、标记及沟通，从而为现场办公和跨专业协作提供极大的便利。

（八）工作库建立及应用

企业工作库建立可以为投标报价、成本管理提供计算依据，客观反映企业的技术、管理水平与核心竞争力。打造结合自身企业特点的工作库，是施工企业取得管理改革成果的重要体现。工作库建立思路是适当选取工程样本，再针对样本工程实地测定或测算相应工作库的数据，逐步累积形成庞大的数据集，并通过科学的统计计算，最终形成符合自身特色的企业工作库。

（九）安全文明管理

传统的安全管理、危险源的判断和防护设施的布置都需要依靠管理人员的经验来进行，而 BIM 技术在安全管理方面可以发挥其独特的作用,从场容场貌、安全防护、安全措施、外脚手架、机械设备等方面建立文明管理方案指导安全文明施工。在项目中利用 BIM 建立三维模型让各分包管理人员提前对施工面的危险源进行判断,在危险源附近快速地进行防护设施模型的布置,比较直观地将安全死角进行提前排查。将防护设施模型的布置给项目管理人员进行模型和仿真模拟交底,确保现场按照布置模型执行。利用 BIM 及相应灾害分析模拟软件,提前对灾害发生过程进行模拟,分析灾害发生的原因,制定相应措施避免灾害的再次发生,并编制人员疏散、救援的灾害应急预案。基于 BIM 技术将智能芯片植入项目现场劳务人员安全帽中,对其进出场控制、工作面布置等方面进行动态查询和调整,有利于安全文明管理。总之,安全文明施工是项目管理中的重中之重,结合 BIM 技术可发挥其更大的作用。

(十)资源计划及成本管理

资源及成本计划控制是项目管理中的重要组成部分,基于 BIM 技术的成本控制的基础是建立 5D 建筑信息模型,它是将进度信息和成本信息与三维模型进行关联整合。通过该模型,计算、模拟和优化对应于项目各施工阶段的劳务、材料、设备等的需用量,从而建立劳动力计划、材料需求计划和机械计划等,在此基础上形成项目成本计划,其中材料需求计划的准确性、及时性对于实现精细化成本管理和控制至关重要,它可通过 5D 模型自动提取需求计划,并以此为依据指导采购,避免材料资源堆积和超支。根据形象进度,利用 5D 模型自动计算完成的工程量并向业主报量,与分包核算,提高计量工作效率,方便根据总包收入控制支出进行。在施工过程中,及时将分包结算、材料消耗、机械结算在施工过程中周期地对施工实际支出进行统计,将实际成本及时统计和归集,与预算成本、合同收入进行三算对比分析,获得项目超支和盈亏情况,对于超支的成本找出原因,采取针对性的成本控制措施将成本控制在计划成本内,有效实现成本动态分析控制。

二、BIM 技术在施工企业中的价值

根据行业内调查研究发现,在建筑工程中,施工单位与其他企业单位相比,通过利用 BIM 技术可以带来更显著的价值,因此施工单位应用 BIM 技术的动力最大。

(一)增强企业技术实力以提高项目中标率

在招标投标阶段中利用 BIM 技术可以更好地展示投标书的内容,提高评标分数,增加中标率。技术标利用 BIM 技术可以增加得分,优化方案。基于 BIM 的虚拟建造及漫游功能的展示可以带来可视化、直观性、互动性方面的提升,能更立体地展现技术方案及实力。在能获得项目设计 BIM 模型的前提下,使用 BIM 技术 5D 软件,可以通过直接导入设计 BIM 模型,省去理解图纸及在计算机软件中建立工程算量模型的工作,对工程算量和计价工作效率的提升作用是显而易见的。商务标利用 BIM 技术可以更精确更快捷地制定投标价,更好的技术方案和更精准的报价无疑可以提升企业的中标率。

（二）提升企业管控能力以增加项目利润

1. 检查碰撞

如果设计存在瑕疵，各专业协调不充分或者针对复杂的项目，往往出现不同专业管线碰撞、专业管线与主体结构部件碰撞等情况，以至于施工单位不得不进行变更作业。应用BIM技术，施工单位可以利用基于BIM技术的碰撞检查软件，提前进行各专业设计的碰撞检查，从而在实际施工开始之前发现问题，进行各专业设计的事先协调，从而大幅减少施工变更。

例如，在深圳阿里巴巴大厦项目中（案例来源：中国建筑施工行业信息化发展报告2014），项目首先进行了BIM模型的创建，项目各专业在创建模型的过程中，发现了很多图纸问题，如构件尺寸标注不清、详图与平面图无法对应等。模型创建完成后，各专业应用Navisworks软件进行了碰撞检查，检查出了很多平面视图未能发现的问题，如各专业之间的管线碰撞，钢结构连接点与楼板的碰撞等。将土建、机电、钢结构等专业模型进行整合后，利用碰撞检查功能自动生成碰撞报告，发现设计问题之后，各专业人员对设计方案进行了优化，并通过召开深化设计协调会议，协调各方的优化意见，形成深化设计结果，输出施工图，用于指导现场施工。

2. 制订项目进度计划

通过将BIM模型与施工进度计划相关联，将空间信息与时间信息整合在一起，形成一个三维模型加时间维度的4D模型，可以更直观、精准的反应整个建筑的施工进度过程。通过BIM技术实现进度计划与实际进度的对比，随时监控项目进展，提早发现问题，有利于项目工期按时完成。

在上述案例中，项目利用BIM技术辅助施工进度管理，将进度计划与BIM模型中的构件按专业、分区段及部位、楼层、格式进行了统一，应用Navisworks施工模拟功能直观反映了工程进度。在阶段性进度报告中，将模拟的施工画面与实际完成的画面进行对比，直观分析进度完成情况，针对出现的问题制定相应的改进措施。

3. 提升项目综合管控能力

项目综合管控是指对项目的多个方面，包括进度、质量、安全、成本等进行综合管理和控制。随着BIM4D、BIM5D的应用和其他技术（如三维激光扫描、RFID技术等）的结合应用可以提升项目的综合管控。目前，很多施工企业开始在企业级层面来应用BIM技术，甚至成立了BIM中心，既可以实现对项目部的有效支撑，又可以有效控制和降低管控风险，从而进一步提升项目的管控能力。

（三）解决项目技术难题

1. 利用 BIM 技术进行虚拟装配

在现有的施工项目中，构配件的装配只能在现场进行，如果构配件的设计中存在问题，也只能在现场装配时才能发现，此时采取补救措施显然会造成工期滞后。如果使用 BIM 技术进行虚拟装配，则可以在设计的 BIM 模型中进行构配件的虚拟装配过程，从而提早发现制造、运输、安装中的问题，并及时修改设计。发现问题及时补救，避免因设计问题造成的工期滞后及材料浪费。

2. 利用 BIM 技术进行现场技术交底

使用基于 BIM 技术的施工管理软件，可以将施工流程以三维模型及动画演示的方式直观、立体地展现出来，有利于设计人员对施工人员进行项目的技术交底，尤其是对于特殊节点的技术交底，也便于对工人进行培训，使其在施工开始之前充分地了解施工内容和顺序。

3. 利用 BIM 技术进行复杂构件的数字化加工

随着建筑工业化的逐步发展，很多建筑构件的生产需要在工厂中完成。预制构件在住宅产业化中，很重要的一部分就是标准化构建，而且能够实现建筑物的快速搭建。如果运用 BIM 技术对复杂构件进行数字化加工，或者说将 BIM 技术与预制技术更好地结合在一起，施工企业在建造过程中则可以变得更加准确，更加经济，更加安全。例如采用 BIM 技术进行设计，将设计结果的 BIM 数据直接传送到工厂，通过数控机床对构件进行数字化加工，可以提高生产效率。

第二节　BIM 技术对施工企业应具备的条件与难点问题

一、基于 BIM 的施工企业应用条件

（一）企业管理存在的问题

每个施工企业都有自身的管理特点和弱点，且施工企业都想要在确保施工质量、安全、进度的情况下追求利润最大化，而大多数施工企业都出现诸如机械设备和材料大量的浪费、成本控制难、安全隐患多，安全事故频发、施工质量差、管理失控等现象，诸多困扰企业的问题需要加快步伐去解决，更需要有切合实际的方法去改变和提升。而要改变企业管理中的弱点，提升企业整体管理水平，也并不是一朝一夕可以做到的，就当前的施工企业管理模式而言，管理水平不能有效地提升的主要原因是什么呢，主要是由于长期以来项目信

息的共享效率都不高，随着项目的不断进展，项目信息数量相当庞大，特别是某些大型复杂工程，靠拍脑袋、凭经验根本无法实现向精细化管理转型。

企业如何通过 BIM 来实现精细化管理，决策者需要明白自身想要什么，有了明确的目标，确切的需求，才能为企业量身定做 BIM 应用实施方案。但不能盲目地以为 BIM 是万能的，有些施工企业以为引进了 BIM 之后，企业的管理水平就能有质的提高。往往出现这样的情况：企业购买了一套 BIM 软件，发现 BIM 并不那么简单，而且功能复杂，直至逐渐对 BIM 应用失去信心。BIM 的核心是信息共享，并不是买了一款 BIM 软件就可以高枕无忧了。所以，企业必须得从自身管理弱项及发展需求出发，明确企业要解决自身的哪些问题，从何做起。通过结合企业自身的特点和难点，明确了企业 BIM 战略和战术目标，制定长期的适用于自的 BIM 应用计划和实施方案，才是正确的选择。

（二）制定企业 BIM 应用构架

现阶段，我国的大多数施工企业都已经注意到了 BIM 的重要性和优越性，都想力争走在施工企业的前列，对于 BIM 这样的新技术，应积极地进行学习和掌握，当前，已经有部分特级施工企业也开始成立企业 BIM 团队，尝试摸索一套自由的 BIM 管理模式。

施工企业主要是经营项目工程为主，那么在项目施工前，企业应为项目管理的 BIM 的构架必然以项目为主，项目应构架一个以技术人员为主的 BIM 工作组，BIM 工作组承担对项目 BIM 系统的构建、具体实施、运行和维护。而且 BIM 工作组以总承包为龙头，建立 BIM 组织结构，分支可覆盖项目各个参与方，重要分支应有各专业分包，如幕墙、精装饰、设备供应商等。各分包配备对口的 BIM 技术人员，服从总包的要求提供相关信息及技术资料等。

BIM 小组的成员必须分工明确，明确各自的职责所在，BIM 并非简单地使用软件，它包含了施工企业的各个部门分支机构。所以企业若准备引进 BIM，不是将软件硬件采购到位就完事的。需要建立企业的 BIM 管理构架和体系，聘请 BIM 专家进行培训，企业选择合适的项目进行试点推行 BIM 应用，逐步形成一套企业自己的管理体系。关于企业 BIM 项目管理构架，应考虑人员的配备，企业为中心的 BIM 的团队也可以下放至项目上。

（三）建立企业 BIM 协同管理平台

BIM 的核心特点是 BIM 模型具有完整、连续、真实、唯一的信息数据特性。首先 BIM 是通过软件平台来实现高度的自动化，工作人员通过系统平台上的各种工具，整合所有的资源，使得项目参与方有效地实现协同工作。

施工企业在选择和应用 BIM 的时候，必须要从招投标开始项目建造的全生命周期去考量和应用，不能仅仅就施工这个阶段局部应用 BIM 技术，因为 BIM 的数据特性完全可以协同应用。施工企业首先应改变思想观念，不能用传统的思维去认识 BIM，比如等着业主下发施工图。而是要协同观念，发挥总承包的作用，主动为业主方、设计方献计献策，从设计阶段就可以积极参与，由于施工企业从施工角度上来考虑时思路较为清晰，有施工经验，这样便可以大大减少后续施工时产生大量的设计变更。

项目应用 BIM 管理的模式是不会改变的，只是工作流程和职能有调整，工作方式的改变。BIM 技术必须依靠软件来实现，在电脑没普及的时候，还是人工绘图，到现在人人都用的以 D 平面制图软件，所以软件只是我们实现项目管理工作任务的工具，所以 BIM 软件也只是工具，通过 BIM 软件平台实现信息共享互用。每个工程复杂程度不同，建设工程的类型也各有不同，不是所有的问题都能通过软件来解决的，它不是万能的。

通过 BIM 的系统部署，将 BIM 应用提升至企业高层管理上，将项目建好的 BIM 模型汇集至企业 BIM 总部中心，集成所有在建项目的基础数据，企业管理层各个岗位均可以在系统中进行数据查询和分析，为总部项目管理提供实时决策依据，通过对项目的成本、进度、质量、安全等各方面数据进行统计分析，使得企业项目在各方面处于受控状态，提升企业与项目协同管理能力。

二、BIM 技术对施工企业管理职能的转变

当前施工企业管理基本上还停留在 2D 时代，信息化程度仍然很低，施工企业的管理手段还是比较成熟的，但企业没有更好的管理工具。很多企业对 BIM 技术很感兴趣，但觉得 BIM 跟现在所用的以 D 软件一样，买一套 BIM 软件，然后抽调部分技术人员参与培训学习一下就可以。实际上并不是这么简单，效果也不好。企业高层管理者应牵头对 BIM 团队各个岗位对 BIM 信息系统的创建、管理、和共享进行管理，需确保输入的数据既准确又及时，这些信息涉及人力、劳动力、机械、材料等，施工过程不断产生大量的信息数据，准确快速地获取这些信息数据，为企业管理者提供强有力的决策支持。

BIM 技术应用在项目管理中，不难发现 BIM 技术对当前传统的企业管理和项目管理具有一定的区别和优势。其次，根据项目管理组织理论，对工程项目的项目管理进行分析，重点分析项目组织架构及工作流程，分析在工程项目施工管理中各管理岗位的逻辑关系。

（一）企业管理层职能的转变

企业级的 BIM 实施必须建立一个 BIM 系统共享平台，通过互联网技术关联 BIM 数据信息，主要管理决策部门可以共享项目 BIM 信息模型所反映的工程信息。将 BIM 应用的价值最大化。企业的主要管理职能有：

（1）企业 BIM 中心应管理所有在建的项目 BIM 信息模型；

（2）起步阶段就建立基于 BIM 的企业级的基础数据信息库；

（3）通过学习培训出一批 BIM 技术管理人员；

（4）明确各 BIM 技术人员的职能。

（二）项目管理层职能的转变

项目级的 BIM 设计的内容相对于企业级来说更多更广，项目 BIM 总监应协调业主、

专业分包、材料商以及各专业的信息共享，项目其他管理人员主要职能是项目信息建模和维护，以及负责数据信息的输入及施工过程各种技术应用。

当前，施工企业工程项目管理的实践中，应用 BIM 技术的工作仍然是按照传统简单的实施流程，大部分企业只是停留在 3D 建模，可视化。相当片面，根本不能发挥 BIM 技术对项目管理全生命周期应用的最大优势。原因有以下几点：项目管理职能不明确，对新的工作流程如何融入项目管理中定位不明确。BIM 技术的应用绝非仅停留在建模软件上的应用，项目 BIM 技术管理工作流程上应有所改变，方能发挥 BIM 技术最大优势。

三、施工企业 BIM 技术应用的特点和难点

（一）施工企业 BIM 技术应用特点

（1）企业决策层应改变思想观念，应充分认识到 BIM 技术对工程项目管理精细化的作用，建筑行业目前全面推广的形势下，更加应该认识到 BIM 技术应用的紧迫性。应积极挑选悟性好动手能力强的技术管理人员先用起来，陆续带动其他人，从而逐步建立 BIM 团队，必要时邀请 BIM 技术专家指导培训。

（2）目前设计阶段应用 BIM 的设计单位为数不多，即便设计阶段有应用 BIM 建模或者设计的 BIM 图纸，也和施工企业施工阶段存在 BIM 无法匹配的问题。施工企业应有 BIM 战略眼光，特别是大型特级施工企业应在不断地深入应用 BIM 技术实践中，提出相关建设性的建议，以帮助国家制定类似国外的 IFC 这样的标准。

（3）企业应根据实际情况选择适合的 BIM 软件平台，分步制定 BIM 实施计划，对于业主有 BIM 应用要求的项目，通过试点应用 BIM 技术，不断积累经验，把成本控制在最合理范围内。

（4）企业高层领导应加强市场调研，学习 BIM 技术应用较成熟的同行企业，结合企业自身实际情况引入 BIM 技术，制定符合企业实际的 BIM 实施战略。

（5）施工企业应主动咨询有实力的 BIM 技术专家，调研各种成功案例，选择和制定合理的 BIM 实施方案。

（6）施工方不应认为业主无明确要求或者无经费支持就放弃 BIM 技术，实际上中小型项目 BIM 应用，也可以考虑较少的投入，企业可以根据施工难点来选择所需的应用点。

（二）施工企业 BIM 技术应用难点

1. 缺乏专业 BIM 技术人才

施工企业目前最大的难点就是缺乏 BIM 技术人才，BIM 是新技术，施工企业技术型人才大多数能操作 2D 平面制图 CAD 软件，特别是施工企业薪资并算高的市场条件下，企业担心培养的人才流失，所以企业并不乐意再额外花费高成本去培养专门的 BIM 技术人才，大型施工企业往往也是喊空头口号，企业并未创造良好的实施条件。

2. BIM 技术的国内应用标准不成熟

虽然国内各企业都很关注 BIM 技术，2015 年 5 月上海市建委发布《上海市建筑信息模型技术应用指南（2015 版）》，该应用指南就设计方、施工方及施工各阶段列出最基本 BIM 应用点要求，这意味着 BIM 技术标准的制定带来了示范效应。

3. BIM 技术投入与产出不明显

当前国内 BIM 技术处于起步阶段，国外软件相对成熟，而国内诸多软件（如鲁班、广联达等）均大力开发 BIM 软件，大量的软件供应商广告宣传力度也很大，其费用并不廉价，上述情况一定程度上地影响了企业选择 BIM 软件平台的决心。然后假如企业选择技术能力较差的 BIM 服务商，既浪费的人力又损失经费，得不偿失。

4. 企业决策层领导不重视

施工企业对 BIM 认识很大程度上影响了企业对 BIM 应用的决策，BIM 的推广应用需要有一定的投入，只有企业决策层才能推动企业 BIM 技术的应用。

5. 企业无正确的解决方案

很多企业认为 BIM 技术是从国外引入国内的，国外的软件平台一定比国内的好，这种心理导致很多企业实施 BIM 技术失败。国外 BIM 软件较为复杂，操作应用难度高，建模的速度也慢，预算和定额计价更适用于国内。

6. 项目的开发商无明确要求

目前工程建设行业明确要求使用 BIM 技术而且可以纳入投标报价的开发商并不多，从节约成本角度上来看，施工企业也不会主动推动这样的建设项目实施 BIM。

四、施工企业 BIM 技术应用常见失败原因分析

（一）BIM 概念认识错误

（1）有不少施工企业管理能力很差，项目管理成本高的离谱，多半项目都亏损。都认为引进了 BIM 技术就可以让企业很快脱胎换骨，立刻就能提高企业的项目管理能力，很明显，这是犯了逻辑错误，认为 BIM 是把万能钥匙。BIM 只是一个信息化技术管理工具，它离不开项目管理，重要的是如何运用这个信息化工具，所以引进 BIM 技术，是能让企业管理水平更上一层楼，而并非可以瞬间提升管理水平。

（2）不少施工企业盲目引进 BIM 软件和 BIM 系统之后，不知道功能如何使用。看着 BIM 软件系统复杂功能束手无策。BIM 软件应根据企业需求来选择，不是盲目地追随 BIM 软件功能。

（二）BIM 战略选择失误

（1）企业未将 BIM 纳入未来企业发展的战略，往往施工方并不主动去谋求 BIM 技术的战略地位，未意识到 BIM 技术是未来建筑行业信息化革命的实质基础，若业主无 BIM 技术要求，企业不会考虑应用 BIM 技术参与工程项目管理。

（2）BIM 技术投入成本不足，企业领导层未深入了解 BIM，多数企业充其量用来应付业主和招投标要求，企业领导层的短视，造成对 BIM 技术的急功近利，投入的成本并未很快的获得利益，很可能遭受企业其他管理层的负面评价，从而导致 BIM 技术推广战略失败。

（三）BIM 方案选择错误

（1）企业 BIM 方案选择应分级别实施，施工企业是通过建设项目来获得利润的，所以企业管理和项目管理是密不可分的。所以 BIM 应有企业级的需求，也有项目级的需求。根据 BIM 的特点，企业级的需求主要是成本控制、材料管理、合约管理、投标报价等，项目管理的成败与否直接决定企业的生存，所以项目级的需求更多的是考虑项目的质量、安全、进度、方案优化、管线碰撞等等。而 BIM 软件功能并不能完全支撑这些需求。以项目级需求为例，项目管理需要在已有的管理构架的基础上进行细化，就比如项目从中标后进场施工开始，从总平面布置到工程竣工交付的施工全过程中，根据常规的项目管理模式和要求，把每一个阶段的 BIM 管理和技术需求整理出来，有了需求才能根据 BIM 软件选择正确的实施方案。

（2）企业选择了错误的 BIM 实施方案，应用 BIM 软件应用最普遍的就是三维效果展示及碰撞检查，在施工建造阶段并无过多的实际应用，无投资回报可言。BIM 建模具有庞大的工作量，易出现工程已竣工，BIM 模型还未建好的情况。

（3）BIM 团队培养不重视，BIM 技术人员需要专业培训，不能一专多能，由其他岗位代替之，企业如不重视 BIM 专业培训，使得 BIM 技术人员无法尽快掌握 BIM 知识，获得更多的 BIM 实施经验。

第三节　BIM 技术在施工企业应用的策略与实施方案

一、施工企业 BIM 技术应用需求分析

结合当前部分施工企业实施的 BIM 应用的成功案例以及当前的 BIM 应用现状。施工企业推进 BIM 技术不能盲目跟风，更需要循序渐进的推进。其中有企业级的 BIM 需求，也有项目级的 BIM 需求，应紧紧围绕需求去拓展。把企业和项目各自的 BIM 需求弄清楚，

逐步规划和推进企业的 BIM 的实施方案。明确目标后，再根据需求与 BIM 软件商进行沟通洽谈，共同制定企业级应用和项目级应用的实施方案。

（一）施工企业级 BIM 技术需求分析

（1）施工企业通常会经验多个工程项目管理，项目开工前成立项目班子，企业管理层各部门对各项目进行总体的成本管理、质量管理、进度把控、资源调配等管理。而当前传统的管理模式中，各项目工程的所有信息均通过项目经理汇报或者去工地实地了解掌握。施工企业如何对多个项目的信息进行快速准确地掌握，是目前施工企业项目管理的急切需要解决的问题。

（2）BIM 技术是个信息集成的载体，当前国内的鲁班 BIM 平台就可以实现在网络平台上信息共享互用。施工企业可以通过 BIM 网络平台快速地掌握所有企业的各个在建工程的信息，包括进度、成本、质量、安全等重要信息，各项目的 BIM 小组成员通过应用 BIM 软件平台传输各种工程信息，企业管理及决策层可以及时地掌握工程每个工程各个阶段的实时进展情况，更好更快的对项目进行精细化管理，提高决策水平。

（二）项目管理级 BIM 技术需求分析

项目层的 BIM 需求应根据每个项目的具体情况制定相应的 BIM 应用目标，企业在确定项目部成员时就应考虑BIM应用的深度。假如体量不大且工期短但机电安装复杂的工程，那么可以考虑就只针对综合管线进行碰撞检查即可，无须专门成立项目 BIM 小组。

二、施工企业 BIM 技术应用策略

（一）企业 BIM 技术应用策略

施工企业如何利用 BIM 技术的目的主要是为了提高项目精细化管理水平，控制项目的成本，增加项目的利润。而每个工程的 BIM 应用点及策略也不尽相同，因此企业应根据项目的相关特点难点制定相关的 BIM 实施策略，主要有以下几个方面内容。

（1）目标的制定。每个不同的工程项目的目标也有区别，如大型复杂工程 BIM 技术应贯穿建筑施工全过程，BIM 技术相应的目标就可设为施工策划、碰撞检查、工程量精算、施工 4D 动态模拟、技术方案的论证、降低工程成本、加快施工进度等。

（2）组建 BIM 团队。企业的 BIM 团队根据企业的需要设置，决定是否购买软件平台。大型施工企业可以在企业内设置 BIM 团队，管理和协助企业的多个建设项目的 BIM 应用。项目是否设 BIM 分队视项目情况而定，有些工程在投标阶段时，建设单位就要求承包方选择第三方专业 BIM 企业对项目进行 BIM 管理。

（3）BIM 团队职责与分工。BIM 是一个庞大的系统，团队应分工明确，明确各自的职责及相应的工作流程，从而提高工作效率。

（4）建立良好的企业氛围。施工企业应具有良好的 BIM 环境和氛围，BIM 技术是基

于 BIM 软件平台才能应用，企业应定期对 BIM 团队进行专业培训学习，提高 BIM 团队成员的技术水平，培养一批技术骨干。

（二）项目 BIM 技术应用策略

（1）项目级 BIM 应用策略，比较有效的方式是聘请第三方 BIM 顾问团队，风险较低。项目体应组件项目 BIM 中心，项目级 BIM 应用主要集中在施工建造阶段和运维阶段。

（2）建造阶段的主要内容 BIM 建模，各专业模型集成应用，以及企业和项目各参与方数据的提供及维护，还有建立项目与企业级的数据库。

（3）工总承包还应总协调业主、设计、分包及造价咨询单位等工作。

（4）项目 BIM 管理者除了协调各专业工作以外，还应复核各专业的 BIM 模型与建筑结构模型相一致，确保模型可应用于指导施工，最终达到竣工模型的质量要求。

（5）利用机电管线优化后的 BIM 模型为各机电分包确定安装顺序。利用 4D 整体计划施工模拟与实际进度对比，通过周进度会议上进行协调，控制各分包的施工进度，及时对进度延误的进度节点进行纠偏。

（6）利用 BIM 模型对各分项技术实施静态 / 动态技术交底。通过 BIM 5D 资金管控控制分包商的资金预付，进一步把控工程的进度里程碑节点。及时督促分包将自己专业设计变更修改到模型中，并定期组织工程例会，并及时核对设计变更对整体进度及各专业的影响。

三、施工企业 BIM 技术实施方案

（一）企业 BIM 技术应用实施方案

在梳理出企业的需求完成后，再量身定做企业的 BIM 实施方案，具体的实施方案通常分为三个阶段：BIM 软件功能企业级应用项目级应用。

（1）掌握 BIM 软件系统功能。由于 BIM 软件系统并不为大部分人所熟知，包括国内部分软件功能也参差不齐。所以企业 BIM 实施方案的第一步应先从功能性应用开始，BIM 软件系统需要技术人员操作，企业应组织人员进行培训和交底，比如 BIM 的建模、管线碰撞漫游等功能，如何应用 BIM 协助施工管理，如何应用 BIM 的 4D 进度模拟功能。直到熟悉 BIM 软件的每一项功能。

（2）企业级 BIM 应用。一般中型以上施工企业都有企业 OA 系统，企业级的 BIM 应用，应从企业需求入手，如成本控制、材料管理、合约管理。然后根据 BIM 软件系统与企业 OA 系统链接融合，逐渐把企业管理和项目管理更加紧密的衔接。

（3）项目级 BIM 应用。根据项目特性，梳理项目 BIM 需求，切入到项目级的 BIM 应用，如三维技术交底、进度模拟、管线碰撞等。一旦项目级的 BIM 应用水平达到一定熟练程度后，BIM 的项目级管理与企业级的 OA 系统也就自然而然可以互联互通，整体地提升了企业管理水平。

（二）企业 BIM 团队的主要职责与分工

（1）企业 BIM 组长负责组织对 BIM 技术人员的培训工作，负责所有项目 BIM 应用统筹及项目 BIM 信息与企业数据网络的对接，负责管理企业 BIM 中心以及对接各项目 BIM 项目经理。

（2）BIM 项目经理负责具体项目的 BIM 整个工作统筹规划；以及与甲方、设计、专业分包等单位的沟通和技术协调；确保 BIM 模型数据收集完整及共享。

（3）顾问团队对 BIM 应用提出相关合理意见，编制和评估项目 BIM 应用策略，决定 BIM 如何能够帮助项目 BIM 团队解决本工作遇到的各种难点。

（4）各专业负责人负责根据项目 BIM 的相关要求设计本专业 BIM 模型，确保与相关专业 BIM 模型可以整合，便于管线碰撞等。

（5）各专业工程师负责在 BIM 模型的相关设计变更的绘制，以及优化方案、三维技术交底等辅助项目管理工作。

（三）企业 BIM 技术应用流程

（1）第一阶段成立企业 BIM 团队。通过选择合适技术人员就进行培训，使得 BIM 技术人员熟悉 BIM 软件操作方法及 BIM 管理流程，借助专业团队培养人才。施工企业要运用好 BIM 技术，BIM 管理人员对这种新技术常常处于迷茫状态，通常是走一步看一步，并无正确的规划，常走弯路。应该聘请专业顾问团队，对 BIM 技术人员进行分专业培训。

（2）第二阶段项目试点。通过选择合适的项目进行试点，学习 BIM 软件操作，并应用于项目、企业。组建项目 BIM 团队，初步掌握 BIM 建模软件的基本操作。能完成一般工程的土建、钢筋、安装专业 BIM 建模；基本掌握 BIM 技术结合项目管理的操作流程及实施体系。为企业后续多项目推广、应用 BIM 打下基础。

（3）第三阶段企业级推广。项目试点后，实现项目级应用到企业级应用的推广普及，形成较稳定的 BIM 技术团队，可以独立开展 BIM 相关工作，在公司重点项目上从投标阶段就开始应用 BIM 技术。提升公司品牌影响力、竞争力，提高项目中标率。

（4）第四阶段与企业管理系统对接。形成企业级 BIM 基础数据库后，将 BIM 系统中的数据与企业管理系统的数据对接，通过对比已发生的数据和应发生的数据，实现企业集约化管理和精细化管理。

（四）项目 BIM 技术应用流程

（1）设计单位提供设计阶段模型给施工方，由项目 BIM 中心根据施工图，把设计阶段模型深化至施工阶段，并且对模型进行复核，确保模型的一致性。

（2）项目部 BIM 中心根据全专业三维模型进行碰撞检查和管线综合工作，将管综结果提供给业主单位和设计单位进行审核，不合格之处将继续修改，直至满足项目要求。

（3）管线综合成果审核合格后，由业主发布给设计单位和施工单位。

（4）若有来自业主的变更、设计变更，由业主单位汇总变更资料后提供给施工企业BIM中心进行模型更新工作。这些变更在模型中的更新需由业主单位、设计单位进行审核，审核通过后业主单位发布最新模型给我方进行施工应用。

（5）施工应用既指模型出图、变更管理、4D模拟、工程量计算、5D资金成本控制。

第四节　BIM 技术对项目施工与质量、安全管理的作用

一、BIM 技术在项目施工中的作用

BIM 信息平台的建立，使得建筑模型中的大量数据信息有效地及时地共享利用，信息及时共享可实现项目各参与方多目标间的协同管理，有效完成施工准备阶段计划的精密安排；信息有效共享可加快决策进度，提高决策质量，实现建筑施工过程各阶段之间的无缝管理。施工过程可简单地分为施工准备、实施和竣工验收三个阶段，三个阶段的数据信息随时间不断进行横向和竖向流动，信息内容在流动过程中不断得到修改和完善。横向的信息流保证了系统模块间的交互性，纵向的信息流则保证了施工过程的动态性。

（一）施工准备阶段工作安排

精密的工作安排是施工工作能够有条不紊进行的强大保障，可以有效提高工作效率，降低项目成本，主要内容是根据外部环境与内部信息要求制定合理的资源、进度计划，模拟施工碰撞检测，结合目标信息要求进行合理组织，实现目标信息的完美契合，此过程需充分发挥管理人的主观能动性，考验管理者的专业素养。基于 BIM 信息化的运用将会给施工准备工作提供完整的数据信息查询，为施工管理者的工作提供最大的便利条件。

在施工准备阶段，主要作用对象是施工信息模型，通过运用 BIM 系列软件结合智能化工具对建筑模型中任一节段的任务量进行计算，根据资源信息模型中已输入的相应构件属性信息，便可以迅速计算出该节段处所需要的资源用量，结合时间安排生成相应的日资源计划、周资源计划及月资源计划，施工人员根据 BIM 平台中呈现出的计划信息安排资源的采购、储存以及发放；在制定进度计划时，首先要确定好不同任务之间的联系和依赖性，必要时安排个别任务进度以满足特定的时间需求，不同的任务承载着不同要求的信息，只有满足信息间的连贯性，才能得到一个真实的项目进度计划。

现代化的建筑施工需要大量庞大的机械做依托，在考虑资源、进度计划安排时必须考虑机械在实际施工时可能出现的安全问题，通过 BIM 平台获得施工现场场地和所需机械信息，利用碰撞检测技术可模拟施工设备的进出场及其作业情况，例如明确调试塔吊作业半径可以避免实际作业时与脚手架等突出部位发生碰撞，从而达到提前预知危险的目的。

（二）施工实施阶段工作安排

施工阶段是对已制定计划的实施检验过程，是对未知因素引起的施工变化的控制协调过程。施工各参与方应及时识别出施工过程中出现的问题，明确自身的责任所在。在 BIM 信息平台的基础上，实现可视化交流，通过相互协调，制定出恰当的补救计划，不同利益相关方根据实际施工动态在 BIM 信息平台中完成对施工信息的插入、更新和修改，实现施工过程的各项指标评价，保证总目标完美的实现。

项目工作人员应依照项目实际施工中所传回的数据、图片等正确填充各个软件模型信息，建立立体动态模型，对比计划信息模型，针对 BIM 软件显示出的代表某任务出现偏差的预警信号，联合项目相关参与人员迅速判断、快速纠偏，对施工计划方案做出最合适的修缮，力争用最低的资源费用在保证安全施工、按期完工的基础上又能保证建筑项目的质量。

（三）竣工验收阶段工作安排

建筑项目的竣工验收是整个施工过程中的最后一项程序，是全面检查施工目标完成程度的重要环节。工程完工后，施工单位应向建设单位提交工程竣工报告，申请工程竣工验收，建设单位收到工程竣工报告后，对符合竣工验收要求的工程，组织勘察、设计、施工、监理等单位和其他有关方面的专家组成验收组，制定验收方案，通过比对各项施工信息，给出最终的验收结果。竣工验收结束后，必须将施工阶段所有信息进行完整的保存，将完善后的数据库文件递交甲方，为甲方或小区物业管理维护提供便利、服务于业主，用"品质信息"服务"品质管理"。

采用 BIM 技术对建筑工程项目进行验收，是将基于 BIM 的验收标准模型信息与现场已完工构件信息进行比对，相关负责人根据电脑中的显示结果制定验收报告，并判断项目质量是否合格，此过程确保了验收步骤的程序化，规范化，使验收结果更具有说服力。具体如下：根据建筑信息模型中已有的模型构件信息，确定模型构件验收材料；通过验收材料选取相关标准所制定的图文并茂的验收图库，用于与现场确定需做验收的构件作对照；然后按照确定好的竣工验收流程，依次完成各项验收工作。在现场取证时，要存储取证资料并对验收时刻的环境信息做好记录，然后进行流程扭转生成，最终形成验收报告。

以上每个阶段各项工作的进行都必须保证信息的横向流动性，即每一项工作都不是独立完成的，它是在施工管理者的严格控制下，结合系统框架中各个信息模块下的限制条件进行的合理计划组织，也是施工各参与者对 BIM 信息平台输出命令的严格执行；每个阶段的工作完成后，BIM 平台中代表这个阶段的所有信息将会自然地流动到下个阶段，继续应用于工程施工，在施工验收合格后，施工过程中各阶段的数据信息将被完整保存在 BIM 数据库中便于运营维护阶段的查阅运用。

二、BIM 技术在质量管理中的应用

目前，我国传统施工质量管理还存在施工操作者专业技能水平参差不齐、施工选用材料缺乏规范性、施工操作未能严格按照工程设计图纸及标准规范实施、工程整体观感质量缺乏准确性、多种专业工种未能合理协调等问题。导致这些问题产生的原因主要为施工单位在项目建设过程中过于片面地追求眼前效益的提高；传统质量管理技术和手段存在局限性，管理作用未能得到充分发挥；施工单位未能对施工过程中面临的环境问题进行全面、科学判断和估计。将 BIM 技术应用于质量管理中的优点主要表现在三个方面：

1. 在物料质量管理方面：凭借 BIM 技术可构建一个与施工所需器械、基本物料存储信息相关的模块。在施工过程中，凭借该模块可实现网络信息传递，使质量管理者直接通过多媒体网络及时了解施工所需器件、物料具体信息。

2. 在技术管理方面：在房建工程的施工建设过程中，施工选用技术及技术的应用质量为保证工程整体施工质量符合设计要求和标准的关键。BIM 软件平台可通过电子方式对施工技术使用流程进行模拟，并由专业技术人员建立具有标准化和规范化的工艺使用流程，且实施相应计算，对技术实际应用流程及操作进行不断优化。最后，施工操作人员严格按照相关流程和步骤实施具体施工操作，保证技术使用的科学性。

三、BIM 技术在安全管理中的应用

BIM 技术的应用可为工程施工现场安全管理规划及决策的制定提供更多有价值的参考依据。在安全管理中应用 BIM 技术，可实现在施工操作过程中实施动态安全检查，利用三维空间对各个施工操作人员进行准确定位，对其作业进行实时监控，安全管理者通过可视化界面不断对其安全管理操作方案进行优化，提高安全隐患预测准确性，降低安全事故发生概率。

BIM 平台的集成以及共享中包含有丰富的安全管理信息，因此其可为工程项目的安全管理、安全组织提供丰富的技术、经验参考。与传统技术相比，将 BIM 技术应用于安全管理中的优点主要表现以下几个方面：

1. 增强安全教育和宣传力度。基于 BIM 技术的系统，可将系统中设计的规则作为根据，对施工操作人员实施安全提醒，并可进行详细记录和标识，进而使得安全检查可及时发现存在的安全隐患。在安全宣传方面，凭借 BIM 技术可将现场安全、现场组织等相关施工安全知识，通过可视化界面直接传送给相关人员，进而使得安全施工宣传力度得到有效增强。

2. 实现安全管理编制化。凭借 BIM 技术建立起 BIM 模型实现对施工操作现场进行 4D 模拟，进而采取针对性措施实施安全管理，实现安全管理编制化，使得施工现场存在的重大危险源能够及时被发现，进而实现安全管理水平的提高。

3. 为施工布置提供参考依据。通过应用 BIM 技术可对工程施工现场进行合理布置，

以施工进度、施工组织具体要求作为根据，通过可视化直观角度对施工现场进行布置，提高布置的科学性，针对发现的问题及时采取有效措施进行处理，为施工人员安全提供更好保障。

4.可提高施工操作的规范性。凭借BIM技术，处于施工现场的操作人员可快速、直观、准确地了解施工技术、工艺的具体实施流程，进而促进其施工操作规范性得到有效提高，降低施工安全隐患，同时可提高施工现场安全管理效率。

第六章 施工项目精细化管理

第一节 施工项目精细化管理存在问题及影响因素

一、目前建筑施工项目管理中存在的问题分析

虽然目前国内外对建设工程项目管理以及精细化管理理论都有了一定的研究，但在目前国内传统粗放式管理模式下，建筑施工项目管理还是存在较多的问题和弱点。调查发现目前国内建筑施工企业施工项目管理存在的问题具有普遍性。这是由国内建筑业整体技术管理水平、国家法规政策、宏观经济环境、市场竞争环境、建筑企业机制等原因综合造成的，传统粗放式管理模式下建筑施工项目管理存在的问题主要有如下几方面：

（一）项目开工前准备不充分

由于国内招投标机制特点、业主要求、竞争的不确定性等原因，施工企业对于工程施工项目开工准备普遍不够不重视，施工准备工作非常不充分，往往会给项目的开展造成不良影响，主要存在问题有：

1. 缺乏有效的项目组织管理制度

具体表现为：项目管理机构的组织任命缺乏相应的聘任竞争机制，人员配置与投标阶段严重脱节，往往由企业短时间内抽调人员组成，缺少计划与协调，加上企业出于成本投入考虑，开工阶段往往管理人员到位缓慢，造成了开工前期阶段项目部组织管理机构不健全；相应制度建立与落实严重滞后且各项目之间缺乏统一标准。

2. 项目管理规划流于形式

由于市场大环境等因素影响，部分项目仓促中标后就急于动工，建筑施工企业作业前并没有对项目的实施环境进行全面、有效的了解，甚至没有对施工图纸进行全面的审查就开始了施工作业，施工组织设计、施工进度计划等项目规划文件流于形式，根本不能指导项目的实施，项目管理人员边看图边施工、仅凭经验指挥施工的现象十分常见。缺少对项目"三控制、三管理、一协调"管理目标的详细规划很容易就会造成施工现场平面布置不

合理，工序划分不合理、施工方案不合理、工期规划不合理等一系列问题，尤其对施工设计图纸的不熟悉往往会造成项目进展的不畅顺，引起不必要的工程变更，使得业主对施工单位不信任，丧失与业主、设计沟通的主动权，并容易引起扯皮。

3. 作业前对施工现场地下环境、周边环境、管理环境了解不充分

施工作业前没有对施工现场的地下环境、周边环境进行较深入的了解，施工作业过程中往往容易出现质量问题，严重的还会引起质量和安全事故，例如作业过程中挖破地下管线、基坑抽水造成周边建筑沉降开裂等问题，直接影响工程的顺利实施。而对项目管理环境了解不充分，没有进行充分的沟通协调往往会造成项目实施的不畅顺，甚至会引起较为严重的工程纠纷。

（二）项目管理要求和标准不统一、项目组织机构不健全

1. 项目管理要求、标准不一致

在传统的项目管理模式下，一般施工单位总公司对分公司、支部的管理都有较为一致、可实施、运行较为顺畅的管理制度和管理标准。但到了项目管理层次，由于不同管理机构经营管理理念的互异、项目负责人的管理偏向、项目的大小、地域差异等因素，往往造成了各项目管理要求和标准不一致，管理效果差异性也较大。施工项目部拥有材料的直接采购权和班组的选定权等权利，项目主导权较大，而分公司、企业本部也缺乏对项目行之有效的管理制度和把控措施，即使有相应制度，执行起来也是困难重重，这就造成了建筑施工企业、支部对于施工项目这一级的管理存在脱节现象，两者缺乏有效的配合机制，企业层次管理人员的能动性和项目人员的积极性没有充分发挥。

2. 施工项目组织管理机构不健全

如前所述，由于项目规模、项目地域差异、分公司管理偏好、投入考虑等原因，造成大部分项目施工项目组织管理机构在整个实施过程中都不健全，部分项目管理人员往往身兼数个项目，管理岗位形同虚设，管理人员经常不到位造成了施工项目组织管理机制的缺失，直接影响了项目的管理质量，导致大部分项目管理十分不规范。

（三）项目合同管理不规范

目前国内建筑施工企业对于合同管理重视程度较高，基本建立了一套正常运行的合同管理程序，但是在具体实施的过程中仍有不足，表现在如下方面：

1. 合同范本不规范

建筑施工企业基本建立了适合自身条件的标准合同范本，但部分合同范本条款不够严密，对工程的实际情况考虑不周，存在一定的漏洞，且合同范本管理普遍存在缺少定期修订、改进的程序，这些缺点都为合同履行不完善埋下了伏笔，增加了合同纠纷发生的概率

和处理难度。

2. 合同评审流于形式

由于时间仓促、合同准备时间较短，大部分工程项目合同评审都流于形式，没有充分咨询工程项目执行人员、管理层的意见，仅就合同部相关负责人根据经验作简单评审，评审人员一般缺乏工程实操经验，合同评审的作用发挥不明显。

3. 合同履行不全面

对外方面，施工企业往往忽视主施工合同中的程序性条款、工期延误等惩罚性条款，合同履行不充分，导致当工程质量、进度出现问题，而业主深究时，地位十分被动。对内方面，建筑施工企业依靠自己较为强势的工程地位，普遍对于分包工程的履行不够认真，合同意识不强发，主要表现在对分包工程的合同款支付方面，往往导致了相应合同纠纷的出现。

4. 合同变更管理程序不完善

如前所述，由于工程施工项目的复杂性，工程变更是常发事项，工程变更直接导致了合同的变更，合理的合同变更可以保障甚至提高施工单位的利润，但现阶段大部分施工单位对于项目合同变更不够重视，经常由于时机、手续等问题，错失了很多的变更和索赔机会，导致企业利润流失。而对于分包单位的管理更是混乱，不仅没有形成对分包单位违约的责任追究机制，往往还会因为分包工程合同不完善而遭到分包单位的索赔。

（四）项目资源管理混乱

传统管理模式下各个建筑施工项目往往仅凭经验对项目资源进行配置，没有经过有效论证，在资源采购和使用方面存在很多不足，项目资源管理较为混乱：

1. 项目资源采购方面

目前大部分建筑施工项目的资源采购十分随意，通常项目部均具有自主采购权，企业层面没有形成有效的监督和管理机制，仅在采购合同签订时进行形式上的审查，而项目部实行资源采购同样没有建立标准操作程序，往往都是材料员通过与熟悉供应商进行洽谈后即确定供应商，没有经过供应商评审等程序，资源采购的粗放性很难确保项目资源采购的质量。而有部分大型施工企业虽然建立了相应的采购程序，具有企业合作供应商短名单，实现了由分公司层面的综合材料采购，但由于时间紧迫、采购体系不完善等原因，基本执行情况都不太理想，普遍提高了采购成本。而对于施工队伍的选择随意性就更大了，基本实行低价选择的原则，忽视了作业人员的水平，经常由此造成工程质量较差。

2. 资源使用管理方面

施工作业人员安排随意性较大，没有经过严密的定额统计，窝工现象普遍存在；班组监督管理不严，时工作业人员普遍工作效率低下。施工机械的利用率普遍较低，而其维修保养制度落实得不到有效落实，导致施工机械故障率较高，使得施工的开展不顺。材料使用管理过于粗放，限额领料等制度普遍没有落实执行，材料仓存损耗率较高，而现场管理监督缺乏相应手段，导致材料损耗率居高不下，造成大量材料浪费。项目资金管理一直是建筑施工企业的软肋，目前大部分建筑施工企业对于项目资金使用均把控不严，没有形成有效的资金计划、资金使用管理制度，每期工程款到账即完全交由项目使用已成为普遍现象，造成了部分工程资金使用流向不明，超成本、亏本工程常有出现。而与业主沟通方面亦存在问题，项目工程款申报资料质量普遍较差，返工常有发生，导致工程款到账不及时，给项目造成资金压力。

（五）项目进度普遍滞后

施工项目进度滞后是行业普遍现象，尤其是市政、公路项目。当然部分原因是业主工期要求不合理造成的，但建筑施工企业在施工项目进度管理方面也普遍存在如下问题：

1. 施工进度计划质量较差

施工进度计划没有根据项目的特点进行认真制定，没有形成多层次进度计划体系，可操作性较差，与资源配置计划更是不同步。质量较差的进度计划经常出现前松后紧的现象，导致项目实施进度滞后，工期拖延；到了项目后期，突击赶工，两班倒、三班倒的现象非常普遍，资源投入不均衡直接导致项目成本的增加。

2. 施工进度动态管理严重不到位

施工进度计划缺少定期跟踪、纠偏机制，项目进度计划经常就是一纸到底，当施工进度和计划进度差距很大时，也只是形式性的压缩后续计划工期，未能根据项目的实际情况实行动态控制，分部分项工程、月、周等低层次进度计划管理混乱，没有真正分解落实执行。

（六）项目成本管理过于粗放

在传统项目管理模式下，施工项目的成本管理方面过于粗放，基本就是根据项目执行者的经验进行估算和控制。由于施工班组不固定等因素，建筑企业普遍没有核心资源库，也没有形成成本预测、成本统计、成本分析、成本考核等成本管理制度，基本没有实现施工成本的动态管理。即使在项目结束后也往往没有进行项目总成本的核算和总结分析工作，粗放的成本管理的直接造成了建筑施工企业利润率普遍较低。

（七）项目质量管控不到位

目前绝大部分施工单位都形成了质量管理体系，并都能通过外部认证，但在开展质量管理过程中普遍达不到相应体系的要求，体系文件多是纸上谈兵，并没有贯彻执行。

1. 项目质量责任体系不健全，职责落实不到位

部分施工项目现场没有配置专职质量员，仅由施工员兼任；项目经理、质量安全员、施工员等项目成员的质量责任不明确，往往没有落实到位，且项目成员质量管控意识普遍不高。

2. 制度落实不力

施工项目质量责任制、质量技术交底、质量检查验收、奖罚等质量管理制度大都停留于纸上谈兵的程度，实际操作过程中往往会进行相应简化，落实不到位。而企业的监督检查方面大都集中在安全文明管理方面，对于工程质量缺乏有效的监督管理手段。

3. 质量问题预防、纠正措施缺少

在项目开始时普遍缺乏对项目质量控制要点的综合分析，没有明确出容易产生质量通病的节点，也没有对作业人员进行详细的事前交底，从而导致质量通病预防措施没有得到有效落实。而质量问题发生时，往往只是进行简单的整改、返工，并没有认真分析出现质量问题的原因，缺少正确的质量纠正措施导致质量问题重复发生率普遍较高。

（八）安全事故隐患发现、整改不及时

在经济的飞速发展、国家政策的不断完善、信息的公开化程度越来越高的背景下，安全事故的发生不仅会给施工项目造成较大的有形损失，还会产生不良的社会影响，单位会受到政府相关部门的处罚，严重损害施工单位的形象，因此，施工单位对于安全管理工作均较为重视。目前建筑单位均有按照相关规定完善职业健康安全管理体系，配置了安全生产管理人员，项目亦大都拥有相应的安全管理组织架构，项目经理、安全员等项目成员的安全责任也比较明确。但与质量管理类似，施工项目安全管理部分环节仍有很大不足，如工人安全教育没有针对性，作业人员安全意识不强，项目安全预防措施不到位，安全防护用品、安全设施使用不规范，安全投入普遍较低、应急预案的编制演练多为纸上谈兵等等；而最突出、最普遍的问题是安全隐患管理制度执行力度较差：安全事故隐患多、发现不及时，安全隐患整改不到位，整改力度不足。

（九）项目现场文明施工管理不统一

近几年来国家、地区对于文明施工的要求越来越高。为了适应行业发展，树立企业品牌，建筑施工企业对于施工项目文明施工管理方面有了较大的提高，尤其是几个大型施工企业，其重点项目已达到了行业先进水平，施工现场整洁有序，文明施工水平较高。但是还有些项目在文明施工方面还有较多的不足之处：1. 普遍存在的施工单位不同工程文明施工水准不统一，有高有低，推行项目标准化管理程度较低；2. 部分项目现场布置不尽合理，围挡设置质量较差，现场仓存、堆放较为混乱，办公区、生活区使用功能不完善，与作业区没有有效隔离；3. 部分施工项目 VI 形象设计水平较差，作业现场安全警示标志设置不合理，

标识不够统一。

（十）项目后期管理不到位，项目考核评价与持续改进机制运行不畅

1. 竣工验收、工程结算等项目后期管理不到位

目前施工项目的各项专项验收手续、竣工验收手续以及工程结算的普遍会严重滞后于实体工程进度，尤其是财政项目，部分是由于业主的原因和客观审批流程造成的，但也有施工单位自身的原因。施工企业普遍对于收尾阶段管理不够重视，竣工验收资料、签证、索赔等过程资料收集不到位或错漏较多，专项验收、竣工验收手续办理不及时；结算编制质量普遍较差：结算编制人员对现场不熟悉，结算常有错算、漏算的现象，常有多次对数，反复修改等问题出现，直接导致了企业工程款回收不及时，资金压力巨大。

2. 项目考核评价制度不完善，持续改进机制运行不畅

建筑施工企业常常会忽视对于项目的考核评价工作，考核评价流于形式，缺乏综合性，常常只关注经济成本指标的考核，未能对施工项目管理全过程进行全面的综合评价，考核与奖惩脱节，不能调动项目管理人员的积极性。而在持续改进方面，建筑施工企业、施工项目普遍对持续改进的内涵和作用理解不够深刻，大部分施工项目仅在质量管理方面有运用 QC 小组活动工具作为持续改进工具，但其实往往仍流于形式，没有真实起到持续改进的作用。而对于成本、进度、安全、合同等其余管理目标方面，由于项目考核评价的不全面、过程资料收集的不重视造成了企业无法对完工项目管理过程进行有效、全面的回顾和分析，持续改进机制运行严重不畅。

二、施工项目推行精细化管理的影响因素和应注意的问题

（一）施工项目推行精细化管理的影响因素分析

在传统粗放式管理模式下，建筑施工项目管理存在较多的缺点和弱点，而这些问题正是由于其"粗放式"的管理模式造成的。精细化管理作为一种先进的管理理念，它强调"规范化、流程化、完善化"，其应用能有效解决施工项目传统管理模式下的绝大部分问题，它满足了施工单位谋求生存的需要，有效提升了建筑施工企业的管理水平。但近年来国内推行施工项目精细化管理普遍阻力较大，进展较为缓慢，效果仍不太明显，究其原因，有市场经济大环境的客观存在因素，亦有企业层面的主观因素：

1. 国内建筑业技术、管理水平对比国外发达国家普遍较低，而精细化管理理论引进较晚、起步较迟。技术、整体管理水平是精细化管理推行的制约因素，较高的要求需要较高的基础去保障。同时企业对新管理理念的接受和转变需要一定的时间，一定的政策、措施的制定和落实也要经过较长时间的论证和试行，客观的基础起点较低、起步较晚制约着精细化管理的推行。

2. 建筑法、工程采购制度、政府监督管理模式、建筑市场竞争环境等基础法律法规尚未能与施工项目精细化管理水平适应。虽然近年来住房和城乡建设部等政府部门连续发文，鼓励建筑施工企业转型、实现标准化精细化施工，但相关的监管机制、配套法律法规和市场环境尚不能与精细化管理要求相适应。例如在现行的招投标管理制度、市场竞争环境下，项目准备时间基本都集中到了招投标前的阶段，而可以由施工企业支配的投标准备到正式动工的时间极其短暂，建筑施工企业根本没有时间、精力去深入研究每一个投标项目，项目前期规划流于形式。而招标文件的不合理要求、条件设置导致投标组织管理架构与实际项目管理组织架构基本不相符，往往造成施工项目组织管理架构不完善，精细化管理无从开展。相关法律法规配套与市场机制的不完善也是制约施工项目精细化管理进程的客观因素。

3. 建筑施工企业管理者超前意识不足，对于开展项目精细化管理的热情和投入普遍不高。在目前激烈的市场竞争环境下，施工企业管理者的大部分精力都用于承揽任务，上级部门、企业考核指标也偏重于经济指标，对于项目管理水平的提高重视度不足。而大部分建筑施工企业没有意识到精细化管理对企业发展的巨大作用，为了少走弯路，都在等待同行先行探索，超前意识严重不足，仅有数家大型建筑施工企业在上级部门的压力下开展了相关探索。建筑施工企业对开展项目精细化管理的热情和投入普遍不高是制约施工项目精细化管理进程的主观因素。

4. 建筑施工企业自身管理机制和传统管理成本观念与施工项目精细化管理的实施相抵触。由于国家投资、城市化进程的影响，大部分大型建筑施工企业都成立了地域性的分公司、支部等机构，这种企业管理机制削弱了企业对于施工项目的管理，施工项目执行人员的权利普遍较大，而施工项目精细化管理需要施工企业的有力支持和监督监管，否则难以推行。同时不论是施工企业还是施工项目，目前的成本控制观念均以管理者的直观经验为主导，管理者对直接成本的把控尚能比较到位，但对管理费等间接成本的把控缺普遍较差，项目缺乏有效的成本统计工具，有些管理者认为实施精细化管理对项目并不会降低项目成本，甚至会增加项目管理成本。而如前所述，建筑施工企业普遍缺少长远眼光，对于经验总结、持续改进给施工企业带来的无形效益同样不够重视。企业管理机制和传统成本观念的主观因素同样造成了项目精细化管理推行阻力重重。

（二）施工项目推行精细化管理应注意的问题分析

精细化管理是施工单位未来的努力方向，但由于建筑行业大环境、建筑施工企业客观与主观等各种因素的制约，目前施工项目精细化管理推行阻力仍较大。如何在这种大环境下更有效、更好地开展施工项目精细化管理的推行工作，在推行过程中应当注意什么问题，这些都是建筑施工企业所关注的焦点。

1. 推行项目精细化管理探索遵循循序渐进的客观规律，不断提高管理水平，最终实现精细化管理。由于目前国内建筑行业总体水平仍较低，推行施工项目精细化管理切忌急进，不能照搬国内外先进施工企业的项目精细化管理制度，否则制度与执行脱节，将失去实际意义。项目管理水平的提高不是一天可以完成的，都有一个循序渐进的过程，施工单位应当根据自身的管理水平，制定出适应自身的项目精细化管理推进规划，设置与自身管理水平相适应的管理制度，不断改进、不断完善。

2. 推行项目精细化管理应当具备一定的客观条件。精细化管理作为项目管理的高级阶段，对企业自身的技术、管理等方面都提出了新的要求。要实现对施工项目精细化管理进行探索，建筑施工企业应具备如下五个基础条件：y 企业具备负责工作的全面筹划能力和风险意识，同时拥有决策水平较高的人才队伍；2）各部门各负其责，企业内部管理具备很好的连续性；3）企业各级人员具有较强的企业意识和归属感；4）企业全员均要对精细化管理概念具有一定认识，且对推行精细化管理普遍认同；5）企业具有一定的富余资金，用于精细化管理理念的咨询培训、相应技术管理工具的购置等等。

3. 推行施工项目精细化管理重在制度的落实和持续提升机制的运行。相应制度和程序的制定并不难，但要真正实现施工项目精细化管理，最重要就是将制度和程序真正运用到项目管理当中去。这就要求制度和程序具有可操作性，而项目管理人员具有相应的责任意识，同时具有一套行之有效的定期监督和评价考核制度，这是推行施工项目精细化管理的难点和重点。同时要推行施工项目精细化管理，就要重视项目实施过程中和项目完结后的考核评价、经验效果总结以实现持续改进。由于目前国内精细化管理推行进程较慢，任何一个项目的相关管理经验都是十分宝贵的，无论是优点还是缺点，都是企业的重要资源，要真正推行项目精细化管理，就要重视相关项目的考核评价、总结工作，使得持续改进机制能有效地运行。

第二节　施工项目精细化管理目标和管理体系

一、推行施工项目精细化管理应达到的目标

（一）建筑施工企业未来达到精细化管理水平的必经阶段

精细化管理是建筑施工企业转型升级的必然选择，每个企业都想把管理做得更细，达到精细化的程度，杰克·韦尔奇就把六西格玛管理理论的"精益生产"发挥到极致，获得了全球"第一 CEO 极的美誉。可是，万里长城不也是一天建起来的，要达到精细化管理的程度，各施工单位就必须要遵守循序渐进的科学规律，按阶段逐步提高企业的项目管理水平，最终达到精细化管理的要求。

（二）现阶段管理目标：全面实施标准化

现时大部分建筑施工企业仍处于规范化管理阶段，日后要达到精细化管理的水平，现阶段的目标应定为全面实施建筑施工项目标准化管理。

随着企业规模的不断扩大，企业初期"自己干自己"的粗放式管理弊端逐渐显现，而随着时间的推移，其问题的严重性越来越得到显现，此时企业管理者针对企业运营中的问题就会依靠建立各种制度来规范企业其员工的生产活动。随着企业的进一步扩张和内分工的细化，零散的、滞后的管理制度不再适应公司管理的要求，此时公司管理者就会寻求建设系统化、持续改进的规范体系来实现公司的持续经营。这一阶段就是着规范化管理阶段，田蔚在《企业规范化管理的核心在于制度和流程》中指出："所谓规范化管理，即公司综合考虑，对生产过程中的各项生产要素、生产过程、产品等管理要素建立规章、规程、指标等规范，并严格执行，以使公司顺利运转。"根据企业性质的差异，在规范建立的过程中，也可使用流程来辅助管理。规范化管理既是企业规模扩大的必然要求，也是企业由"人治"变"法治"的必然选择，同时也有利于提高企业的整体管理水平和员工的素质。

在改革开放初期，建筑企业凭借规范化管理模式获得了较为长足的发展，但随着竞争的激烈和企业规模的进一步扩大，企业管理者们在继续考虑是否可以仿效制造业，拟定出具有定型化特点、重复性强的管理模式来优化施工单位的管理效率，"标准化管理"应运而生。所谓标准化管理就是施工单位首先参考既定的准则来设立各项管理制度，对作业活动进行规范和标准化，对生产、管理活动提出具体要做什么、怎么做，什么不应该做等标准，然后在生产管理活动中按照标准化要求落实执行，使得作业方法、工器具、原材料及工作环境等管理要求均满足管理活动的要求。例如，原铁道部提出的铁路工程建设"四个标准化"。近年来，越来越多的建筑施工企业认识到标准化管理的重要性，并通过内部培训、外部咨询等途径来大力推进施工项目标准化建设，有效促进了企业的快速发展与规模壮大。

（三）标准化管理阶段向精细化管理阶段过渡

依靠全面推行标准化管理，国内大型建筑施工单位可以在较短的时间内实现快速扩张的目标。但随着社会分工的越来越细、客户要求的越来越高，标准化管理模式被大多数竞争对手掌握时，该管理模式就会渐渐失去竞争力。在标准化管理的基础上，精细化管理模式作为一种前沿管理理论，将会正式走上建筑业这个舞台，建筑市场将会实现从标准化管理阶段向精细化管理阶段的过渡。精细化管理之于施工项目管理，就是要明晰好项目管理相关者的工程任务和职责，并尽量使其详尽，具有可操作性，要求所有项目管理者都具备本岗位应具备的专业知识和管理水平，全心全意投入到项目管理当中。同时精细化管理要求最大限度地降低错误率，要求施工作业尽可能高质完成、按时完成，出现偏差和问题要及时修正等等。如前所述，精细化管理是当今国内经济和建筑业发展大环境下建筑施工企业的必然选择，是未来建筑施工企业应达到的管理目标，但目前国内能够达到精细化管理水平的企业少之又少，仅有数家大型建筑施工企业和专业施工单位处于探索阶段。

二、建筑施工企业项目精细化管理体系

（一）项目施工精细化管理体系的具体内涵

施工项目精细化管理理论是精细化管理理论与传统建设工程项目管理的理论的有机结合。传统建设工程项目管理要求项目管理具有全局管理，将工程项目自身作为一个系统来管理，运用系统科学的方法，通过信息反馈与调控，对工程项目整个寿命周期进行全面综合管理。而精细化管理理论强调精益求精，强调通过制定细致、可执行的规划，最大限度地对投入到项目中的各项生产要素进行优化配置，杜绝浪费，争取以最小的投入创造最大的经济效益。高鹏在《精细化管理在施工项目中的应用》中对于建筑施工精细化管理的定义："施工项目精细化管理，即施工单位能真正把控工程从准备阶段到收尾阶段的全实施过程，通过制定细致、可执行的规划，最大限度地对投入到项目中的各项生产要素进行优化配置，杜绝浪费，争取以最小的投入创造最大的经济效益而开展的一系列涉及项目管理全员的、目标清晰明确的管理活动。其内涵应包含项目管理的所有目标和要素。"很好的总结了开展施工项目精细化管理的内容。

故推行施工项目精细化管理应具有全局的系统管理理念，对施工活动全寿命周期开展管理。即纵向从时间，应涉及施工前期管理（投标、合同签订、施工准备）、施工过程管理（采购、施工、试运行）、施工后期管理（竣验、结算、保修、总结提升）。同时横向管理要求尽量深入、精细化，应涉及项目管理的所有管理目标和要素：即应包含项目管理质量控制、进度控制、成本控制，安全管理、合同管理、信息管理、组织协调（三控制、三管理、一协调）的目标管理规划、过程控制等内容。这些纵向与横向交织而成的管理内容以及持续改进的提升机制赋予了施工项目精细化管理应有的内涵，形成了施工项目精细化管理体系。

施工项目精细化管理体系涵盖了项目管理三阶段，七大管理目标的管理过程和内容。与传统施工项目管理体系相比，施工项目精细化管理体系体现了精细化管理理论"规范化、流程化、完善化、信息化"的特点，对传统项目管理体系进行了优化，对施工前期、后期的管理进行了补充完善，要求针对不同的施工管理阶段采取有针对性的管理措施，形成了较为规范的项目管理流程，同时强调了项目管理信息的反馈作用，强调考核评价和持续改进机制。

但由于项目复杂性以及目标性的特点，每个项目管理阶段的管理内容和侧重点都有差异，而如前所述，目前国内传统粗放式管理模式下项目管理存在普遍的问题和弱点。因此要想真正形成施工项目精细化管理体系，开展好施工项目精细化管理，就应该有针对性的掌握每个管理阶段的管理内容以及相关的管理要点并根据需要投入相关的资源和分配管理职能。

（二）项目施工前期管理阶段精细化管理内容及管理要点

首先招投标阶段主要涉及的管理内容包括信息管理、合同管理和成本管理，重点是做好对招标文件的供求分析和企业自身资源和市场资源价格以及潜在竞争对手的信息管理工作，分析合同条件和工程成本，根据企业自身和环境状况，合理报价以谋取中标。

合同签订阶段主要涉及的管理内容主要是合同管理工作和组织协调工作，要分析好施工承包合同的合同条款，与甲方进行合同条件谈判。同时要做好拟分包工程的招投标、合同策划，初步形成工程管理队伍，建立合同会签、会审制度，合同订立后对工程管理队伍进行合同内容的交底。

准备阶段主要涉及的管理要素包括组织协调、质量控制、进度控制、安全管理等方面，重点应关注的管理事项有：①对项目的设计施工图纸进行认真审核，将勘察资料、设计图纸和现场实际情况进行对比，关键是对建设项目建设条件、地质情况、周边建筑环境进行分析，在自审的基础上配合甲方、设计单位开展图纸会审工作，确保设计文件的可靠性。

②形成项目管理组织机构，建立各项项目管理制度和考核制度，确保项目管理正常运行。

③明确项目实施条件，完善项目管理规划文件，做好项目前期报建工作。好的开始是成功的一半，项目施工前期管理阶段是项目管理成功实施的关键，但此阶段往往是常规项目管理容易忽略的盲点，要实施建筑项目精细化管理，应当重视项目施工前期管理阶段，要求施工单位制定、细化项目部形成制度和各项责任制度，完善项目前期管理的流程，落实每项前期管理任务的责任者，完善企业内部工作管理流程，使项目施工前期管理能顺利、快速开展。

（三）项目施工过程管理阶段精细化管理内容及管理要点

项目施工过程作为项目实施过程的重点，其管理涉及"三控三管一协调"的所有内容，是传统工程管理理论的主要涉及领域，相关的管理理念较为成熟，各管理要素精细化管理的要点如下。

1.施工组织协调精细化管理要点

根据施工前期管理阶段形成的项目组织管理架构，根据施工阶段、空间特点完善、健全质量、安全、进度、合同管理保证体系和自检体系，完善项目管理责任制度，将责任目标分解、落实到人，并形成渐进式改良制度。要有计划、有落实、有检查、有改进，形成完整、闭合的管理圆环，不断提高管理水平。同时施工过程中应依靠对内会议、对外会议、定期报表、专题报告等组织沟通工具来及时掌握项目实施状况和环境变化状况，以发挥组织管理的主观能动性，及早发现项目偏差，扫除项目进展障碍。尤其要注意，组织沟通不仅要关注管理层、外单位、政府部门层面的沟通协调，还应关注班组等作业层面的定期沟通协调，及时掌握班组的作业动态，协调好班组之间的作业问题。总而言之，施工组织协调的精细化管理的要点就是要建立并落实好责任制度和管理制度，并形成持续改进的闭环管理模式，还要将组织协调的点、面尽量延伸至项目管理的下游，及时掌握项目管理动态，及时纠偏。

资源协调管理也是施工组织协调的重点。传统项目管理模式的资源协调管理往往较为粗放，由于精细化程度不足，宁多勿缺的做法成为常规，造成了资源的无效占用和浪费，要实现资源协调的精细化管理，主要应做到利用准时生产（JIT）理念结合精确计量、分批进场等手段对施工投入要素进行整合优化，尽量争取在准确的时间把准确的资源送到准确的地点，同时要注意优化施工流程、建立施工资源管理控制程序，加强现场监督，加强材料、设备、半成品的仓存管理工作，尽量消除浪费，以零库存、零返工、零浪费为目标而努力。项目各阶段均要编制详细的资源配置计划，实施过程中要根据实际进度对资源计划进行动态管理。还要制订、完善、落实机械维修保养制度，提高机械的可靠性，降低故障率；同时还要注意加强作业者的教育，增强劳动者的素养，提高作业效率，降低返工率。

2. 施工质量控制精细化管理要点

质量控制作为项目管理的重点，其精细化管理研究进程较其他系统来得深入。一个工程项目是由多个工序组成的，开展质量控制精细化管理应做好工序质量管理，明确工序质量标准和质量责任人，并认真做好工序的"三检"验收工作，使工序质量控制与绩效挂钩。同时要加强对原材料采购进程的规划和实施，重视作业者的教育和监督，以规范、标准的原材料、施工工艺来保证每个工序的施工质量；进而保证整体项目的质量。

技术管理作为质量管理的重要组成部分，也是实现精细化管理的重点。虽然国内对大力鼓励建筑施工企业推广"四新技术"，行业整体对施工技术的重视程度越来越高，但目前国内相关技术管理水平仍远低于国外发达国家水平，引用新技术，提高技术管理水平也是实现精细化管理的有效途径。实施施工项目技术精细化管理就要真正做好图纸自审、施工组织设计及方案的编制工作，并运用科学工具，确定最适合项目的施工流程、施工机械、施工工艺等参数，形成能真正指导项目施工的规划性文件并落实执行，最大程度优化项目的生产要素投入。同时要注意项目技术管理文件的收集和与时俱进的修改、完善工作，确保施工项目技术全面受控。

开展建筑施工项目管理，注意利用施工新技术的同时也要关注项目管理技术。近年来计算机技术、项目管理信息技术、网络计划技术等管理技术令得建筑工程管理更加科学和精细化，项目利用这些管理技术可以大大优化项目管理进程，使项目管理难度明显下降，从而更加有效、更加快速地实现精细化管理。其中 BIM 技术实实在在地推动了国内施工项目精细化管理的进程，是施工项目推行精细化管理的有效措施，关于 BIM 技术对施工项目精细化管理的作用和其实际应用在下章中重点描述。

3. 施工进度控制精细化管理要点

进度控制一直是建筑施工行业的重要关注点，对于某些政府投资项目和房地产项目进度控制甚至凌驾于质量控制之上，被认为是项目的第一控制点。如何在确保质量、安全的前提下实现项目实施进度的把控一直是项目精细化管理的重点。项目管理中应重点做好如下内容：工程在开工前应依据合同要求、资源状况、技术规范等制约因素，结合网络计划技术，拟定工程的实施性计划；进度计划应细化到人、机、料等资源的需求量和需求时间。实施性计划应根据项目的管理范围、施工技术要素、时间节点等进行细化，形成项目计划管理体系。纠偏也是实现进度控制精细化管理的要点。建筑施工项目的复杂性决定了项目环境随时在变化，天气、材料市场、人才市场状况都会造成项目实施环境的变化，项目的进度控制不可能一帆风顺，当项目当实际进度与计划进度发生偏差时采取处有效的处理措施就尤为重要了。此部分内容是传统粗放式管理中进度管理的弱点。要实现进度的精细化管理，就必须要及时把握项目的实际进度状况，并提前形成相应的纠偏制度，采取相应的组织措施、技术措施、管理措施等进行纠偏和优化，而不能任由计划延期。例如当施工进度滞后于进度计划时，要及时对滞后来由进行分析，采取并行施工，加大投入等手段进行纠偏。在实际操作中，项目管理人员往往会考虑到纠偏的成本问题，加大资源的投入往往会造成项目直接成本的增加，但项目管理者往往会忽略项目的间接成本，即项目的管理成本和按期履约成本，而项目进度的纠偏成本会随着项目的推进不断增大，往往到项目实施后期，再想到要纠偏，就需要极大的成本投入。因此要实现项目进度的精细化管理，就要有全局眼光，有预见性，综合考虑和细化项目的各个管理要素，真正掌握项目的环境条件，有效制定和落实纠偏措施，使得项目进度真正受控。

4. 施工成本控制精细化管理要点

工程成本是施工单位开展项目管理关注重点，但目前施工项目成本管理处于粗控制阶段，缺乏有依据的统计制度、实施制度和考核制度。要实现施工项目成本的精细化管理就要真正做到成本管理人人有责，对施工过程中可能导致成本增加的环节，根据风险程度制订相应的措施和标准，最大限度地避免浪费和成本增加。

工程成本由直接成本和间接成本组成，完整的工程成本应该是项目前期阶段到实施完毕后企业为之的所有支出。李彦平在《施工企业工程成本管理探讨》中指出："直接成本包括工人工资、原材料及设备费用，周转性材料的租赁费或摊销费，施工机械设备的租赁费或使用费等，间接费用主要是指项目现场进行施工组织所发生的费用以及企业总部为项目支出的管理费用。"要实现精细化的成本控制就要真正的完善并落实项目的成本预测、成本计划、成本核算、成本分析、成本控制、成本考核等成本管理制度。加强成本预测：在项目开工以前，应根据施工项目的特点，结合公司实际状况和现行市场状况，对工程成本做出较为准确的预测。较为准确的成本预测是开展项目成本控制精细化管理的必备条件，施工技术方案的择优、施工过程中成本控制关键点的设置都离不开成本预测。编好成本计划：成本计划应随着施工进度计划的深化程度来不断优化和深化，成本计划应当具有具体的指标和相应的责任人，有可量化的实际操作性。重视成本核算和成本分析：两者的成果是项目实施成本控制和成本纠偏的必不可少的参考资料，这也是往常粗放式模型成本控制的薄弱点。要开展施工项目成本精细化管理就要在施工过程中定期对项目实施成本进行复核、汇总，对施工成本的变化和其起因进行分析，及时发现成本偏差，编制施工项目月度、季度、年度等各阶段的成本分析报告，揭示成本变动的规律，为成本控制提供精确的数据支撑。成本控制：成本控制是施工项目实施成本管理最具实质性的环节。实现成本控制的精细化管理主要应注意如下内容：①采取短名单、内部招投标等有效手段降低资源价格，切实做好原材料进场检查、验收和保管工作；②采取工作任务单、限额责任领料、现场监督检查等措施，有效控制各生产要素的利用效率和损耗率；③参照成本核算和成本分析的成果，采用沟通协调、更换供应商等手续，控制影响施工项目成本的主要因素（如工程变更、质量返工等）所引起的成本增加，实现成本纠偏；④重视工索赔，认真研究好合同条款和相关政策规范，发现不符合合同约定的情况，及时评估成本变化和分清成本责任，并采取相应的措施，确保不承担不属于自身责任的成本增加；⑤健全项目财务管理制度，建立和实施标准化权限和资金使用程序，加强、优化对项目资金的使用的审核、审批环节，同时加强对工程款申报材料的整理收集和完成质量，按时向业主提交工程款支付申请，尽快回收工程款。重视成本考核：在项目各阶段均要形成并落实对施工项目成本管理人员的成本责任目标考核制度。

5. 施工安全精细化管理要点

建筑施工项目现场是安全生产事故的常发场所，而一旦发生安全生产事故，往往会给建筑施工企业造成严重的经济损失和声誉损失。建筑施工项目要实现施工安全的精细化管理，就要围绕"安全第一、预防为主、综合治理"的大原则，把各项安全管理工作做精、做细，把安全管理环节真正落到实处，应重点注意如下内容：①建立、完善并落实安全生产责任制，形成项目安全生产管理架构，落实项目全员安全目标和安全责任；②施工项目开工前、施工不同时期均要针对建筑施工项目的特点对项目重大危险源进行辨识和制定防范对策，将辨识结果和对策向项目成员进行交底；③重视管理、作业者的培训教育，让安全管理成为作业人员自身的自觉行为，实现自动管理；④配备符合要求的安全防护用品和安全防护设施，降低事故发生的概率；⑤应当重视安全检查，要建立定期、不定期的安全检查制度，发现安全隐患应根据"三定原则"立即主动消除；⑥针对相应的作业环节形成专项对策并切实执行：对达到一定规模的危险性较大的分部（分项）工程应制定专项施工方案，并对相关人员进行安全技术交底。针对每年时节的特点，制定雨期等季节性安全施工措施；⑦根据相关要求制定并落实建筑施工项目应急救援预案，使项目成员熟悉事故的应急处理措施，当事故发生时可以做到有条不紊，同时还要建立安全生产事故的报告和处理制度；⑧加强文明施工：应当制定项目现场文明施工管理标准化文件，推行施工作业现场 5S 乃至 6S 管理，重点做好现场的场容场貌、围挡围蔽、临时道路、生活卫生等管理，重视企业 VI 形象设计、合理设置安全警示标志。

6. 施工合同精细化管理要点

项目合同管理是建筑施工项目管理的关键要点，随着建筑业法律法规及行业规范的不断完善，合同管理越来越得到重视，建筑施工项目相关的合同主要包括施工方与甲方的主合同、与专业分包方的专业分包合同、与劳务企业或劳务工人的劳务合同、与材料商签订的采购合同、与咨询公司签订的工程咨询合同等，在以往项目管理过程中施工方往往比较注重主合同的管理，而忽视了对分包、采购合同的管理，从而对项目的开展造成了不良影响。施工阶段要做好施工合同精细化管理，应注意的合同管理主要内容有：①规范合同签订前的合同范本准备、谈判、合同评审的过程管理：合同一旦签订就相当于双方已经确立了相应的权利和义务，就要完成合同任务，很多时候施工过程中出现的合同问题，是由于疏忽合同订立前的管理而造成的，建筑施工企业应当建立自己的分包合同和采购合同标准合同库并定时更新。同时也要重视合同的评审工作，合同条款的细节往往是在双方充分协商的基础上拟定的，每个项目的特点决定了每一份合同的独立性，合同条件会有相应差异。即使采用了标准合同条款、双方进行了充分的沟通但仍可能会有疏漏，此时，完善的合同评审程序就显得十分重要了；②加强合同执行的过程管理。要做好施工过程的合同执行管理，首先就要做好合同交底，向相关人员明确其合同权利和义务，同时要注意合同执行过程中的检查与纠偏，确保合同完整、顺利执行；③重视合同的变更和索赔管理：施工合同的变更是时发事项，而施工合同的变更往往会使项目发生负向偏差，从而影响合同的顺利执行。对于施工合同的变更管理是传统项目管理模式的弱点，要实现施工合同的精细化管理应当注意加强相关管理工作，即发生合同变更的事项后应及时分析引起该项变更的实际原因、分析其对合同履行的影响和分清相关责任，及时与对方进行沟通，尽快修改和完善合同履行文件，收集好相应的原始资料，保存好变更记录。当对方未按合同执行时，要及时发现，同时也要分析工程、合同的履行，要及时与对方沟通，以书面形式要求其履行并向其明确相应责任，涉及经济、工期损失的应当及时收集好证据，向对方提出索赔，并有效防止对方的反索赔。

采购管理作为合同管理的重要内容，开展合同精细化管理应当重视相应管理内容：建筑施工企业应当制定长期合作供应商短名单，和供应商建立长期合作伙伴机制，并利用合同签订为时机对其定期进行考核。签订采购合同前要对供应商进行详细评审，根据地域、甲方要求、时点、合同条件等项目特点优选项目供应商，确保其能按期保质交货。施工过程中亦要注意加强材料、设备、人工等合同款项的支付管理工作，合理安排资金使用，确保施工项目的正常实施。

7. 施工信息精细化管理要点

信息资源作为项目管理的重要资源，与其余项目管理目标密不可分，信息资源为开展项目管理工作、实现项目管理目标提供了重要保障。

随着电脑技术、Internent 的发展，门户网站，项目信息管理系统的普及，为建筑施工项目开展施工信息精细化管理创造了有利条件。开展建筑施工信息精细化管理，就要求项目部积极应用 Internet、视频监控等先进技术，加强项目信息化建设，完善信息管理体系，开展项目信息管理。

具体的管理内容和要点：①应做到及时、准确地获得所需要的信息，并安全、可靠地使用，采取口头、会议、函件等适当的方式与建设、勘察、设计、分包、政府相关部门等项目相关方进行及时、有效的沟通和协调，及时消除项目实施障碍、解决矛盾；②项目部应当任命能熟练应用业务软件的专职信息管理人员，应当制定详细的项目信息收集、保存制度并落实执行，项目信息应与工程一致，能反映工程实际情况，同时应将重要信息保存为电子和书面文件，将电子资料纳入项目管理信息系统内；③应当重视施工过程资料的收集整理工作，形成相应的施工过程资料收集目录和收集整理制度，力求工程资料与实物工程同步汇总，对于涉及工程经济、工期的资料，例如索赔证据文件、设计变更记录和与经济、工期相关的会议记录等文件应当尤为重视；④按期完成档案资料的归档整理，按要求与相关方办理档案资料的交接及备案等。

（四）项目施工后期管理阶段精细化管理内容及管理要点

项目施工后期管理阶段是施工项目管理的最后一步。项目施工后期管理阶段项目部基本已处于解散状态，相关的责任已发生转移，此阶段的管理工作往往是传统管理模式下建筑施工企业容易忽视的阶段，但此阶段的管理往往会对企业声誉、管理水平提高意义重大，因此要开展建筑施工项目精细化管理就应当将项目施工后期管理阶段纳入精细化管理内容。

项目施工后期管理阶段精细化管理涉及的内容包括合同管理、成本管理、质量管理、资源管理。主要工作要点是：①及时协助业主办理建设项目的各种后期专验、终验等手续，做好建设项目交接工作；②项目结算的进度和质量直接影响着项目的成本控制，如何快速、高质的完成结算一直是建筑施工企业的重要管理目标之一，要实现此阶段的精细化管理，就要求建筑施工企业要建立建设项目竣工结算标准操作规程，安排专人跟踪，结合施工阶段提前准备的签证、索赔等原始资料，尽快做好项目竣工结算，及时回收工程款；③要实行施工后期管理阶段的精细化管理，为了加强顾客满意度，应当注重客户运营期的使用体验，将质量管理延伸到保修期和回访期内，最大限度地提高业主的满意度，以赢得企业荣誉；④要落实精细化管理应当注重经验的积累和持续提升，应当建立对项目实施精细化管理的成果进行考核评价的制度，对项目管理目标实现程度和项目成员的责任落实进行考核评价并与绩效挂钩；同时要注意对项目开展精细化管理工作中的成绩和存在的问题进行回顾分析，进而可以更加精化、细化相关管理制度，巩固好相关经验，改进不合理的作业程序等，实现精细化管理的不断完善。

第三节　网络计划与精细化管理

一、网络计划

网络计划技术是建筑工程施工项目进度计划分析的有力工具，它是用网络模型来表示建筑工程施工项目进度过程，对建筑工程施工项目的施工进度进行定量分析、判断，以及实施过程的调整和控制。网络计划技术是用网络的结构形式表示建筑工程施工项目活动内容及其相互关系。

（一）网络计划技术

网络计划技术的研究与应用在我国起步较早。自 20 世纪 60 年代中期，在著名数学家华罗庚教授的倡导下，开始在国民经济各部门试点应用网络计划方法。改革开放以后，网络计划技术在我国的工程建设领域也得到迅速的推广和应用，尤其是在大中型工程项目的建设中；对其资源的合理安排、进度计划的编制、优化和控制等应用效果显著。

（二）网络计划技术的优点

在建筑工程中，网络计划技术主要用来编制建筑施工企业的生产计划和工程施工的进度计划，并对计划进行优化、调整和控制，以达到缩短工期，提高工效、降低成本、增加经济效益的目的。

一般来说，网络计划技术的主要有如下优点：

（1）网络计划技术中各工作之间的逻辑关系非常严格；

（2）网络计划技术是控制工期的有效工具，它所提供的时间参数是动态的计划概念，网络计划技术能适应施工条件的变化；

（3）应用网络计划技术，可以集中精力抓住关键工作，就能对计划的实施进行有效的控制和监督；

（4）应用网络计划技术可以对计划方案进行优化，得到最优的计划方案；

（5）网络图的使用，使计划变的更具科学性。

（三）网络计划技术的现状

1. 国外应用网络计划技术的现状

国外多年实践证明，应用网络计划技术组织与管理生产一般能缩短工期 20% 左右，降低成本 10% 左右。

美国是网络计划技术的发源地，美国的泰迪建筑公司在 47 个建筑项目中应用此法，平均节省时间 22%，节约资金 15%。美国政府早在 1962 年就规定，凡与政府签订合同的企业，都必须采用网络计划技术，以保证工程进度和质量。目前，美国基本实现了计划、计算、机编、机调，实现了计划工作自动化。

2. 我国应用网络计划技术的现状

网络计划方法不仅仅是一种编制计划的方法，而且是一种科学的施工管理方法，可以说，目前我国网络计划技术在理论水平与应用方面同发达国家相比相差无几。

由于历史的原因，我国施工企业的发展基础薄弱，职工的知识结构不够完善，因而，网络计划方法在施工管理中的应用情况不容乐观，特别是计划执行中的监督、控制及跟踪调整方面，较少落在实处，基本停留在计划编制上，对执行中的管理抓得很不得力，缺少行之有效的办法，主要影响为工程设计多变，材料供应跟不上，应用者素质不高。

（四）应用中存在的主要问题及原因分析

1. 存在的主要问题

（1）应用管理水平低；

（2）应用深度不够；

（3）应用普及率不高；

（4）应用网络计划技术只注重网络的形式，对其实质内容一知半解，相互抄袭。

2. 原因分析

造成网络计划技术在我国施工管理中应用不理想的原因是多方面的，既有外部环境的影响，也有施工企业自身素质不高的制约，是多种因素综合作用的结果。

（1）工程设计多变；

（2）工期的确定受行政干扰多；

（3）工程进度付款没有与网络计划紧密联系、工程款拖欠等；

（4）传统工作方式的阻碍；

（5）施工管理粗放；

（6）高素质管理人员缺乏；

（7）网络计划技术与电脑软件技术结合程度不够，网络计划执行中检查调整不够。

（五）建筑施工管理中应用网络计划技术的必要性和可行性

建筑工程施工的特点决定了要想取得更好的经济效益，必须在施工管理中应用网络计划技术。

建筑工程施工与一般工业生产相比具有如下的特点：

（1）生产空间不断变化；

（2）施工期限较长；

（3）工程项目个性化强；

（4）工程项目的复杂性增大。

由此可见，建筑施工流动性、个别性、复杂性的特点，要求事先有一个周密的施工组织设计。使流动的人、财、物等相互协调配合，做到连续、均衡施工。只有在施工管理中应用网络计划技术，把一项工程作为一个整体来考虑，按照一定的程序对它进行合理安排，并通过网络计划本身所特有的反馈作用，调整和改进施工管理工作，才能使施工得以全面地达到优质、节省和快速的要求。施工实践证明，应用网络计划技术组织与管理施工，一般能缩短工期 20% 左右，降低成本 10% 左右。

目前，应用网络计划技术的条件已经比较充分：施工企业普遍配备了计算机设备，目前有许多优秀的网络计划应用软件可供选用，大多数技术管理人员掌握了网络计划技术基本知识和计算机知识；已经有了网络计划技术的国家标准和行业标准，《建筑工程项目管理规范》提出了应用网络计划技术的要求，招标文件范本中要求编制网络计划；已经有了一定的实践经验作为基础。

（六）提高网络计划技术在建筑施工管理中应用水平的措施

在我国，国家鼓励采用先进的科学技术和管理方法提高建设工程质量，提高建筑施工企业网络计划技术的应用水平是当务之急，要解决这个问题，应从源头抓起，并尽快规范建筑管理体制，制定有效的措施提高企业应用网络计划技术的积极性，更重要的是企业自身要从提高市场竞争力的高度，通过全面实施网络计划促进企业管理上质量、上水平。

1. 规范建筑管理体制，为应用网络计划技术提供良好的环境

（1）加强工程设计管理，合理确定建设工期。

（2）完善工程项目监理制度。

（3）建立严格按网络进度计划拨付工程款的机制。

2. 适应科学管理的需要，加强人才的培养和应用研究

（1）制定有关规程，加强标准化工作。

（2）多途径培养人才。

（3）开发适用的网络进度控制软件。

（4）把网络计划技术作为编制施工进度计划时的首选方法。

3. 提高认识，注重实效，扎扎实实提高企业管理水平

施工企业是应用网络计划技术的主体。施工中全面实行网络计划管理是提高我国施工企业管理水平的关键。

（1）转变观念，充分认识应用网络计划技术的重要性。

（2）采用易于接受的控制形式。

（3）管理人员与技术人员紧密结合。

（4）循序渐进、先易后难、注重实效。

（七）网络计划技术在项目施工中的应用

运用网络计划图进行管理，在工业、农业、国防等部门得到了广泛的应用。网络计划的优化是在满足既定约束条件下，按某一目标，通过不断改进网络计划寻求满意方案，从而编制可供实施的网络计划的过程，优化的目标，包括工期、资源和成本费用，通过网络计划优化，可以做到用最小的消耗取得最大的经济效益。

二、精细化管理

（一）建筑工程施工管理中应用精细化管理的重要意义

把精细化管理应用到建筑工程管理中有很大的作用重要的用途：①能够节约工程成本。在精细化管理模式下，可以对更加明细的管理人员、材料及设备，可以防止浪费做到各项资源的最优配置，能够实现资源利用率的最大化，缩减了施工成本的支出，就可以提高建筑企业的经济效益；②可以优化建筑施工方案。在精细化管理模式中，管理人员能够从更多的细节入手进行操控工程项目，通过分析在施工中是否具有较高的科学性和可行性，及时找到关于细节的问题，进而对施工方案加以改进和调整；③可以明显提升施工质量。在使用精细化施工管理方法后，可以有效避免管理不到位现象的出现，能够更加明确各自的管理责任，把责任落实到具体负责人身上，起到了鞭策和激励效应，在每一个施工环节都实现预期管理目标，以此来确保施工质量的良好性。

（二）进一步加强建筑工程施工管理的精细化管理

1.关注整体并注重细节管理

精细化管理区别于传统的粗放式管理，更注重的是整体上的管理，通过整体性管理的把控和有针对性细节管理的有效结合，更全面的对于整个施工管理过程进行完善和加强。粗放式管理中不能有效地对施工细节进行把控，而很多施工质量问题就是由这些细节导致的；所以在现代化管理过程中，要能够在精细化管理过程中对于施工的细节进行有效把控，对于施工的每个过程都采用细节化的处理，并能够通过各个施工环节、施工工艺、施工工序的有效管理，消除各个环节的施工隐患，保证施工高效、高质量、高水平进行。

2.明确建筑施工的目标

施工目标是施工建设的重要指导，可以有效规范施工，通过制定相应的施工建设标准更好地对施工全过程进行很好的把控和管理，通过目标管理与人员的有效管理更全面地将施工每个方面进行规范化管理，通过人员驱动和目标驱动更好地提升管理效率和质量。另一方面，很多建筑工程正是由于缺少相应的施工目标，使得施工过程中缺乏有效的规范和有效性的引导，使得施工进展缓慢而且经常处于一个混乱状态，因此当前的建筑施工单位要能够吸取教训，在施工正式开始之前就要能树立正确的施工管理目标，并在精细化管理理念的引导下更进一步的分解和落实。

3. 明确责任并细分责任

明确建筑工程中不同工作人员的责任对保证工程施工正常进行有着非常重要的意义。在实际的建筑施工管理中，为了避免出现工作人员相互推诿责任的情况，必须做到责任的精细化。将每一个施工项目所对应的负责人都记录在案，并将对同一个项目中不同环节的施工工作和责任分配到每一个工作人员身上，这样一来不仅可以大大的提升工作人员的责任心，同样还利于提升工程施工质量，在发现问题时，也可以快速找到负责人进行解决。责任分工制是建筑工程施工精细化管理的一个重点内容，只有严格的将其落实到实际施工管理中，才可以有效地提升建筑施工管理效果。

（三）进行精细化管理时普遍存在的问题

1. 管理水平普遍较低

我国经济社会不断发展，建筑行业也随着科技进步的脚步飞速发展，并取得了显著的成果。为了确保有效提高工程的管理水平，认真落实工程的施工管理至关重要。然而，现阶段我国建筑行业中，工程施工的管理水平普遍偏低，这种情况从一定程度上影响了国内建筑行业的发展速度，也对工程的整体施工质量产生了不良影响。

2. 施工管理的进度问题

随着城市化的进展，近几年我国的建筑行业也取得了快速的发展，但是发展就必然面临着一些问题，在施工的时候，很多的施工企业过于追求经济利益，为了将利益扩大，就会出现过分地追求施工速度，经常会出现在一个工程项目还没有彻底的结束的时候，施工的队伍就需要继续进行下一个工程项目，这样过分地追求工程速度，经济效益，工程的质量就可能会不达标，工程也就存在着很大的安全隐患。

3. 建筑工程质量难以保证

当今许多建筑单位一味追求企业的经济效益，不断要求加快工期，但是却忽视了建筑工程的质量问题。许多施工单位不注意施工原材料以及施工方式，甚至某些施工单位为了降低施工成本购买质量不合格的次品原材料用于施工。材料的质量直接决定了建筑物的质量。不合格的施工材料不仅缩短了建筑工程的使用年限，还会导致许多安全事故的发生。作为施工单位，必须将安全生产、质量合格作为施工中的重点工作。除了硬件设备之外，施工单位还要注意聘用具备专业技能的施工人员。实际中很多施工现场的施工人员不具备专业技能，也没有经过相应的培训，这不利于建筑工程的质量保障。

（四）施工管理过程中精细化管理的应用

1. 提高精细化管理意识

最近几年来，随着市场经济的发展，居民消费水平的普遍提高，人们开始对建筑工程提出更高的要求，为适应时代发展潮流，必须提高工程的施工管理水平，同时还应对其进行严格控制。精细化管理作为一种较为先进的理念，已被广泛运用于多个行业，而且还取得显著成效。但同样需要注意以下几个方面：①不断提高管理人员的精细化管理意识，尤其是具体的施工过程中，更应密切关注施工人员的施工，以免出现安全问题，重点是为提高工程的施工质量；②对工程施工细节进行管理。众所周知，工程管理不是一项单一的工作，其涉及多个方面，具备系统性、复杂性等特征，所以就需要对相关人员进行精细化管理，尤其是施工环节的管理，防止出现相互推诿责任的现象。此外，工程管理人员还应严格控制施工过程中的每一项，并运用合理、高效的管理方法。必要时，还应对建筑工程的管理方式进行创新，目的是为尽快完成施工目标，带动企业的发展。所以，就需要管理人员认真负责，并不断提高工程的整体施工质量，尤其是在精细化管理的前提条件下，更应全面提高施工水平以及单位的经济效益。

2. 工程进度的精细化管理

在进行施工的时候，还需要根据工程的特点以及工程的具体情况来制定一定的施工计划，在计划中应该考虑的更加全面，工程中有可能出现的问题以及有可能对工程造成一定影响的因素都需要考虑在内，只有充分地考虑到位，才可以保证工程可以在规定的时间内安全顺利地完成，同时施工的质量也可以得到有效的保证。还需要根据工程的具体情况以及现场的一些条件来选择施工的材料，所需要的一些机械设备以及合理的分配施工的人员，这样才能够保证工程可以顺利地进行，同时还可以定期的组织参与施工的人员来召开会议，这样可以及时的发现出计划中不合理的地方，及时的做出调整，避免影响到后期工程中的一些方面，召开会议的时候还可以及时地了解到不同部门的需求，在不同部门出现的一些问题都可以及时的进行处理，这样能够保证工程可以在规定的时间内完成，在施工的时候还需要对施工的资金进行预算，这样可以有效地控制好施工的成本问题，有效地提高企业的效益问题。

3. 严格保证施工质量

为了保证施工项目的施工质量，必须通过精细化管理来实现，施工质量也是精细化管理的前提。因此，我们必须重视施工质量，这是我们精细化管理的首要目的。首先，从施工过程开始，我们必须落实质量责任制。质量责任制是指将施工总承包责任分配给各施工单位，以保证各施工环节的质量。施工企业应建立一套合理的质量评价标准，然后根据该标准对施工质量进行检查，并评估其是否符合标准。当然，施工企业也要根据施工进度计划，对施工工期做出合理的规定。精细化管理要求我们在保证施工质量的前提下，合理提升施工进度。

第四节　开展农民工夜校学习与技能培训

农民工夜校这是专门为农民工创办以励志创业为导向的培训机构，主要学习安全生产、施工技能、职业健康、维权等等。

各地通过开展农民工夜校，使得规范农民工教育，不断完善管理，丰富内容，创新开设选修课与必修课，做到教育培训面全覆盖，在农民工教育中做到"短，频，快"，即"教育时间要短、上课频率要高、教育成果运用于施工实践要快"的经验，稳定农民工队伍、提高安全生产水平、创造项目部业绩的典型做法，通过创办工地农民工夜校，探索对农民工教育、管理和服务的新路子，既提高了农民工的整体素质，为做好农民工思想政治工作找到了有效载体。

一、对农民工进行培训的重要性

（一）对农民工进行培训是农民工长远发展的需要

《中国农民工调研报告》显示：全国农民工中 16 ~ 30 岁的占 61%，31~40 岁的占 16%，农民工的平均年龄 28.6 岁。我国外出农民工的平均年龄比较轻，职业素质比较低。多数只能吃"青春饭"，从事简单体力劳动，月工资主要集中在 500 ~ 800 元之间，这对农民工的今后发展极为不利。发展空间有限。特别是在知识经济时代，产业结构调整加快，新兴岗位所要求的技术含量越来越高。农民工就很难适应未来生存与发展的需要。因此，必须提高自身素质，积极参加职业培训、提高转岗能力及未来的竞争力。

（二）对农民工进行培训是社会发展的需要

据统计，我国建筑业的 90%，煤矿采掘业的 80%，纺织服务业的 60% 和城市一般服务业的 50% 的从业人员已被农民工取代。农民工已成为我国城乡经济协调发展的重要力量。然而，农民工的素质偏低已直接影响到我国国民经济未来的发展。世界银行的研究显示：劳动者受教育的年限每增加一年，一个国家的 GDP 就会增加 9%。早在 20 世纪 80 年代末期，世界农业劳动力的平均受教育年限就已达到 11 年。美、法、英则分别高达 18.04 年、15.96 年、14.09 年。由此可见，劳动者的素质是经济发展的关键。因此，为了保证我国国民经济的快速增长，稳定社会的和谐发展，必须加大对农民工的教育投资，优化人力资本，促进我国经济建设更加向前发展。

二、影响农民工培训的因素

（一）农民工的心理影响

由于我国现行制度的缺陷和不完善导致许多农民工在城市里存在"过客"心理，使他们不愿意或不能留在城市中安居乐业。这种心理影响了农民工培训的积极性。有学者把农民工分成三种类型"回乡型""留成型"和"摇摆型"。"回乡型"的农民工更多考虑技术培训对其将来在家乡是否有用。"摇摆型"的农民工对今后是留成还是回乡还没有明确打算，在培训的问题上还比较迷茫。只有"留成型"的农民工则从心理上将自己定位为"城里人"或"准市民"，为了将来有足够的实力适应城市工作和生活，他们在自我学习和培训方面有较强的动力和心理准备。但是"留成型"的农民工只占少数，大多数农民工属于"回乡型"。因此，制约了农民工的学习积极性。

（二）没有时间和资金保证

据有关部门对北京的农民工进行调查：有41.1%的被调查者没有钱去参加培训，26.6%的则表示没有时间参加培训。农民工进城前接受过培训的比例很少，而且进城后农民工的劳动时间长、劳动强度大。半数以上每天劳动8～12小时。还有近一成的农民工每天劳动12小时以上。没有时间接受行业培训。再者农民工接受培训挤占时间也意味着农民工收入的减少，有调查显示：近半数农民工认为城市费用高，半数以上农民工认为工资低。而这有限的工资还要负担家庭很大的开支，这也使农民工没有必要的费用接受教育培训。虽然在2006年《国务院关于解决农民工问题的若干意见》要求建立国家、用人单位和农民个人共同负担的培训投入机制，但农民工还是不愿意在教育培训上投入时间和资金。

（三）企业因素

农民工比较集中的企业往往为民营、外资企业，这些企业只关注近期发展对员工的需求而不愿意在培训上支出更多的成本。一些企业认为工人只要每天能完成任务"能干""够用"就行，没有看到提高员工素质和产品技术含量以及增强企业竞争力之间的关系。对农民工技能升级和有关思想道德、安全、维权等方面的培训热情不大，使不少农民工只能长期从事低级体力和简单熟练工种。

三、农民工培训的对策

（一）企业和农民工之间要建立稳定的劳务合同关系

很多企业不愿意支出培训经费是怕农民工频繁流动致使企业支出的人力成本"打水漂"。如果企业和农民工之间建立长期稳定的合约关系，企业才会舍得花钱投入培训经费，农民工也会对企业有更强的忠诚度和依附感。这样企业就会改变以往对农民工重使用、轻培养的现象。国外统计资料表明：企业教育是现代企业发展的重要推动力。职工教育投资

1美元，可以创造50美元的收益。投入产出比为1：50。因此企业应充分认识到农民工培训的长远意义，自觉把农民工培训纳入企业长期发展规划上。

（二）加强职业教育

我国农民工中技能劳动者仅占25.5%，这与发达国家技能劳动者占劳动者总量50%～75%的情况相比有很大差距。要提高农民工素质这就需要加强职业教育。自2005年国务院做出了《关于大力发展职业教育的决定》把职业教育确定为经济社会发展的重要基础和教育工作的战略重点。明确了职业教育改革发展的指导思想、目标任务和政策措施。职业学校的学生约80%来自农村和城镇低收入家庭。国家建立了职业教育学生的资助政策体系。如今受资助的学生已达90%。自2003年以来中央财政已投入职业教育68亿元，重点支持1396个职业教育实训基地，1592个县级职教中心和示范性中等职业学校以及100所示范性高职院校建设。职业教育的发展不仅为我国社会培养新的劳动力同时也为农民工培训带来了机遇。职业院校和培训机构要为就业服务，不仅面向初高中毕业生还要为城镇失业人员、农村转移劳动力开展各种形式的职业技能培训和创业培训。职业院校要根据农民工多层次、多样化需求和行业特点分类进行培训。可以通过举办夜校、短期培训班、函授班、现场授课等多种形式为农民工提供职业技能培训、科学文化知识的教育以及道德、法制、维权等方面的教育。

（三）加大经费投入

在农民工培训经费问题上，据统计：2004年～2006年国家已投入农民工培训工程12.5亿元，加上各省、市政府部门的投入约12亿元，合计24.5亿元。但由于农民工较多，平均每位农民工仅获得政府投入100多元。农民工参加培训还需要负担一定的费用，这仍需要国家加大投入。有的城市开始推行免费培训的计划。例如2008年天津市将全面推行农民工免费培训的计划。增加农民工培训经费，提高农民工技能，让农民工更好地为我国城市建设做出贡献。

农民工培训是个系统工程。对农民工的培训不能仅限于政府和企业，还应积极调动各种社会力量参与进来，形成全社会的合力来进行。社会各部门对农民工培训问题重视起来，以促进我国农村劳动力合理地向城市流动，加快我国现代化建设。

第五节　促进施工项目精细化管理体系运行的措施

一、组织管理措施

（一）成立标准化／精细化工作小组，落实相关责任

施工项目标准化／精细化管理的推进需要企业的大力支持和企业、项目成员的共同努力，组织结构是开展管理的基础，项目成员的实际行动力是实现项目成功管理的基础条件，再好的管理系统，没有与之相配套的架构和成员实际行动力，就没法真正运行。而目前大部分施工单位开展标准化／精细化管理工作均没有形成专门的工作小组，相应的责任没有制定或落实，尤其是推行阶段的监督管理职能基本处于缺失状态，标准化／精细化管理开展严重受阻。

为了更好地落实精细化管理措施，使精细化管理体系正常运行，企业、上级管理部门应该根据本系统的组织架构和管理水平，在企业内部成立专门的标准化／精细化工作领导小组，小组成员应当经过相关培训，具备标准化／精细化管理相应专业知识，且应具有一定的权利和责任。可以根据企业需要，由分管领导、质安部、工程部、审计部等部门相应成员兼职组成，或采用由各部门抽调、聘任等形式成立专门的工作部门。工作小组应具备企业层面方面落实标准化管理的各项职能，例如管理制度、流程制定和修订，定期监督检查，考核评价，定期总结报告等。工作小组应配合人力资源等部门定期、不定期（开工前）对企业员工、项目成员开展标准化／精细化管理培训，提高企业、项目成员对于标准化／精细化管理的执行力，落实企业全员的相关责任，以真正推进项目标准化／精细化管理进程。

（二）建立项目标准化／精细化管理大纲

由于建筑市场和机制的特点，项目从中标到开工的时间过短，施工单位项目组织成员普遍不能立即到位，合同导致每个项目在实施前很难进行详细、有效的项目管理规划，指导项目标准化／精细化管理的开展。开局的仓促往往导致了项目实施的不畅。

为了解决相应问题，企业应当将项目共性的、常规的标准化／精细化管理制度、过程文件汇总，建立项目标准化／精细化管理大纲。要求各项目经理、项目管理人员在项目筹划阶段就熟练掌握管理大纲，明确落实相关责任和要求，以便项目管理成员在中标后即有相关的执行方面和管理理念，能在最短的时间内根据项目管理特点形成项目标准化／精细化管理实施规划，有效地指导项目标准化／精细化管理的实施。为了与项目精细化管理理念相适应，管理大纲应尽量纵向延伸至施工前和施工后，并横向涵盖项目"三控三管一协调"的所有管理要素。项目标准化／精细化管理大纲对于共性的管理要求和程序可以制定

得深入一点，对于项目特殊性影响较大的专项管理，应以原则性要求为主，给项目标准化/精细化管理实施规划的制定留下空间。

（三）合理总结经验，形成并推广项目标准化管理手册。

管理制度和流程的落实、精细化管理体系的运行，最实际的一步就是项目执行者的遵守和实施。而要项目执行者的实施，除了执行者思想上的重视，一定的执行力和与之相适应的监督、考核评价与持续改进制度外，还要求管理制度和流程的具有相当的可执行性。

为了确保集团、企业项目标准化管理制度的可执行性，相关的管理部门（标准化/精细化管理工作小组）应该充分发挥其职能，收集、总结相关工程经验，结合企业的形象特点和管理水平，对一些项目标准化/精细化管理方面的详细硬性要求进行整理汇总，结合图文图表，形成简单易懂、具有可操作性的项目标准化管理手册并发放至各项目部，以便项目部参照执行和标准化/精细化工作管理小组定期进行考核评价。项目标准化管理手册应当包含企业视觉形象识别、文明施工、临边洞口防护、脚手架、临时用电、警示标志、消防管理等安全文明方面的要求和样板引路、原材料管理、技术交底、工人作业管理、检验批自检、交接检查等现场质量管理方面的内容以及其他管理要素方面可量化、参考执行的相关内容。项目标准化/精细化管理手册的内容应当根据企业精细化管理推广进程，定期进行修订和更新，修订前应充分咨询各施工项目部，汇总相关意见，总结相关经验教训，以保持管理手册的科学性和可执行性，实现管理水平的持续提升。

（四）重视考核评价，使持续改进机制有效运行

精细化管理体系运行的重点之一是形成有效的运行的改进机制，持续完善、提高施工单位的管理水平，而要使持续改进机制运行顺畅，必须有一套有效的考核评价制度去支撑。而对施工项目推行标准化/精细化管理的考核评价往往是建筑施工企业，尤其是国有建筑施工企业的弱项。施工项目标准化/精细化管理考核评价是标准化/精细化管理体系在三个管理阶段的运行情况进行回顾，总结经验并进行评价的过程。其目的是确保施工单位各项施工项目精细化管理措施的有效执行、确保精细化管理体系的有效运行，及时发现企业施工项目标准化/精细化管理体系运行中以及施工项目开展精细化管理过程中存在的不足之处，定期总结、及时修正、实现持续改进。

项目精细化管理考核评价工作是施工企业开展项目精细化管理的一项重要工作，与企业各级职工对于开展项目标准化管理的积极性息息相关，关系到企业对自身的正确定位和认识，关系到持续提升机制的落实执行力度。企业应当根据自身管理水平和管理模式科学的形成适应于企业的施工项目精细化管理考虑评价体系，评价体系在不同企业、不同时期允许存在差异、存在偏重，但体系的建立与运行都应该坚持如下基本原则：①严格严谨；②客观公正；③充分沟通、及时公开；④挂钩绩效；⑤持续改进。

为了能得要企业需要的数据和真正起到考核评价的作用，应按照企业特点合理制定考

核的形式和考核指标。考核的形式可按考核对象划分为集团对下属企业机构的考核和集团、企业对于项目的考核。而按工程实施阶段分类可分为：施工前阶段考核、施工阶段考核和收尾阶段考核。检查考核的工作应由精细化/标准化工作小组领导开展，应尽量形成有量化考核指标的检查表格等检查工具，以便实现客观公正的原则和进行统计分析，实现持续改进。考核检查指标分为单项考核指标和综合考核指标。考核指标的制定应与项目开展"三控制、三管理、一协调"的全过程管理同步，应当尽量包含质量、安全、成本等所有管理目标的单项指标。为了获得某一方面的专项成果，可开展单项指标的考核评价，亦可以以单项考核为基础，赋予单项指标各种权重，对各单项指标进行整合，对整个项目开展精细化管理工作进行综合考核指标考核评价，为了能进行有效的评价，每个项目的每个管理阶段应最少开展一次综合指标考核评价工作，其中施工阶段作为最具实施性的阶段，其时间一般也较长，应开展多次综合指标考核评价工作。

二、技术经济措施

（一）积极推广"四新技术"、建立企业核心技术资源库

精细化管理体系的运行顺畅与否，与施工技术水平关系重大，施工技术水平的提高能大大促进精细化管理体系的运行。要想实现施工技术水平的快速发展，就必须要重视"四新技术：新技术、新工艺、新材料、新设备"。现存的传统的施工工艺、施工技术水平已较为成熟，关于每项工艺的缺点和控制难点的研究也已十分透彻，但在实际项目施工管理过程中，由于相应施工工艺、施工技术的落后，工人的惯性操作等原因，即使采取了技术交底等精细化质量控制，但仍会较容易出现质量问题、安全文明以及效率低下等情况。而随着国内科学技术水平的长足发展，工业化进程的深入，有很多"四新技术"已经得到实际推广和应用。"四新技术"的应用往往可以打破传统施工技术的瓶颈，可以大幅提高建筑施工质量、安全的保证率和作业效率，对推进施工项目精细化管理意义十分重大。近年来国家亦大力提倡推广"四新技术"，但受到地域推广差异、一次性投入、项目规模与管理者的认识水平等因素的影响，"四新技术"的推广受到一定限制。

因此，企业必须建立相应的企业核心技术资源库：安排技术人员定期进行调研学习，与材料、供应商和先进同行单位保持密切联系，掌握技术市场动态，尽量挖掘"四新技术"的应用潜力。有条件的大型建筑施工单位更是要建立属于自己的技术科研中心，开展工法公关、专利研究等课题，掌握尽量多的独立核心技术，以快速提升施工技术水平，推进项目精细化管理进程。目前比较常见且有应用前景的施工"四新技术"有：①铝模等周转次数较多、施工方便、质量控制较好的周转型材料；②整体提升式等工具式外墙脚手架操作系统；③保温砂浆、轻质砌块等节能保温材料；④重型内爬式起重机等起重机械；⑤数控钢筋加工设备、腻子打磨机、墙地面开槽机、油漆喷涂机等新型小施工机械。

（二）重视前沿管理技术、理论的整合和应用

除了硬技术的应用，要想促进精细化管理体系的运行，也应重视建筑施工前沿管理技术的整合应用。需要利用计算机、网络技术等先进技术工具去简化、优化施工项目的管理程度、降低管理难度、提高管理精度，以实现施工项目的精细化管理。

目前建筑施工领域常用的前沿管理技术、理念有：①经典工程经济学中的盈亏平衡分析、敏感性分析、价值工程理论；②运筹学中的线性规划、进度计划网络等技术；③计算机领域相关的计算机技术、计算机网络技术等；④项目信息管理技术、建筑信息模型（Building Information Modeling）技术等。要想利用好前沿管理技术、理念，最关键的就是企业、项目部要配备掌握相应技术的管理型人才和管理工具，企业要定期进行相关技术的更新和培训。而前沿管理技术、理念的掌握和应用是项目年青管理者的强项，企业应当适应项目管理者年轻化的趋势，利用项目管理人员的专长，分配好项目工作，最大限度利用项目管理人员的能动性，大力推动施工项目精细化管理进程。

（三）适当加大投入、发挥审计部门职能、奖惩与项目管理绩效挂钩。

要想真正使精细化管理体系得到有效运行，推动施工项目标准化 / 精细化管理进程，除了组织、管理、技术方面的措施保障外，也离不开最实际的经济措施。

由于目前大多数建筑施工企业处于推动标准化 / 精细化管理的初级阶段，此时开展项目精细化管理的效益尚不明显，但成立相应工作小组、开展相关研究、施工项目企业形象设计等却是实实在在的投入支出，该部分费用其实也是导致部分建筑施工企业项目标准化 / 精细化管理无法开展的原因。因此最直接的经济措施就是要加大企业对于施工项目标准化 / 精细化管理的费用投入，用以建立和维持初始阶段施工项目标准化 / 精细化管理体系的运行。

要进行施工项目精细化管理，项目部就必定要掌握项目的精细成本，和对项目的资金使用有较深刻的认识和把控，因此，应当充分发挥企业审计部门的职能，配合标准化 / 精细化工作小组，加强对项目实际成本的核算和资金使用的监督，更深入的把控项目资金和成本的构成，以便制定合理的成本控制措施和更好的核算项目效益。

奖惩制度能直接起到激烈企业员工和项目成员的作用，因此精细化管理考核评价、绩效评定都应当与奖惩制度挂钩，制定合理的奖惩措施，以最大限度地调动相关人员的积极性，提高项目管理者的执行力。应注意，由于目前大部分建筑施工企业尚处于项目精细化管理的探索阶段，评价体系建立可能不太完善，故激励措施应当以奖励为主，惩罚为辅，避免对项目精细化管理的实施造成不良影响。

三、BIM 技术应用对促进精细化管理体系运行的作用

（一）BIM 技术对促进施工项目精细化管理体系运行的作用

BIM 技术与精细化管理的适应性极强，可以说该技术的创立的目的就是为了推动建筑行业达到精细化管理水平，提高生产效益。BIM 技术对推动施工项目精细化管理进程意义重大，很多发达国家和组织已经制定了 BIM 应用标准，许多项目亦已完成了 BIM 技术的系统化应用。虽然国家和部分建筑企业意识到 BIM 技术的重要性，在大力推行 BIM 技术；但由于国内由于技术引进比较晚、相应技术型人才较少，相应 BIM 软件的引进费用极其昂贵，再加上国内的建筑业管理体系、建筑信息通畅程度与国外差异较大，国外的 BIM 标准与国内实际情况适应性较差等原因，BIM 技术应用的进程跟精细化管理进程一样进展较为缓慢。BIM 技术应用必须考虑我国建筑业的现状和特点，进行必要的取舍和优化，才能适应国内建筑行业的发展水平、发挥其真正价值。

梁佐鹏在《建筑信息模型在空间结构中的开发与应用》中提到："目前国内已引进的 BIM 核心建模软件主要有：① Autodesk 公司的 Revit 建筑、结构和机电系列，在民用建筑市场借助 AutoCAD 的天然优势，有相当不错的市场表现；② Bentley 建筑、结构和设备系列，Bentley 产品在工厂设计（石油、化工、电力、医药等）和基础设施（道路、桥梁、市政、水利等）领域有无可争辩的优势；③ Nemetschek 的 ArchiCAD/AllPLAN/VectorWorks，它是最早的一个具有市场影响力的 BIM 核心建模软件，但是在中国由于其专业配套的功能（仅限于建筑专业）与多专业一体的设计院体制不匹配，很难实现业务突破。Dassault 公司的 CATIA 是全球最高端的机械设计制造软件，在航空、航天、汽车等领域具有接近垄断的市场地位，应用到工程建设行业无论是对复杂形体还是超大规模建筑其建模能力、表现能力和信息管理能力都比传统的建筑类软件有明显优势，而与工程建设行业的项目特点和人员特点的对接问题则是其不足之处。"

目前国内 BIM 技术在设计方面的应用较建造管理超前，相应的软件模块也比较多，有很多的大型设计院己在应用。而对于建筑施工单位来说，由于企业意识不足、相应技术人员缺失、初始投入巨大等原因，真正能全面掌握和系统应用 BIM 技术的建筑施工企业少之又少，仅有某些大型施工企业在个别复杂建筑项目之中通过与专业咨询单位合作，真正全系统地应用 BIM 技术，全面模拟建造过程，辅助项目的顺利实施。而客观来说，由于相应技术的不成熟、初始投入较大、建筑市场信息传递的不完善等原因，目前对于一般建设项目系统化应用 BIM 技术亦不太实际。

（二）BIM 技术模块化应用

在国内建筑行业总体管理水平、市场机制的大环境下，BIM 技术模块化应用应运而生。BIM 技术模块化应用即是将 BIM 技术系统按照管理目标、功能需求分解为数个模块，施工项目仅就某种需求应用其中的一个或数个模块，以达到优化项目管理、提高项目效益的

目标。BIM 技术模块化应用与目前国内施工项目的管理精度、水准相适应，是施工单位有效实现施工项目标准化 / 精细化管理的有效工具。

目前建筑施工企业应用 BIM 技术的模块主要有如下两方面：

1. BIM 模型综合碰撞检查模块：碰撞检测、减少返工

在设计院设计图纸的基础上进行 BIM 技术应用碰撞检测模块非常方便，投入较少，目前相关模块软件有：鲁班软件、Autodesk Revit，Bentley Projectwise Navigator 和 Solibri Model Checke：等。施工企业掌握和应用该项技术后，可以利用碰撞优化后的三维管线等方案进行技术交底和监督施工，可以有效提高施工质量，有效缩短施工工期，降低成本、提高利润，同时也可以由此向业主提出优化建议，大大增强了企业与业主沟通的能力，提升企业形象。

2. BIM 造价管理模块：快速算量、提高精度，精确计划、减少浪费

通过建立 BIM 关联数据库，可以准确快速计算工程量，提升施工预算的精度与效率，只要有相应的 CAD 图，应用 BIM 技术能自动计算工程实物量，而且当变更发生时，只需简单输入变更数据，变更后工程量就会自动生成，大大减少了预算员、抽料员的工作量，且计算精度大为提升。目前国内常用的 BIM 造价管理模块软件有：鲁班软件、广联达软件等。

同时其实每个施工项目的资源信息量是十分大的，根据传统的经验主义，有时无法有效获取相应资源信息以形成完善、具有操作性的资源供应规划。而 BIM 造价管理模块的应用则可以很大程度上解决相应难题，应用该项 BIM 技术模块，可以快速准确地获得每个施工空间、每个施工时间段所需的建筑材料、工时等工程基础数据，为制定资源供应规划提供数据保证，为采取限额领料等资源控制手段打下科学基础，有效减少了材料存放损耗和浪费，同时为优化现场管理提供了有利条件。

第七章　绿色施工在建筑工程中的应用

第一节　绿色施工对施工企业项目管理的意义

绿色施工是指工程建设中，在保证质量、安全等基本要求的前提下，通过科学管理和技术进步，最大限度地节约资源与减少对环境负面影响的施工活动，实现"四节一环保"（节能、节地、节水、节材和环境保护）。

在建筑工程项目施工管理每一个阶段要始终倡导绿色施工意识，采用有效并可操作的评价、控制、分析、实施等方法，加强对资源和环境的管理，通过创新管理方法和技术措施，使实施的建筑工程能在科学、合理、有效的项目管理下，实现经济效益、社会效益、环境效益的统一，从而实现可持续发展。

一、绿色施工的实施内容

（一）绿色施工管理

绿色施工管理的内容主要表现在建立全面实施绿色施工管理体系，制定科学化、系统化的制度，将绿色施工各项管理措施，应用到管理体系中，建立协调施工各方管理体制，使绿色施工规范化、标准化；规划制定绿色施工的总体方案，在实施过程中进行目标控制，以达到设计所需要求；绿色施工方案实施后，在项目的实施管理阶段，进行有效的组织和控制，以达到绿色施工目标；建立绿色施工评估体系，对绿色施工效果进行综合评价。根据评价结果优化改进绿色施工的方案、施工技术和管理措施；建立人员安全与健康管理制度，采取适当的施工防护措施，保障施工人员的健康，建造有利于卫生、健康的工作与生活环境。

（二）环境保护

建筑施工对环境造成的污染主要表现在扬尘、噪声、光污染、水污染、周边环境改变以及大量建筑垃圾。绿色施工的每一个环节要尽量降低施工过程对环境的负面影响，采取科学合理的环境保护措施，达到环境保护目标。

（三）节材与材料资源利用

利用先进的施工技术和材料制造技术，改善材料结构，降低材料消耗度，提高材料利用率。采用科学严谨的材料预算方案，制定合理地利用资源与材料的管理制度，以减少材料剩余率，提高资源和材料的循环回收使用率。

（四）节水与水资源利用

加强施工现场生活用水的有序管理，雨水、污水、废水分流排放。建立可再利用的水资源回收收集系统，采取有效的重复利用雨水和施工废水的措施，提倡使用节水施工设备，减少施工阶段的用水。

（五）节能与能源利用

一方面降低能耗，采用效率高、低功耗的施工设备，合理使用电能、燃油等高效能源，改善能源使用结构，积极开发利用可再生能源，有效地控制施工过程中的能耗；根据施工现场周边环境，因地制宜地合理组织施工、积极创新施工节能新技术、新工艺，加大轻集材料的使用，降低材料在运输、使用时的能耗。另一方面提高用能效率，制定合理施工能耗指标，提高施工能源利用率；制定单位面积施工能耗指标，在施工中参照能耗指标，实施监控，加强用能的管理。

（六）节地与施工用地保护

绿色施工组织要以节约和保护临时施工用地为目标，明确施工现场及毗邻区域内基础设施管线情况，注意保护场地内现存的文物、地方特色资源等。合理规划施工现场布局，减少临时设施的占地面积，施工现场道路应考虑永久道路和临时道路相结合的原则布置，减少道路占用土地。

二、绿色工程项目管理的意义

以社会学的角度看，在生态、经济、环境、资源、管理等各方面，实现绿色工程项目管理具有较为深远的意义。

以环境学的角度看，实现绿色工程项目管理有利于减少环境污染，提高环境品质。绿色工程，顾名思义对施工过程中造成的污染应降到最小，而现今大部分施工活动对环境乃至人体健康都存在严重威胁。绿色工程项目可以将这种威胁降到最小。

以资源学的角度看，绿色工程项目管理有利于施工过程中合理使用资源。绿色工程项目在资源学上有一个定义，就是在工程进行施工的时候要充分考虑到自然资源，对于自然资源的利用崇尚着适度、循环、综合的原则。并有可能进行充分利用，以最小的投入获得最大的产出。

从生态学角度讲，绿色工程项目管理应符合生态系统的运作规律，在进行项目工程建造活动的同时，必须以可持续发展的眼光，充分考虑其对于生态环境的影响，保持生态系统的平衡。

　　从经济学角度讲，经济效益是绿色工程项目管理所追求的目标。这就要求企业提高工程的投资效益，而绿色工程项目正是可以通过科学的管理，健康的运营等手段，提高工程的投资效益，降低工程的建设成本，创造利润，实现投资效益，进而实现经济效益。

　　从管理学角度讲，绿色工程项目管理应做到在绿色工程项目施工的过程中，对于三大方面资源要进行合理的组织和安排，从而保证各部门之间协调统一，平衡发展。通过对人、财、物三方面的合理组织和安排，来实现企业、资源、环境三方面之间协调并且可持续发展。

　　从社会学角度讲，要求绿色工程项目管理在追求经济效益的同时，要确保环境、资源和生态的平衡，做到经济效果、社会效果和生态效果的统一。

第二节　绿色施工"四节一环保"的开展、策划与实施

一、绿色施工和"四节一环保"的内涵

　　绿色施工是建筑业实现节约资源和节能减排目标的关键环节，体现了可持续发展的理念，要求施工方在工程建设的整个施工周期内，除了要保证建筑质量、施工安全等以外，还要通过先进的、创新的科学技术和高效的、科学的管理手段，在最大程度上减少资源的浪费和减轻对环境的破坏，保证施工人员的职业健康安全。

　　建筑业的"四节一环保"指的是在工程建设中要做到建筑节能、建筑节地、建筑节材、建筑节水和保护环境，最大限度地降低能源的损耗，消除对环境的伤害。

二、"四节一环保"在绿色施工中的具体实施措施

（一）建筑节能措施

　　建筑节能的内涵为提高建筑中能源的利用率，即在建筑材料的生产、建筑物的建造施工和使用过程中，在保证同等的需求或实现相同的目的的前提下，尽可能减少能源的消耗。

　　建筑节能主要是节约电能：合理布置施工现场的临时用电线路和长久用电线路，缩短电缆的长度，减少电路过长引起的电力损耗；实现办公区、生活区和施工区的独立供电，合理分配用电额度，办公区和生活区安装节能灯，不需用电时及时切断电源，减少电力的浪费；夏天尽量利用自然通风，避免空调 24 小时运行，冬天取暖避免重复燃烧加热；增强员工的节约用电意识，能够主动节约用电；安排专门的巡查人员对不合理用电进行检查；保证施工进度的前提下，尽量不要在夜晚施工，减少电能的消耗；大功率的机械设备配置荷载限位器，不使用时及时关闭，避免长时间运行；搭建临时住房和办公场所时尽可能选用节能、隔热性能良好的材料，以减少空调的使用时间。

（二）建筑节地措施

建筑节地的内涵为提高土地利用的集约和节约程度，可以通过合理布局来实现。

在建筑工程的施工设计阶段，要对土地功能进行科学、合理地划分，最大限度上减少土地的占用，提高土地的利用率；充分利用施工场所原有的建筑物，可以作为员工宿舍、办公区、食堂、现场仓库、加工场、作业棚等，根据其距施工现场的距离和空间大小来确定其用途，距离施工现场和道路近的可作为现场仓库、加工场、作业棚等。如此既可节省搭建的时间和材料，也可缩短运输距离，距离远的可作为宿舍或食堂，做好施工区域和生活区域的隔离；在对施工现场进行隔离保护时，最好使用装配式的预制围栏，可以重复利用，提高了材料的利用率；为了减少占用土地，可充分利用原有的道路，秉承永久道路和临时道路结合利用的原则，建设环形道路。

施工阶段，要最大限度上利用好每一寸土地，减少用地死角；施工所用到的物料应该紧凑堆放，避免占用过多的土地；也可以选用废弃、荒凉或者闲置的土地作为材料堆放和加工的第二场地；深基坑作业时，尽量降低土地开挖量，尽量不扰动周围的土地和植被，尤其是耕地，施工完成后对土地和植被进行恢复。

（三）建筑节材措施

建筑节材的内涵为提高材料的利用率，可通过合理规划施工细节、改进施工工艺和使用新型高效建筑材料来实现。

（1）合理规划施工细节。施工前由专业人员对工程使用的材料种类和数量进行科学计算，尽可能准确地计算出建筑材料的使用量，采购人员要根据需求量和资金量购买建筑材料，避免大量材料的积压和资金的周转不灵；安排专业的库管人员对材料的进出库和保管做好记录，保证材料的有效性，避免材料在堆放过程中遭到破坏而不能使用；合理、科学地使用建筑材料，提高材料的利用率，减少废料的产生，例如：在开展模板工程时，要由专业的施工队伍对模板的尺寸进行精确计算，制作、安装和拆除也有较高的技术需求，模板可多次使用，避免多次制模浪费材料；对于有回收价值的材料可进行合理回收，减轻资源的浪费。

（2）改进施工工艺。例如施工现场使用麻袋覆盖混凝土，既可以大大降低水分的流失，还可缩小混凝土里外的温差，达到很好的养护效果，保证了混凝土的质量。

（3）使用新型高效建筑材料。引入新技术，可减少材料的使用量，还可延长建筑物的使用寿命，以此来减少能源的消耗。

（四）建筑节水措施

建筑节水的内涵为杜绝水资源的浪费：施工现场安装节水设备，部分水资源可重复利用，如冲洗车辆用水；可利用洒水装置进行除尘；定时查看施工现场的水龙头是否关好、是否有漏水；严格控制生活区域的不合理用水现象，杜绝长流水。

（五）保护环境措施

保护环境的内涵为最大程度上降低对环境的破坏作用：施工过程中尽量不对周围的树木、草地、土地、河流等产生破坏，采取一定的保护措施，施工完成后对其进行恢复；施工会产生很大的噪声，因此在保证施工进度的前提下，要避免夜间施工；采取有效的降尘措施对施工产生的粉尘进行处理；施工产生的废弃物，可回收的进行回收，不可回收的可进行填埋处理。

第三节　建筑工程项目绿色施工评价体系的构建

所谓评价即一种价值判断，对绿色项目工程管理的评价可以理解为了实现绿色生产经营目标，采用科学的方法和特定的指标体系，对照一定的评价标准，对企业在一定时期内的绿色生产经营活动成果所做出客观、公正的价值判断。

对于绿色工程项目管理的评价，可以借助不同的评价方法通过对项目工程管理过程中的绿色化程度进行综合评价。绿色工程项目管理评价体系的建立需要经过建立体系特征的层次结构模型，进而两两比较结构要素以便构造出所有的权重判断矩阵，然后解权重判断矩阵得出特征根和特征向量并计算出最底层指标的组合权重，最后对评价目标进行综合评价。

一、绿色工程项目管理的评价方法

项目实施的影响有很多，其中最重要的是工程项目管理评价法。它有时会影响到项目的最终建设，特别是一些重大项目的实施管理。评价方法的合理性和科学性具有很大的现实意义。

（一）赋权方法

赋权方法是在具备相应指标后，通过一定的数学方法对各个指标的权数进行计算，评价某一项目成果的影响或者贡献大小的方法。赋权方法通常被划分为主观赋权法、客观赋权法和组合赋权法。

主观赋权法是凭借经验性的信息，根据对各指标的主观重视度决定权重的方法，如层次分析法、德尔菲法、两两比较法等，主观赋权法具有简便易行的优点，但也存在着权数合理程度受制于实践经验等因素影响，且有些现实问题及其内在联系是不能完全被主观意识判断的。

客观赋权法是根据确定的各指标之间的联系程度及各指标所提供的信息量来确定权数的方法。主要包括主成分分析法、嫡权法、相关系数法等。与主观赋权法相比，客观赋权法可以有效传递评价指标的数据信息与差别，但也存在着有偶尔出现的权重不合理等问题。

鉴于主观赋权法和客观赋权法的观点与问题，组合赋权法集合了二者的优势，将两种方法结合起来应用。组合赋权法一般使用算数加权平均或者几何加权平均。

（二）综合评价法

综合评价法是按照指标权重对指标数据进行综合得到综合评价结果。常用的具体方法主要有综合指数法、模糊综合评价法、主成分分析法和因子分析法。

综合指数法按照指标权重对指标数据进行加权平均，一般适合定量指标体系。主成分分析法，又称主分量分析，是将多个具有较高相关性的变量转化成彼此相互独立或不相关变量的统计方法。因子分析法是根据因素相关性大小对变量进行分组，每一组变量作为一个因子来反映原始资料信息的方法。模糊综合评价法的指标值具有一定的模糊性，并在管理性活动评价中得到广泛引用，这也是本研究所要引用的一种方法。

模糊综合评价法是以模糊数学理论为基础，利用模糊数学理论对现实世界中广泛存在的那些模糊的、不确定的事物进行定量化，即根据模糊数学的隶属度理论把定性评价转化为定量评价的总体评价方法。模糊综合评价的数学模型主要涉及三种要素，即因素集、判断集和单因素判断。相比而言模糊综合评价法结果清晰、系统性强、综合化程度较高，能较好地解决模糊的、难以量化的实际问题，适用于定性指标较多的评价对象的评价问题。模糊综合评价方法为人类智能信息处理工程提供一种模型，较好地解决了评价过程不合理和评价方法中存在的评价指标单一的问题，使做出的评价具有客观性、准确性并且符合实际情况。但是其不能解决评价指标间相关造成的信息重复问题，并且其隶属函数、模糊相关矩阵等的确定方法还需进一步思考，这是其存在的缺点。

绿色工程项目管理的过程中会涉及很多事情，它们对于工程的评价会产生一定的影响，如果仅仅只考虑主要的影响，很难不会丢失一部分重要的信息，从而就不能达到预期的结果。

利用加权的方法来综合各个对评价对象影响的因素，从而得到该对象的综合评价结果。

模糊综合评价法作为综合评价法的重要组成部分，它是在模糊的环境中，考虑了多种影响因素，出于某种目的对某事物做出的综合判断。因而，工程项目管理中应用模糊综合评价法对绿色施工中各项指标进行综合评价，并且根据评价的标准，得出综合性的评价意见，具有一定的可操作性和较高的评价信度，保证了评价结果即具有真实性又具有准确性。

二、绿色工程项目的管理评价指标

（一）绿色工程项目管理的评价指标建立的原则

指标体系建立的一般性原则主要有全面性原则、可比性原则、定量指标与定性指标相结合原则、科学性原则和可操作性原则等。对绿色工程项目管理的评价主要是集中于对工程项目管理的绿色化程度的评价，需要选取对环境具有重大影响的指标，并按照一定的规则和方法，对绿色工程项目管理综合状况以及存在问题进行的客观准确的判断，因而，绿色工程项目管理评价指标的建立与选取需要遵循以下原则：

1. 全面性原则

全面性原则，又称综合性原则。全面性原则是指绿色工程项目管理作为一个有机的整体，它需要从不同方面来反应绿色工程项目对环境的影响以及绿色工程项目的实际情况。

2. 科学性原则

科学性原则一方面要求绿色工程项目管理的评价指标中既要有定量分析又要有定性分析的指标、既要有宏观又要有微观的指标，从而做到宏观和微观、定量和定性相统一的原则；另一方面要求绿色工程项目管理评价指标建立在对于一些问题的充分认识和研究的基础上，并且能够反映出绿色工程项目管理评价系统各方面的信息。

3. 可操作性原则

可操作性原则是指绿色工程项目管理指标体系应在实际操作与使用中具有较大的灵活性，同时能够根据不同的评价目的动态地反应绿色工程项目评价过程中的变化。但是这并不意味着绿色工程项目管理指标体系越复杂越好，绿色工程项目管理需要考虑指标的量化以及数据取得的难易程度和可靠度，并要求绿色工程项目管理的指标精练、方法简捷、具有可操作性且易于理解。

4. 可比性原则

可比性原则是指各指标之间在某些特征、性质中存在着可比关系。在项目工程管理中，选择具有可比性的评价指标方便数据资料收集与计算。

5. 实用性原则

综合评价的指标与指标之间是相互补充、相互协调的关系。为了便面指标之间的重复与冲突，实现指标体系的最优化，指标的选择在精练清晰的基础上要考虑指标选择后评价的实际应用与推广价值。

（二）绿色工程项目管理评价指标体系的构建

绿色工程项目管理评价体系从整体上看是在已有的综合评价体系下对绿色本质的具体细化，绿色工程项目管理评价体系是一种从宏观到微观、从抽象到具体的具有层次性的划分。绿色工程项目管理指标体系的建立，应该充分考虑绿色工程项目管理过程的特点，反应管理、环境、经济等方面的基本属性。

1. 管理属性

有效的绿色项目管理需要管理团队在现场的协作努力，它涉及所有与项目有关的利益相关者。可分为负责项目战略方向的高层管理者；负责项目实施中的运行管理和资源调配的中层管理者；在项目实施第一线的底层，直接向客户提供服务的生产者。

对员工的培训是为了避免在施工的过程中出现错误，减少因为过失对生态环境产生了各种不同的负面影响，因此对员工的适当培训就是非常必要的，员工对于绿色工程项目的相关知识学习就是不可缺少的过程。总的累计培训时间和绿色工程项目管理层对于培训的支持力度也就成了一个很重要的衡量指标。

实施绿色工程项目管理对于企业前期来说成本非常高，因为对于企业在实施绿色相关管理中需要各种附加设备和相关的追加投资。因此企业就必须充分考虑增加对环境保护方面的资金投入力度。

绿色工程项目管理的过程中对于绿色的规划设计是必要的，因此管理层的支持度和规划的及时性就是相当关键的。

绿色工程项目管理中对于人员的配置管理要求非常高，它是决定一个绿色工程项目管理过程实施成功与否的关键，然而衡量绿色工程项目管理人员的指标有综合素质和人员的合理利用率两个方面。

信息资源是绿色工程项目管理成功与否的一个关键因素，它的广泛度和刷新率应该受到足够的重视。绿色工程项目管理中的信息化水平不仅仅影响绿色工程项目的实施进度，同时也影响了该过程绿色化水平的高低。

2. 技术属性

工程项目设计的本身所采用的绿色技术要得到充分的验证才可以使用，在使用绿色技术之前就要进行充分的论证和研究。在工程项目设计阶段要尽量的采取成熟、有效、合理的绿色技术手段，使工程项目设计的绿色化程度达到最高。

一个工程项目从设计到施工，人是最重要的，它是保证工程项目实施的第一要素。工程项目的实施必须坚持以人为本的原则，要在工程项目实施的过程中充分的考虑人的生理、劳动强度等等有关人的要素，其宗旨就是要使人在愉快的环境中工作，达到高效率的工作目的。

对于工程项目的实施过程中要保证其可靠性，因为可靠性对工程项目来说是至关重要的。无论工程项目是处在施工过程还是处在设计阶段，所采用的方法和手段都应该是可靠的，可靠性是实施先进技术的首要原则。

3. 环境属性

施工场地空气污染度衡量的指标包括消尘措施是否得当、现场裸露场地比例以及有害空气成分浓度。工程建设的场地经常会出现扬尘的现象，绿色工程项目要求实施者对施工场地的空气污染加强控制力度。

绿色工程项目施工现场必须考虑到污水的处理、再利用和节水措施。因为绿色工程项目管理现场对水体的管理是非常重要的，任何会导致水体污染的潜在危险都必须及时的处理，以免水体遭到污染。

绿色工程项目的一个重要评价指标是化工污染，对于项目施工过程中产生的废弃资源回收利用是绿色工程项目的一个重点。

4. 资源属性

对于绿色工程项目的评价因素有很多，其中通过材料资源方面体现的有：材料的利用率、有害材料的使用比率、材料的回收率；通过设备资源体现的有：使用的设备完好率、设备生产中的绿色技术利用率、少污染设备的使用率。

5. 能源属性

体现绿色工程项目方面有很多，通过减少能源的使用量来减少污染，这是一种体现绿色工程的方面；第二种是通过充分利用能源，从而在总体上减少能源的使用量，这也可以降低对环境的影响；第三种是通过提高单位能源的效率来达到最高，这也是一种体现绿色工程的方面；第四种是使用清洁能源来降低对环境的不利影响，同时对于再生能源的使用也是节约能源减少对环境影响的重要手段。

6. 经济属性

对于工程项目费用的控制是非常重要的，因为为了保证工程项目在批准的预算内完工，因此要对项目费用的偏差进行分析和控制。通过对工程项目实施过程中所涉及的有关方面进行经常性的分析，以求将工程项目各项费用控制在最小最合理的范围之内。

风险费用控制的重要方面有风险发生的概率、处理发生风险的费用预算和控制风险的发生三方面。风险的大小和发生的概率直接影响项目的经济合理性问题。

影响环境污染治理的费用有很多方面，其中环境污染的大小和有害程度都影响用于治理环境污染的费用，然而治理费用的多少也直接影响工程项目总费用，同时也间接的反映了工程项目实施过程对环境的影响。

三、绿色工程项目管理评价的计算

（一）评价指标权重计算

绿色项目管理与环境、社会、经济等诸多因素相连，其评价指标多为定性与定量二者的结合。重要度矩阵方法中的层次分析法或相关的模糊层次分析法对绿色管理评价指标的赋权为：

首先 ISM 对非序列化的指标变量进行成对的比较，如在 n 个变量中抽取一个和剩下的（n-1）个变量成对比较；其次在这（n-1）个变量中再抽取一个，与剩下的（n-2）个逐一比较，依此类推，直至完结。指标间的两两比较，如表 7-3-1 所示的基准表，该表定义了 2 个指标间的相对重要程度，利用专家经验判断为 6 级不同程度的重要性。这样就有利于采用数理统计的特征向量的量化方法来对各指标赋权，同时特征向量的计算过程也可以减少专家判断引致的主观性。

ISM 得到的判断矩阵形如：

$$p = [a_{ij}] \quad i, \ j=1, \ 2, \ 3, \ 4, \ \cdots\cdots n$$

式中 $a_{ij} = W_i W_j$，n 为当前指标集中指标的个数，W_i 是对每个指标分类下的指标所赋予的权重值，2 个指标权重相比较的比值 a_{ij} 的取值，参照表 7-3-1 所示。以为矩阵 p 中各元素取值是相对的，而且是具有一致性的，所以有

$$a_{ij} = 1 / a_{ij}$$

判断矩阵设定完毕后，就可以求解指标权重，具体步骤如下：

计算判断矩阵每一行的乘积，并取其 n 次方根。

$$V_i = n\sqrt{\prod_{j=1}^{n} a_{ip}}$$

将 $V = (v_1, v_2, v_3 \cdots\cdots v_n)^T$ 进行归一化处理，可得

$$W_i = \frac{v_i}{\sum_{i=1}^{n} v_i}$$

从而得到了判断矩阵 p 的特征向量 $W = (w_1, w_2, w_3 \cdots\cdots w_n)^T$，也就求出了各评价指标的权重。

表 7-3-1 ISM 方法的指标赋权比较基准表

差异度 /%	定义	赋权
<5	两个指标 i 和 j 的重要程度基本相同	1.0
+10	指标 i 稍微重要于指标 j	1.1
+30	指标 i 重要于指标 j	1.4
+50	相对于指标 j，指标 i 相当的重要	2.0
+70	指标 i 明显重要于指标 j	3.3
+90	指标 i 绝对比指标 j 重要	10.0

（二）组合权重计算

由于绿色项目管理的评价体系结构将指标集进行了归类分层，因此上面式子步骤必须在属性层、指标层和子指标层里反复进行，直至确定了各层中的相对权重 w，其中 i=1，2……。N 代表当前层次上该分类中 n 个指标中的 1 个，k=1，2，3，代表 3 个层次中的 1 个，整个体系中最高的目标层的权重为 1.经过这样的计算，确定了整个体系中所有元素的权重后，为了得出一个总体的评价结果，有必要对最底层的评价指标赋予一个归一化的总体

权重。

（三）综合评价计算

综合评价计算是求出每个最底层的评价指标的组合权重后，对具体项目进行打分，就可以通过线性加权和方法得到整个绿色项目管理进行综合评价计算，得出项目管理的综合绿色度。本研究中所应用的综合评价法具体是模糊综合评价法其原理与步骤如下所述。

1. 模糊综合评价法的基本原理

模糊综合评价的数学模型主要涉及三种要素：

（1）因素集，$U = \{u_1, u_2 \cdots\cdots u_m\}$

（2）判断集，$V = \{v_1, v_2, \cdots\cdots v_n\}$

（3）单因素判断，$-f: U \to F(V), u_i \to f(u_i) = (r_{i1}, r_{i2}, \cdots\cdots r_{in}) \in F(V)$

由 f 可诱导模糊关系 $R_f \in F(U \times V)$，其中 $R_f(u_i, v_j) = f(u_i)(v_j) = r_{ij}$，而由 Rf 可构造模糊矩阵：

$$\tilde{R} = \begin{pmatrix} r_{11} & \cdots & r_{1n} \\ \vdots & \ddots & \vdots \\ r_{m1} & \cdots & r_{mn} \end{pmatrix}$$

要素集的权重模糊向量为 $-W = (w_1, w_2, \cdots\cdots w_n)$，通过 -R 转化为判断集 V 上的模糊集：

$$B = WO - R \in F(V)$$

2. 模糊综合评价基本步骤

（1）确定指标集和判断集（评语集）：

因素集，$U = \{u_1, u_2 \cdots\cdots u_m\}$，判断集，$V = \{v_1, v_2, \cdots\cdots v_n\}$

（2）确定权重，使用组合赋权法确定权重。

（3）建立模糊综合评价矩阵

$$\tilde{R} = \begin{pmatrix} r_{11} & \cdots & r_{1n} \\ \vdots & \ddots & \vdots \\ r_{m1} & \cdots & r_{mn} \end{pmatrix}$$

其中 $-R = (r_{i1}, r_{i2}, \cdots\cdots r_{in})$ 为第 i 个指标 u 的单因素评价，r_{ij} 表示第 i 个指标

在第 j 个评语上的频率分布，且满足 $\sum_{j=1}^{n} r_{ij} = 1$

（4）计算综合评价结果 $-B = -Wo - R$

（5）对评价对象在各个评语上的隶属度进行加权平均，可以得到综合分值 M，从而完成不同对象之间的择优或比较。

第四节　建筑工程项目绿色施工评价与改进

一、我国推进绿色施工的进展状况

（一）以"节能降耗"为重点开展绿色建筑施工工作

目前，我国推进绿色建筑的主要突破口就是"节能降耗"，该项工作主要涵盖如下方面：（1）构建出相应的机构组织。例如：墙改办就是以节能推进为目的的机构。该机构的建立可以促进建设项目实现最大化的墙体节能；（2）制定并颁布配套的法律法规，例如：《绿色建筑评价标准》以及《公共建筑节能设计标准》（GB50189—2005）等，从而不断完善我国绿色建筑管理体系；（3）有针对性地开展绿色建筑评价体系。通过有效的开展绿色建筑评价工作，树立相应的示范项目，以此促进绿色建筑事业快速推广；（4）借鉴发达国家的经验，引用先进的绿色施工标准。我们在探索适合我国国情的绿色建筑标准体系的同时，要有针对性的学习国外既有的先进经验，快速缩小与发达国家之间的差距。

（二）绿色施工推进的总体状况

经过几年的努力，我国绿色施工取得了前所未有的成绩，主要成绩如下：（1）绿色施工理念已经基本构成。多年的推广工作使得建筑业基本认识到传统施工方式所造成的环境污染问题，认识到绿色施工的重要意义，并开始逐步推广；（2）在以住建部为首的政府指导下，各项绿色施工政策得以有效地执行，推动了绿色施工工作的开展；（3）以中国建协为主批注的多项绿色施工示范项目已经起到很好的带动和示范作用；（4）已经颁布的《建筑工程绿色施工评价标准》具有很强的评价和评比作用，对于绿色施工具有很强的推动作用；（5）以绿色施工技术为基础的《建筑工程绿色施工规范》对于推进绿色基础施工起到了非常显著的效果。

二、绿色施工推进过程中存在的问题

由于我国的绿色施工技术处于起步阶段，虽然取得了一定的效果，但仍然存在着很多较为突出的问题，主要表现在：理论多、行动少以及相关绿色施工技术的研究缺乏足够的深度等多个方面。

（一）实际施工所用材料与设备依然沿袭着传统方式

众所周知，建筑材料与施工机械的绿色性能是评价建筑施工是否绿色的重要指标之一。由于实际施工中所使用的材料与机械具有多样性，因此我国还缺乏这方面的绿色评价体系。很多施工项目仅以满足生产能力为前提，实际能耗较高、噪音排放超标等现象比比皆是。

（二）实际施工工艺无法满足绿色施工的标准

以"清洁生产"为前提的绿色施工必须满足以减少污染、节约资源以及降低消耗等为目的的要求。但是，施工过程中很多项目依然将质量、安全、工期等作为实施重点，缺乏相应的环保理念，未能将系统的施工理念贯穿于项目之中。

（三）未能明确出市场的主体职能

目前，对于绿色施工的认识各市场主体往往存在着误区，容易混淆文明施工与绿色施工的概念。在绿色施工方面，政府、投资方与承包商各方之间没有明确的职责划分。这也是由于相关政策、法规体系不够健全所造成的，其结果也就很难将绿色施工加以落实。

三、推进绿色施工的几点建议

现阶段，绿色施工主要集中于我国中东部较发达地区。绿色施工推广工作是一个系统的过程，该过程会面临着业主、设计方以及承包方等多方面的影响。有效的推广绿色施工技术，必须以政府为引导者，其他单位给予积极地配合，在完善的法律法规体系之下，不断对绿色施工技术与管理加以研究、改进和创新。

（一）不断强化绿色施工意识

虽然人们已经认识到环保的重要性与目前环境污染导致的严峻形势，但是建筑业的自律性还有待进一步提高。很多单位在绿色施工认识上还有明显的不足，这些问题又反过来影响绿色施工技术难以推广。针对这种局面，我们必须加大教育与宣传力度，逐渐提升整个社会的绿色施工意识。

将人民群众引入绿色施工之中，通过不断提升和挖掘大家的创造性与积极性来促进绿色施工的开展，营造出全社会共同推进绿色施工的热潮。同时，还要不断提升整个社会的环保意识，充分理解绿色施工的重要意义，促使承包商建立可持续发展的绿色施工理念。

以绿色施工法律、法规为前提，逐步提升示范项目与示范单位的推广工作，通过实际工程项目，将经济效益与社会效益提升效果展示给大家，以此提升宣传的重要效果。

（二）不断完善现有法律、法规体系

绿色施工与技术的应用前提就是相应的法律、法规。当人们还未能深刻领悟绿色施工的重要意义时，我们的政府部门必须制定出科学的、可行的、具有前瞻意义的市场法规体系与相应的规则。从上而下的推动，强化施工者的责任，建立社会各界共同监督和共同参与的制约机制和施工企业的社会承诺保证机制，创造出良好的绿色施工运行环境。

（三）绿色施工技术的探索与管理的创新

绿色施工能否顺利开展的关键在于施工是否能够具有较强的经济性。加强绿色施工的经济性需要我们对相关技术做好深入的研究，通过技术的创新与推广来大幅降低生产成本，这样才能有效地推广绿色施工技术。在这个过程中，政府部门需通过税收等经济杠杆以及政策扶持促进绿色施工的快速开展。施工企业必须不断提升项目管理水平，逐渐将被动的适应转换为主动的推广。通过制度化、规范化的施工来提升绿色施工的经济性，只有这样，承包商才能积极的主动地参与到绿色施工之中。

（四）增设绿色施工的相应经费

虽然我们都认识到绿色施工具有可持续发展的特点。但很多施工企业会因为制约因素过多，以及成本支出会大幅增加而产生畏难情绪。针对这种现状，我们可以将"强制设置人防费"的经验加以引入，开工前，相关部门向业主抽取相应的费用作为押金，如竣工项目符合相关要求，则予以退还。如果推广该政策，势必会大幅提高绿色施工水平，更好地改善现有生态环境。

第八章 建设工程技术应用与创新

第一节 建设工程技术创新概述

随着我国社会经济的高速发展，现代化进程的加快，建设工程的规模逐渐扩大，先进设计理念的不断提出，结构新颖、工艺复杂的建设产品不断涌现，其建设周期长、建筑规模大、环境动态多变、参与部门多、专业领域涉及广、技术的复杂程度极高，需要众多部门的协同创新攻克技术难关，这对建设工程的技术创新提出了更高的要求。而现阶段，与其他行业相比建设工程的技术与经济并不匹配，加之在建设工程领域逐渐融入了生态绿色环保、和谐健康社会的理念，更注重绿色、低碳、环保、科技，从而减少对人的生活环境的影响，这都目标的实现需要工程项目技术创新能力的提升，我国建设行业的技术创新严重不能满足需求，为达到加快创新型国家建设步伐的国家战略要求，建设工程技术创新能力的提高也逐渐成为工程管理的重要部分。

与国外发法国家建设工程技术创新相比，我国建设工程技术创新能力相对较低，建设工程的技术创新，以项目为依托，而传统建设工程技术创新组织是一种临时性、松散性组织，往往项目结束即宣告解散，不利于对已有创新成果的共享与传承，也限制了建设工程项目技术创新能力的提升。建设工程的技术创新应该是一个整体的模块，因此，需要进行跨组织间各个要素的协同，建立长期有效的合作方式，这些对建设工程项目的技术创新提出了新的挑战，如何提升建设工程技术创新能力成为亟须坚决的难题。

一、建设工程技术创新能力影响因素

基于文献研究，建设工程技术创新能力的影响因素主要有利益共享机制、激励机制、知识管理机制、组织管理模式、具有能力较强的核心组织者组织实施创新、关系网络、技术创新网络的运行情况、技术创新所需的各类人才等。其中工程技术创新的规划、工程技术创新资源的整合与积累、协同创新及良好的机制对建设工程技术创新能力的提升具有重要影响，这几个影响因素之间，很多是存在相关性和因果关系。也有学者通过探索性因子分析，找到影响建设工程技术创新能力影响的关键因素有内控机制、边界跨越、创新网络、

资源整合、智力资本 5 个因素。国内实践界的观点是，建设工程的技术创新是一个多主体参与的过程，如何进行协同创新显得尤为重要，激励机制能够有效地催化工程技术创新的延续。国内学术界的观点，则是组织和知识管理是建设工程技术创新能力提升的重要影响因素。

二、建设工程管理中提升技术创新能力的措施

（一）从政府层面加强支持力度

政府的扶持对于科学研究、较大的技术创新项目资金的支持和社会资源方面的分配方面发挥着至关重要的作用，应制定相应的政策进行调控、扶持，并加强市场监管、规范竞争。

（1）加强技术创新体系基础设施建设，加强供水、供电、土地、运输、通信等一般性基础设施建设，为技术创新提供坚实的物质基础和保障。然后进步加强技术中心、重点实验室、信息服务网络等科技型基础设施的建设，为技术创新的开展提供良好的信息经济环境和科技基础保障。

（2）提供稳定的制度、法律，健全专利和知识产权等相关法规制度，提高建设工程技术创新参与方的积极性，避免因害怕技术创新外溢效应而阻碍技术创新的持续发展，充分利用创新资源和创新环境，鼓励技术创新模式升级，提高工程建设技术创新的绩效。

（3）加大资金及资源投入力度，资金及资源的是建设工程技术创新提升的重要保障，因此，相关部门应自上而下采取有力措施吸引资金资源的投入，从而保障技术创新能力系统可以有效运转。通过税收政策、财政投资、融资担保等方式给建设工程技术创新参与方直接或间接的鼓励，降低获取新技术的本金和风险。在研究和生产的过程中，应制定有效的创新激励政策促使重点院校、科学研究所、企业之间形成有效的合作。政府在银行与技术创新参与方间架起沟通桥梁，让银行充分了解企业的技术创新项目的潜在价值，鼓励银行对预期效益好的技术创新项目开展贷款业务，建立健全技术创新行业信贷、保险、风险投资体系，吸引国内外资金的投入。

（二）提升建设工程创新型人力资源的水平

社会行为及活动要受两大因素的影响：即内外因素的双重作用。单就建设工程技术创新而言，内因还是占据主导地位，外因只是为创新性思维的培养提供更为便利的条件。创新型人才资源是建设工程技术创新能力提升的第一资源，因此，积极引入创新型人才资源，建立创新型人才的激励机制，搭建技术创新组织，并通过与高校和科研机构建立合作关系，发挥高校和科研机构在技术创新和创新型人才培养中具有不可替代的作用，充分释放高校和科研院所的创新能量，最终实现创新型人才的发现、吸引、培养至保护。

（三）搭建建设工程技术创新主体合作网络

加强创新主体合作网络建设，建设工程的各直接参与方、高校、科研机构均掌握着创

新系统的资源，从建设工程直接参与方来说，自主创新能力的提高，需要建立相应的技术创新中心，获取核心技术能力的途径有三个：通过内部培育、外部购买或者协作开发。高校、科研机构在工程技术创新能力提升上有新的思维、研讨开发新技术等优势，但是创新技术及成果是否满足市场需求，需要建设工程各直接参与方根据工程建设活动及内容的特点进行准确描述。因此，加强各类建设工程技术创新服务的合作网络建设，以工程建设技术创新主体合作网络为平台，将大学科技园、企业软件园、留学生创业园作为技术创新的依托，才能开发出具有应用价值的关键性技术、新产品，并使技术最终流向市场方向、规模化、产业化。

（四）加强建设工程技术创新转化体系完善

提高新技术的前期市场调查与预测能力，重视新技术的售后服务。新技术的市场调查与预测工作开展的越早、越有效，新技术就会更早的占领市场，获取更大的市场份额，得到更高的创新投入。随着市场体系完善，需完善新技术售后服务平台，不仅仅通过技术创新解决工程问题，还要实现后期的维护、升级，提升消费者主动消费意识的，形成工程技术创新的持续转化机制，畅通技术、资本、人才等技术创新要素的对接渠道，推动建设工程技术源源不断的创新转化。

（五）完善建设工程技术创新体系的科技中介服务平台建立

科技中介服务在促进建设工程技术创新成果转化中起着至关重要的作用，加快科技中介服务平台的建设可以有效降低建设工程技术创新成本，化解创新风险，提高创新效率，是建设工程技术创新成果转化的催化剂。中介服务平台提供的市场调查、技术与信息交流、人才交流与培训、项目咨询、无形资产评估等服务，建设工程技术创新成果才能快速的转化为经济效益和社会效益，从而推动工程技术创新能力的不断提高。

第二节　建设工程创新及其系统框架模型

一、建设工程创新过程与特点

建设工程创新是指为解决工程建设中的技术和管理难题，通过技术攻关、技术集成、试验开发等手段，应用新技术、新工艺、新材料和新设备，采用新的施工生产方式和工法，并采用合理的管理机制和管理模式，解决工程实际问题并最终实现工程目标的过程。书中建设工程创新是从价值创新的角度进行理解的，即建设工程创新不仅仅是指技术创新，任何预期能够提升建设工程价值的变革行为都可以被视为创新，这也是建设工程创新研究的主流观点。从建设工程创新的目的来看，建设工程创新可分为被动创新和主动创新，被动创新主要是在政策法规、市场竞争、技术进步、工程需求等因素的推动下，建设工程创新的主体为了生存和顺利完成建设工程任务而进行的创新；主动创新主要是健身工程创新的主体为了满足自身发展需要、提升自身竞争力、取得行业主导地位而进行更高层次的创新。建设工程创新过程是在工程中集成现有技术或引入新技术，引入创新工程理念和管理机制的过程。建设工程创新以建设工程为载体，各类创新主体围绕工程需求开展创新，创新的来源、动力、方案、周期都要以建设工程的需要作为取舍的准则，创新是否成功也要以建设工程目标的完成情况、建设工程价值是否得到提升作为判断标准。

（1）新材料应用：例如高性能混凝土、高强纤维材料、纳米材料、石材等。

（2）新技术应用：例如既有铁路桥梁加固与检测技术、机车无线同步操纵与制动技术、建筑外遮阳技术、铝合金窗断桥技术等。

（3）新装备：例如大型架桥机、盾构机、大功率交流传动机车、载重100吨级货车、和谐号动车组等。

（4）新工艺、流程：例如外墙外保温技术、液压爬模施工等。

（5）新部品、新建造模式：例如长沙远大住宅工业有限公司的第五代集成建筑体系、远大可建科技有限公司的钢结构预制装配化可持续建筑技术，采用工厂化制作、标准化生产，既节能、环保，又节约创效，并彻底解决建筑"靠天吃饭"及建筑工人生产方式和就业工人短缺问题。

（6）信息化管理：例如BIM、云技术、GIS技术在建设工程中的应用等。

（7）新管理模式：例如PPP，PFI、精益建造、标准化管理、规范化管理在建设工程中的应用等。

（一）建设工程创新过程

建设工程创新是一个复杂的系统过程。理解建设工程创新过程对于创新管理具有重要意义。对建设工程创新过程进行描述的目的在于归纳出创新发生过程的普遍规律。从不同的角度出发，一般的技术创新过程可以用多种不同的模型进行描述，如技术推动模型、需求拉动模型、交互模型等。技术推动模型强调技术创新的来源是科学研究和技术发明，创新的过程是科技成果的产生以及寻求应用的过程。因此，技术创新管理中要遵循技术推动的相应规律，因势利导，促进技术创新的成功。需求拉动模型则强调技术创新来源于市场需求和生产需要，人们出于对新市场开拓、节约成本、提高品质等需求的考虑进行技术创新。交互模型技术创新是由技术和市场共同作用引发的，创新过程中各环节之间及创新与市场需求和技术进展之间还存在交互作用关系。

建设工程创新过程是工程需求拉动的结果，是一个典型的需求拉动模型，包括创新构想产生、创新选题提炼、关键技术攻关、系列技术集成和科研成果应等主要过程。建设工程创新的阶段划分与工程项目的阶段划分并不完全一致，而是存在一定的交叉。同时，不同于工程项目的一次性过程，技术创新的过程是动态循环的过程。

1. 创新构想产生

建设工程创新构想的产生来源于工程创新需求的识别，而创新需求的识别又与行业发展战略密切相关。工程建设领域作为我国的支柱性产业，创新引领的工程建设发展显得至关重要。我国工程建设尚存在许多行业共性的问题，有待形成统一的技术标准，这些问题必须在一些典型的建设工程项目中边摸索边总结，最终形成体系化的技术加以推广应用。同时，在工程项目的实施过程中，由于自然地理条件、经济发展水平、投融资模式，甚至社会文化因素等的差异，建设和管理标准体系存在本地化的过程，需要对原有的技术进行二次开发和集成。这形成了建设工程创新的需求。

对铁路行业的调研发现，针对铁路工程项目来说，创新构想的产生最为集中地体现在项目的前期决策阶段。创新需求的产生，最初是从建设单位和设计院开始的，作为建设单位的铁道部和铁路局，从整个经济社会发展需求的考虑，考虑整体项目的技术标准和技术体系，设计院作将建设单位的愿景转变为蓝图，在勘察设计过程中就必须考虑到如何实现的问题。当然，在项目决策和设计过程中，施工单位也可能作为参与单位提前介入。招投标阶段以后，施工单位会进一步细化施工组织设计，对设计图纸中提到的设计标准，考虑通过创新的施工工艺、材料、设备加以完成；在工程施工过程中，还可能发生一些计划外的情况，如特殊水文地质条件或者工程项目外部的约束条件产生了变化，要求项目目标进行调整，这些都是技术创新构想产生的前提。

2. 创新选题提炼

创新选题是在创新构想的基础上，通过调研、论证，摸清与项目有关技术的国内外动态和发展趋势，对比国内外现有技术积累及技术创新需求，阐述技术创新的必要性和紧迫性，明确技术创新的方向和目标，提炼技术创新的主要内容和关键点，提出需要解决的技术难点、预期达到的目标及经济效益等，作为立项依据。创新选题的提炼，应遵循三个原则：首先，为建设行业持续、协调、快速发展提供技术支持，具有行业领先水平，能够形成核心竞争力；第二，为重大建设工程提供技术保障，能够显著提升工艺水平和施工能力，保证安全生产，具有明显的经济效益和社会效益；第三，新技术推广项目技术先进、成熟、适用，具有普遍推广意义，且推广应用后，能够形成示范效应。

3. 关键技术攻关

关键技术攻关是指各个创新主体在明确各自技术创新任务的基础上，通过自身的技术创新子网络，对建设工程创新的选题进行进一步细化，确定关键技术攻关的方向、技术路线，并依托项目，对关键技术进行研究，以使关键技术取得突破性进展的整个过程。关键技术攻关的主要任务是解决工程项目设计方案中尚未解决的技术难题，包括对施工工艺的试验与研究、新材料新设备的研发与试制等。关键技术攻关主要在勘察设计后期和施工的前期进行。

关键技术攻关是技术创新平台的重要职能之一，平台具有将某一领域重大科技成果向规模生产转化的工程化研究验证环境和能力，能够确保科研成果通过工程化研究开发向规模生产的转移，最终完成产业化的能力，并具有对该领域的技术、产品、工艺、装备等持续不断创新与消化国外先进技术的可持续发展能力，能够提高科技创新能力，使理论研究、技术开发和技术应用形成良性循环，获得持续性的创新效益。

4. 系列技术集成

系列技术集成是指按照一定的技术原理或功能目的，将两个或两个以上的单项技术通过重组而获得具有统一整体功能的新技术的创造方法。它往往可以实现单个技术实现不了的技术需求目的。建设工程创新是一个复杂的系统工程，涉及多个技术领域，所涉及的技术问题具有跨学科与交叉学科的特点。建设工程技术通常不能被完全分解为彼此独立的功能模块进行分别生产和组合，而必须依靠系列技术的有机集成才能够实现。

5. 科研成果应用

科研成果应用是指以新建项目和技术改造项目为依托，将各方创新所形成的各项科研成果，在进行技术评审、试验研究、联调联试等多种手段，促进科研成果在工程中的应用，解决工程建设与运营过程中的实际问题，提升技术集成能力，使得技术创新带来的新技术效应能够在工程项目中得到体现，同时对新技术的创新性、稳定性和经济性进行科学的评价，利于进行进一步优化的过程。科研成果应用主要是在施工阶段进行。

（二）建设工程创新特点

建设工程创新以建设工程项目为载体，各类创新主体围绕运输需求开展技术创新，是国家及企业重大需求与技术创新能力相互作用的结果。建设工程创新是技术创新与管理创新耦合互动的创新。与一般技术创新相比，建设工程创新特色鲜明：首先，建设工程创新技术集成程度高，需要系统规划和统一部署；第二，参与创新的主体众多，强调多主体协同创新、开放式创新；第三，创新的针对性和应用性强，每项创新成果都要落实到工程应用中，实现创新效益；第四，不确定因素多，创新的过程需要进行动态监管，保障创新顺利进行。

1. 技术集成度高，需要系统部署

建设工程是一个严密的技术体系，涉及工程材料、工程设计、工程机械和工程管理等众多领域。通常情况下，单项专业技术很难进行进一步的分解，其内部具有较为紧密的联结，一般由一个主体完成；而单项专业之间具有紧密的联结关系，表现出因果关系复杂性。各单项技术内部以及各专业间的连接紧密且因果复杂性程度高，需要按一定技术原理或功能目的，将几个单项技术通过重组、集成、兼容以获得具有统一整体功能的新技术，从而实现单个技术实现不了的功能。

在工程创新的过程中，必须综合考虑技术因素、社会因素、经济因素和文化因素等。工程不同于科学，也不同于人文，而是在人文和科学的基础上形成的跨学科的知识与实践体系，具体体现为以科学为基础对各种技术因素、社会因素和环境因素的综合。因此，工程创新所面对的必然是一个跨学科问题，在工程创新中，需要关注工程的社会维度和伦理维度。只有在工程创新中实现各种利益关系的调和、各类社会因素的整合，只有在工程创新中做到人、技术与自然环境的和谐，才能创造出令各方满意的"优质工程"。工程创新是技术创新、知识创新、机制体制创新、组织创新和管理创新的综合集成。工程不仅是一项技术活动，更是一项管理活动。在工程创新管理的过程中，我们不仅要考虑如何实现技术创新，还要考虑如何通过知识创新、机制体制创新和管理创新，在确保工程质量的前提下，缩短工程周期，降低工程成本，以及创新性地解决工程过程中的文物保护和移民等问题。工程创新是多种知识和人才的集成。在一项建设工程中，如果只有特定专业技术知识的工程人员，其创造性将会大打折扣。只有通过各种知识的彼此渗透和融合，才能为新技术的产生和工程的实施提供前提，才能有效提升工程创新管理水平。

建设工程技术的集成程度高，需要进行系统的规划和统一部署，没有系统规划就会导致各自为战，最终技术的兼容性得不到保障。同时，技术创新活动的参与主体众多，且在创新过程中的目标和利益诉求不尽相同。为实现整体利益，要求各个主体将创新活动的整体价值作为共同的目标，需要业主作为强有力的核心企业，统一部署主导整个创新过程，保障技术创新在统一的部署下行动，保持步调一致，实现系统目标。

2. 参与主体众多，强调联合攻关

建设工程创新具有系统性和复杂性，在实施过程中要攻克许多重大技术难题，许多技术问题不是单一主体所能解决的，需要不同主体协同攻关。因此，实现建设工程目标，必须是各个专业相互协同作用，而不是仅仅依靠某一专业的力量，必须走协同创新的开放式创新之路。建设工程创新的一个重要特点，是以业主为核心，各主体共同参与。组建一支包括企业、科研院所、高等院校和设计咨询等领域优秀技术人员的项目团队，围绕建设工程关键技术与核心装备开展联合攻关，构成相对稳定的科研群体，深入一线，研究讨论，形成整体攻关能力，有利于科研难题的解决和成果转化。

业主作为建设工程创新的核心组织，主要负责创新过程中的统筹与协调工作。科研院所和高等院校拥有自己的创新目标和责任。建设工程创新以工程项目为依托，结合设计、施工、运营过程中遇到的技术难题进行技术原始创新、集成创新、引进消化吸收再创新等，设计单位、施工单位、监理单位、咨询单位、材料设备供应商及制造商在整个创新过程中根据不同项目的实际需要，对创新发挥着各自的重要作用。创新过程中，各参与方以契约和信任为纽带，通过合同的形式明确各方权利义务，并通过相互之间的信任，构成技术创新网络组织，实现产学研有机结合，形成组织协同效应，促使建设工程创新的顺利推进。

由于建设工程是由多主体共同完成的，工程项目组织是临时的组织，创新所需的技术、设备、信息、知识、人才、资金、市场等资源分散在不同参建主体之中。造成建设工程创新通常都不是单个企业的行为，而是工程项目组织中多专业协同工作、联合攻关的结果。

3. 创新针对性强，注重工程应用

建设工程创新应用性强，既有制造业的特征，如材料、设备等，又有服务业的特征，如工程设计、测量、咨询和管理。建设工程的实施过程是由临时组成的工程项目组织在不同的时间在同一地点协同合作，很多创新是多主体在项目层级上实现的，建设工程所处的自然环境、社会环境和市场环境对创新产生巨大影响，同一技术在不同工程中的应用方式可能不一样。因此，从这个角度上讲，建设工程活动本身就是创新性的活动，建设工程创新应根据具体情境的变化选择不同的方案。

建设工程创新具有很强的针对性，主要目的是将创新成果应用到工程，解决工程建设及运营过程中遇到的实际问题。因此，建设工程创新非常注重工程应用性，结合建设工程的实际需求。建设工程创新要有问题意识，针对问题而创新，问题来源于工程实践中的矛盾，有矛盾就有创新需求。

需求是事物发展的源泉和动力，也是建设工程创新的源泉和动力。建设工程是充满矛盾的活动，而满足工程需求需要创新，特别是那些大的矛盾的解决必须通过创新手段。所以，正是工程活动中出现的需求，为建设工程创新开辟了道路。问题出现在哪里，哪里需要创新，沿着什么方向创新，创新的结果会怎样，所有这些问题都是由工程中的需求决定的。

4. 不确定因素多，呼唤管理创新

建设工程创新各参与方之间存在广泛的合作，任何一种合作模式及相应的管理方式都存在着合作风险。建设工程创新过程中，合作风险表现出以下特征。一是风险源头不明显。由于合作各方联合从事的是建设工程技术研发的工作，知识的模糊性以及产学研合作组织本身结构的复杂性使得风险源头不明显。二是风险普遍存在，且发生概率较高。任何具体风险的发生都是诸多风险因素和其他因素共同作用的结果，是一种随机现象；但是由于建设工程技术研发的复杂性和特殊性，其风险发生概率与一般的技术创新相比，风险要大。三是风险具有可分担性。不同合作主体对各个风险的承受能力不一样，应该将风险合理分担，调动各方积极因素，使得风险最小化。四是风险的多样性和多层次性。建设工程创新合作风险因素数量多且种类繁杂，而且大量风险因素之间的内在关系错综复杂、各风险因素之间及与外界交叉影响又使风险显示出多层次性。综上所述，建设工程创新合作的各项风险相对独立又相互关联，在具体分析时应注意各项风险之间的关系，并考虑他们对不同主体的影响。

同时，建设工程创新组织的临时性也加大了创新的风险。尽管有些情况下会通过组建战略联盟等形式来降低这种组织临时性所带来的风险，但由于建设工程技术具有专用性特征，使得建设工程创新组织无法实现像工业生产中的上下游供应链关系那样稳定的组织关

系，这就加大了创新组织的合作风险。业主方与科研机构或者高等院校的合作，多数是单一的技术创新项目合作，即当某一具体的建设工程遇到难以攻克且必须完成的技术难题时，通过设立科研课题，找到相关的专业人员或团队进行合作，若工程项目结束，则合作终止。如果再次遇到技术难题，重新联系专业人士，如此循环往复，无法对技术进行有效地积累，影响了技术创新的步伐。

因此，发展建设工程创新，需要向管理创新要效益。通过构建科学的协同合作机制、激励约束机制和评价反馈机制，充分调动各个技术创新参与方的积极性和创造性，建立良好的技术创新平台治理结构，突出各参与方在技术创新中的主体地位和责任，营造良好的创新环境，激励各参与方不断增强创新意识，加大投入，使各创新主体按照一定的秩序和内部联系组成整体，促使协同创新平台形成整体创新能力大于个体创新能力之和，形成创新网络的协同效应，最终实现建设工程创新目标。

二、基于工程哲学的建设工程创新系统

工程创新理论是在中国工程院、中国科学院对当代工程哲学的大讨论中衍生形成的一个学术分支，是殷瑞钰、汪应洛、何继善、李伯聪等一大批学者智慧的结晶，是在对当代工程建设活动进行深刻哲学反思的基础上形成的源自实践而高于实践的理论。

（一）建设工程创新本质的哲学反思

在严格界定建设工程创新概念，并对建设工程创新的过程、特点有一定认识的基础上，对建设工程创新本质的哲学反思，能为建设工程创新系统构建提供本源的指导。

1. 建设工程创新是创新的重要战役

创新最早是作为经济学的概念由美籍奥地利经济学家熊彼特提出的，他在 1912 年出版的《经济发展论》中将创新定义为在生产系统中引进生产要素的"重新组合"，包括产品、工艺、市场、货源和组织等方面的创新。熊彼特的创新理论提出后引起了西方经济学家的普遍关注，并开始了关于技术创新的理论研究，形成了诸多的技术创新理论流派。

建设工程作为人类的"造物"活动，其结果就是创造出为人服务的新的存在物和基础设施。建设工程的突出特征是具有一次，或唯一性，每项工程都是唯一的、不可重复的，如青藏铁路工程、南京长江大桥工程，是在人类生产和生活体系引进生产要素的"重新组合"。建设工程必然是各种创新活动得以发生的重要场所，创新是建设工程的内在规定。建设工程创新主要是指那些发生在建设工程中的创新活动，如技术创新活动、组织创新活动、经济创新活动、管理创新活动、社会创新活动等。通过这些创新活动使一项建设工程具有不同于其他建设工程的整体或部分的新特点。建设工程决策、设计、实施、运营、评价等多个环节，涉及经济、技术、科学、管理、政治、伦理、心理和美学等多种因素。建设工程创新体现在建设活动的每个环节，贯穿于建设活动全过程，具有多方面的内容和表现形式，包括理念创新、决策创新、管理创新、技术创新、运营创新、投资创新、维护创

新等。

工程创新是中国工程界与工程哲学界在国家创新体系的概念框架下提出的。由于工程创新在国家创新体系中的核心地位，工程创新的概念开始引起学术界的关注。李伯聪认为，国家创新系统是一个复杂的系统，内容很丰富，其组成部分非常复杂，工程创新在国家创新体系中具有核心地位，如果把一个国家的整体性创新活动，比喻为一场国家范围和国家尺度的创新之战，那么，在这个创新之战的战场上，既存在前哨战场、后勤战场，也有其主战场，在考察和评价国家创新系统和建设创新型国家过程的成败得失时，关键是要看这个国家在工程创新这个主战场上的战况和成败得失如何。殷瑞钮认为，在建设创新型国家战略的实施过程中，工程创新是关键性环节，工程创新是创新的主战场。从知识论的视角解读工程创新，将人类在认识自然、发展生产力过程中积累的知识归结为具有网络状特征、彼此有着复杂的丰富多彩联系的知识链：科学—技术—工程—产业知识链，工程知识在造物活动中是作为手段而非目的存在的，既是科学技术知识的集成体也是产业知识的构成单元，在人类知识链中具有重要的桥梁作用，创新是工程的内在要求，从知识链的角度考察工程创新，每一项工程发生的创新总伴随新知识的生成。

上述学者对工程创新在国家创新体系中的地位和作用进行了深入的剖析，提出了相应的论断。在此基础上，建设工程创新是国家创新体系中的重要战役。这一认识主要是基于当前我国工程建设活动快速发展的现状提出的。

2. 建设工程创新是创新空间中的选择与建构

建设工程创新可以从内容、程度、时间三个纬度进行界定。每项建设工程因为特殊的初始条件、边界条件和不同的目标要求，导致创新的差异。我国科技活动包括研究开发、成果应用和科技服务三个部分。研究开发又分为基础研究、应用研究和试验开发三个阶段，是科技活动中最具创造性和创新性的活动。建设工程受环境、资源等因素的限制，有明确具体的工程目标，因此，不能将所有科技活动都包含在建设工程创新内涵中。尽管有些建设工程在创新过程中，由于材料、结构等方面机理尚不明晰，也会进行相应科学研究活动，但建设工程创新的核心应包括技术研究、试验开发以及科研成果的应用等内容，重点是为实现建设工程目标而开展的新技术应用过程，具有显著的针对性。

哲学视域下的建设工程创新，首先，建设工程创新是在一定的物理空间与社会空间中选择与建构行为，是人的主观能动性的最好体现，物理空间主要指的是自然与人工存在物组成的空间环境，社会空间主要指由经济、文化、法律、制度等组成的空间环境。其次，建设工程创新是要为人创造出好的生存空间，"以人为本"和"天人合一"是建设工程创新的动力所在。再次，建设工程创新的目标是要通过创造出满足人类生存与生活需要新的人工物实现人生活其中的社会环境与自然环境的和谐、以及人与自我、人与社会的和谐。最后，建设工程创新是技术要素与非技术要素的集成，进一步说，建设工程创新是技术创新与管理创新的结合，二元创新的成功与否决定了工程创新的成败；其中管理创新则是指组织形成创造性思想并将其转换为有用的产品、服务或作业方法的过程；技术创新与管理创新是推动建设工程进步的驱动力，技术是生产力，管理是生产关系，两者相辅相成，辩证统一的存在于工程建设中。

通过以上分析认为，建设工程创新是包括投资者、设计者、实施者、管理者在内的创新主体以创新为动力，以和谐为目标，利用自然和人工物资源，在一定的创新空间进行有目的的选择与建构，通过对技术和非技术等异质性要素进行集成和社会化运作，创造建设工程的过程。

3. 建设工程创新需要克服"壁垒"和"陷阱"

李伯聪认为，工程活动的核心是以各类要素为前提和基础的"集成"，因此，工程创新活动中不仅包括"要素方面的创新"，而且包括"要素集成方面的创新"。依据该理论，建设工程创新要取得成功，不但必须在要素创新中克服各种壁垒和陷阱，而且必须在集成创新中克服各种壁垒和陷阱。在建设工程创新过程中，壁垒和陷阱代表两种不同类型的困难，壁垒是看得见的障碍，陷阱是看不见的危险；壁垒是明明白白摆在创新者面前的困难，如果不花力气，创新者就突破不过去，而陷阱则是指那些创新者看不见或意识不到的困难，是需要创新者运用智慧设法躲避的。建设工程创新的要素、集成的壁垒和陷阱如下表所示。

表 8-2-1 工程创新中的壁垒和陷阱

类型		壁垒	陷阱
要素	信息	创造新知识困难；信息搜寻困难；信息封锁；信息不完全；信息不对称	信息缺失；信息失真；信息过量；信息忽略
	技术	技术缺少；技术封锁；学习难度	技术依附；技术缺陷；技术锁定；选择失误
	资本	资本不足；投资人合作困难	投资过度；融资结构不良
	市场	经济条件不足；缺乏市场认同，存在进入管制	市场不确定；沉没成本
集成	沟通	主体意愿、能力不足；沟通内容的难沟通；缺乏良好的沟通环境	沟通失效；沟通低效；沟通误解
	耦合	各类技术之间、各类工程要素之间不匹配	只追求单一要素领先；"危险共振"
	制度	制度缺失；制度缺位；制度"落后"	制度越位；制度错位；"制度畸变"；运行失效
	文化	文化排斥；文化差异；文化隔阂	工程要素的跨文化流动陷阱；文化误解

4. 建设工程创新——"以人为本，天人相应，协同创新，构建和谐"

何继善认为，工程创新中的"以人为本"不仅主张人是工程活动的根本目的，回答了为什么要进行工程创新活动、工程创新活动"为了谁"的问题；而且主张人是工程创新活动的根本动力，回答了怎样进行工程创新活动、工程创新活动"依靠谁"的问题。"为了谁"和"依靠谁"是分不开的。人是工程创新活动的根本目的，也是工程创新活动的根本动力，一切为了人，一切依靠人，二者的统一构成以人为本的完整内容。

建设工程创新作为一项重要的人类实践活动同样必须置于理性之下，而在理性指导下的建设工程创新活动就必须回答为什么创新？毫无疑问，建设工程创新是为人类创造更适宜的生存与发展环境，建设工程创新的目的是为人，以人为本是建设工程创新的合理依据，是建设工程创新的动力。建设工程创新活动是复杂化的巨系统，活跃着各种性质各异的彼此独立又相互关联的创新要素，这些要素的协同是决定创新成败的关键，协同创新是建设工程创新的主要模式。建设工程创新中和谐主要表现在如下三个方面："和谐"是建设工程创新得以进行并可持续至完成的背景与条件；"和谐"是建设工程创新的基本原则；"和谐"是衡量建设工程创新成功也否的最高标准。

对于建设工程创新来说，技术知识的流动与整合不是关键的，而在建设工程创新目标下的创新主体行动的协调一致性才是成为决定建设工程创新成败的关键因素。技术创新的目标是将新的技术知识转化为能够被市场接受的产品，而对建设工程创新来说更重要的是将这些已经成功转化的技术知识进行新的组合，满足人们更广阔的生存与发展的需要。建设工程创新的目标不是实现知识形态的转化，而是将已经转化了的科技创新成果进一步地工程化、产业化，实现它们在更大范围内的生产力功能，在这个过程中技术创新作为生产力因素在起作用，建设工程创新离不开技术创新，离开技术创新的建设工程创新就会成为无水之源、无本之木，但建设工程创新的实现必须有先进的生产关系作保障，进一步说，建设工程创新是以成熟的技术为物质手段，是对成熟技术的综合集成。对比而言，管理要素在建设工程创新中的不确定性要比技术要素的不确定性小得多，因此，在建设工程创新中关键是对管理要素（非技术要素）的不确定因素的有效控制，而要实现这样的目的，创新的管理是关键。因此，对比技术创新中的协同创新，管理创新以及管理创新与技术创新的协同就显得更为重要。

（二）建设工程创新系统认知与运行规律

对于建设工程创新的特性和管理规律的认识，仁者见仁，智者见智，因此，需要直面我国工程管理实践，从哲学高度深刻认知和把握。哲学思辨可以将复杂系统去芜存菁，化繁为简，案例推理可为系统构成和分析提供数据支撑，便于从过去的经验和数据中寻找规律。

1. 建设工程创新系统框架模型

建设工程创新系统植根于建设工程实践，与社会、经济、生态等环境系统有紧密联系。建设工程创新系统是一个多要素、多层次的动态开放系统。通过系统分析和要素提炼，构建建设工程创新系统框架模型。环境层包括经济环境、生态环境和社会环境；工程层包括工程创新主体、职能、目标、文化和价值等要素，建设主体通过决策、计划、组织、协调、控制等职能进行全过程综合集成管理，实现工程质量、工期、费用等目标，基于此形成工程文化，实现与提升工程的经济、社会、科技、人文等多维价值；制度层涵盖工程法律、行业管理、市场运行等体制、机制、政策要素；思想层表现为工程与人、社会、自然的和谐，是建设工程创新的准则和指导思想。从环境层—工程层—制度层—思想层通过推理与抽象等方式递进与提升，而思想层指导与引领制度安排，制度层指导与规范工程实施，通过自下而上和自上而下的双向路径融合构建。

2. 建设工程创新系统运行

对建设工程创新系统运行状态的分析与描述是揭示系统运行规律的基础。建立建设工程创新系统运行状态框架，系统的静态描述（在给定时刻系统的架构）和动态表现（系统的内在运动和外在表现），形成工程创新系统运行的二维结构。从静态的层面，独立要素通过聚集、整合、协同，形成整体系统，系统之间通过动态的相互作用不断优化，最终达到系统和谐。从动态的层面，独立要素在动态变化中相互关联，关联要素聚集、整合和协同，达到系统和谐。

三、基于 CoPS 的建设工程创新系统

在过去的十多年中，人们已经开始逐渐形成复杂产品系统创新的实证研究潮流。前人的研究已经描绘出一些具体的方法，帮助人们理解复杂产品系统是如何制造出来的，以及复杂产品系统的创新流程与一般的大规模产品有什么不同，许多关于复杂产品系统创新的研究，为我们提供了新的创新流程和模型。建设工程创新是一类典型的复杂产品系统，

（一）建设工程创新系统框架模型

复杂产品系统创新理论认为，技术创新的成功实施和优秀业绩依赖于产品开发过程、组织形式、技术战略、创新氛围、高层管理者的支持等因素。Cooper&Kleinschmidt（1987）的"新产品业绩三角"框架就将创新业绩归结于创新战略性因素、资源保障和创新组织三者的共同作用。陈劲的复杂产品系统创新理论从复杂产品系统的战略性要素、创新组织模式以及资源（知识）管理保证来构建理论框架。

基于复杂产品系统创新理论，本节构建了建设工程创新系统框架模型，该模型中心为建设工程创新绩效，即建设工程创新系统框架的构建，核心目的是为了提升创新绩效，以及实现建设工程目标。需要关注建设工程创新系统中的战略要素、组织要素和管理机制要

素。战略要素是将建设工程本体置于更为宏观的大环境中，从而考察建设工程与内外部环境的关系；组织要素关于建设工程创新过程中的资源、团队、网络组织对建设工程创新绩效的作用；管理机制则关注在建设工程创新过程中，正式、非正式的管理措施以及知识治理机制对建设工程创新影响的方面。

（二）建设工程创新的战略管理

建设工程创新的战略管理包括多个方面，其中建设工程所处的行业是支持产品 R&D 专有性的，即使没有专门地进行知识产权的保护，对建设领域的同行来说，通过考察既有建设工程来进行技术的学习和移植是相当困难的，建设工程产生的工程物并没有给我们透露很多具体的技术、知识和管理的秘诀，这就与一般工业产品能够运用"反求工程"具有显著的不同，从而决定其采用的战略管理与一般产品不同。建设工程的施工工艺都是与产品设计是紧密关联的，所以工艺技术也具备专有性。但是，建设工程所处的市场和技术条件都决定了它的范围经济性和规模经济性不显著。小批量生产、定制化的特点决定了 R&D 和生产活动也没有规模经济性，很多情况下生产流程是结合产品来设计的。需求的不连续性、异质性和客户定制化都决定对不同客户服务没有规模经济性，每个市场（甚至每个用户）都要求准确解读特定需求，并针对客户界面进行 R&D 投资。各个细分市场中的客户非常专业化，通常不会跨市场购买产品，因此跨市场营销的协同效应就没法体现出来，一个细分市场的解决方案不能仅仅做细微调整就直接应用到其他的细分市场上。客户也不认为全球性的品牌有多大的价值，反而是专业性的供应商更受他们青睐。

另外，传统的产品创新／工艺创新两分法并不适用于建设工程创新的生命周期，产品创新在建设工程创新中所占的比例一直很低，而建造模式、工艺流程的创新更加符合建设工程创新的内涵。工程建设领域的发展经过了两个阶段的创新：第一，在工程化之前的系统架构设计和开发。在这个阶段，系统供应商、管理机构、标准制定机构和用户会对架构设计产生主要的影响；第二，工程建造阶段，部件和系统创新的比例上升，新产品和部件被引入，建立起来的架构设计不发生根本性的改变。

过去有很多文献集中研究行业生命周期（ILC）模式的总体有效性，Jovanovic 和 MacDonald 提出一个研究模型，认为外生创新导致行业的竞争淘汰，而 Klepper 则认为是行业内部的技术变革导致了产业演化中的竞争淘汰。实际上，许多行业的发展都伴随着很多技术不连续性。传统模式下，产品和技术的生命周期是从不成熟到成熟。当主导设计在市场上出现后，小型的缺乏竞争力的企业就退出了，或者被大企业收购。剩下的企业主要依靠工艺流程的改进，大规模生产基本一样的产品进行竞争。Tushman and Anderson 认为突破性的技术创新将破坏旧的竞争力量，导致整个行业的衰落以及落后者的消失。复杂产品系统就是这样，由于复杂产品系统本身结构复杂，是多技术系统，以致任何与复杂产品系统相关的技术发生突破性变化都可能导致整个产品和系统发生显著的变化，这种技术性的突破对复杂产品系统的生命周期有着显著影响，使得其生命衰落期非常短暂。

Bonaccorsi&Giuri 认为行业生命周期动态性基于两个条件：专有性和递增收益。专有性条件要求 R&D 投资带来的收益至少能部分为投资者完全拥有，递增收益则要求 R&D、生产或营销活动具有显著的规模经济性或范围经济性。他们用 1948~1997 年涡轮螺旋桨飞机引擎行业的历史数据，试图得出与标准产品 / 创新生命周期模式不同的结论。他们发现行业的高度集中与小厂商的退出没有相关性，验证了 Miller 和 Hobday 关于飞行模拟器行业的结论。他们还设立相关的经济和技术变量探索一种与当前理论不同的行业生命周期理论。新的模型亘视了在复杂产品系统行业中普遍存在的应用在 R&D、制造和营销上的利润投资没有显著增长的情况。

（三）建设工程创新组织管理

在企业层面上，传统创新研究者意识到弹性的基于项目组织的优势。Tushman and Anderson 曾对有机的和机械化的组织形式做了区分，他们认为如果一个稳定的规范化的环境占主导，同时市场具有很强的可预期性，那么这个企业就可以从具有明确职业的界定、稳定的运作界限和泰勒制的工作方法的机械的职能化的组织形式中获得好处。然而，在多变的技术和市场的情况下，则需要组织和管理的开放和灵活（有机）的形式，这样才能够将类似于研发和营销的职能部门紧密地联系起来。

考虑到建设工程项目通常由跨企业的多职能项目小组承担，项目制组织是适合建设工程创新的有效组织形式。所谓项目制组织，是指以项目作为组织生产、创新和竞争活动的基本单元的组织形式。项目制组织形式能够灵活地配置各种资源，方便地完成与外界的技术沟通与交流，随时根据新知识的出现、相关技术的变化、政府政策的要求和客户反馈意见调整产品的设计和生产。在复杂产品系统生产的经济性和创新的风险控制方面，项目制组织形式比职能型组织更有优势。职能组织关注产品和服务的持续情况、产品标准化程度、规模经济和范围经济，而项目制组织关注单一或小批量生产、经济重复性、不确定性等问题，建设工程的研发组织应该是能够很好地平衡矩阵组织和直线职能组织各自的优缺点。

在一个纯粹的项目制组织（即除项目制组织以外没有其他组织形式存在的组织）中，主要的项目包括了大多数乃至全部的在矩阵及功能性组织中实行的商业功能。在某些情况下，这样的项目包括一些公司联盟。在项目制组织中，公司的知识、能力和组织资源是建立在主要项目的实施过程中的。每一个项目似乎都牵涉到一个明确的产品以及一个或者一些确定的客户。很多情况下，客户会亲自并直接参加主要的创新和生产流程，因为每个项目都可能对使用者的商业职能、绩效和盈利能力产生主要的影响。

（四）建设工程创新知识管理

建设工程以项目开发为基本创新单位的本质对知识管理提出了新的挑战。这些产品 / 系统通常是以一次性项目或者小批量开发为特征的，并根据具体的客户和终端用户进行高度的定制化，使得项目开发经验的推广和学习相当困难。在建设工程创新过程中，项目团队的技术和组织知识资源会不断积累和发展，最终形成针对客户专门定制化的系统解决方案。不过，这些基础的知识资源需要从各个参与项目开发的企业那里集合起来，并有效地整合到一起，才能产生协同效应，满足客户的最终需求。这使得建设工程创新成为一个开放的流程，随之而来的是在部件和子系统整合到一起时的不确定性和权变因素大大增加。因而管理这些基本的知识资源需要具有创造性和及时响应性的机制。一般而言，在概念化阶段，系统集成商的高级工程师和主要合作伙伴的高级工程师的沟通比较重要，他们的工作主要涉及系统解决方案的战略性方向问题；进入原型设计阶段，项目经理、职能经理和工程师的沟通显得更加关键，他们需要就具体的性能规格达成一致；而从概念化阶段到原型设计阶段，参与协商的人员数量越来越多，沟通所涉及的技术问题领域也越来越广泛。

建设工程创新跨职能和跨学科的本质也为知识管理提出了新的议题。在某些情况下，各个参与机构会通过诸如专业协会之类的制度化机制来规范、协调各个参与企业在开发过程中的职责，直至发展成为有着交叉价值观和信仰的沟通群体。不过，不同利益群体之间的协调和沟通仍然存在较大的困难，尤其是当各个参与企业出现关于商业利益分配的争端时。所以，建设工程创新的一个中心问题就是各参与企业和多知识领域的整合与协调。

四、基于组织演化的建设工程创新系统

网络组织理论和系统动力学等组织演化理论，为研究建设工程创新系统的演进规律提供了另一种可能性。尝试运用系统动力学知识构建建设工程创新系统因果关系模型，构建建设工程创新系统演化的框架。

（一）建设工程创新系统动力学模型

系统动力学以组织研究为基础，以组织要素为主体，分析建设工程创新系统的形成和演进机理。从网络组织的视角，建设工程创新系统是为应对建设工程创新的一种基本制度安排，可以看作是市场和组织相互渗透的一种机制，网络架构的联结机制是各主体间的合作关系。建设工程创新系统构成了一个结构稳定的、非正式的、嵌入性的、重新整合的相互联系网络，以便于学习和知识尤其是缄默知识的交流。

1. 由于宏观环境、建设工程特质产生的工程需求，在建设工程项目型组织中的高管层的支持和允诺下，促使业主的主导行为，从而进行资金和人才等方面的投入，形成创新能力，进行研究开发而形成建设工程创新绩效。

创新绩效工程需求高管层支持业主的主导行为资源投入创新能力激励研究开发创新绩效。

2. 由于宏观环境、建设工程特质产生的工程需求，在建设工程项目型组织中的高管层的支持和允诺下，促使业主的主导行为和各个参与方的承诺和献身行为，并通过组织沟通、组织氛围与文化、项目团队协作、项目团队整合等方式形成创新能力，进行研究开发而形成建设工程创新绩效。

创新绩效工程需求高管层支持业主的主导行为承诺组织沟通项目团队协作项目团队整合创新能力激励研究开发创新绩效。

3. 在现有创新绩效基础上，通过不断经验和教训总结，实施知识管理，提升组织内部的知识治理水平，进而提升创新能力，并通过创新过程的激励，进行研究开发而形成建设工程创新绩效。

创新绩效经验总结知识管理创新能力激励研究开发创新绩效。

（二）建设工程创新系统的演化过程

建设工程创新系统的演化过程，应重点关注系统的形成起点、演化路径和整合方式等内容。

1. 形成起点

形成起点即是建设工程创新系统的形成动机。就建设工程创新而言，其创新系统的形成动机是"合作剩余"。具体来讲，创新系统的形成，首先是创新系统的运行能够产生"合作剩余"；其次是各个主体能够从创新系统中获得"合作剩余"的分配。由于建设工程的基础性和先导性，其建设目标通常代表了一定范围内的公共利益。由于各类主体所拥有的资源和核心能力具有互补性，为创新系统构建提供了必要性。同时，临时、分散的创新组织模式具有较高的交易成本，降低了创新的积极性和效率。而创新系统的构建能够降低交易成本，提高创新效率，还使得创新成果的保护和延续使用成为可能，为持续创新和"合作剩余"的创造提供了可能性。

2. 演化路径

建设工程创新系统的演化路径，是创新系统从原始无序状态发展为有序结构，或从一种有序结构转变为另一种有序结构所遵循的规律。一般而言，创新演化路径为"技术转让—共同开发—共建研发实体"模式，即双方合作从技术转让开始，当合作顺利，关系逐渐密切，产方的技术能力和学研方的市场化能力得到加强，采用合作开发，进而转向共建研发实体，实现产学研一体化。而面向建设工程的创新系统比一般的技术创新演化路径更为复杂。

在建设工程创新过程中，创新系统的各种要素相互发生协同作用，使创新系统实现高度有序状态，即各创新要素协同度提高，创新绩效得以提高。建设工程创新系统的演化路径可以分为三个阶段。第一个阶段，从"市场交易"到"合作伙伴"的演化。随着交易的工程技术知识的复杂性或缄默程度的提高，往往会导致交易过程中产生较高的不确定性，交易双方的信息不对称程度加大，识别和监督交易对象的交易成本也加大，从而产生较高的交易费用，这时候采取"合作伙伴"的形式更有效。第二个阶段，从"合作伙伴"到"战略伙伴"的演化。由于合作各方共同进行了资源投入，形成了"抵押"的激励机制，可以约束交易双方无法在合约中明确约定的行为，有利于一致行动。第三个阶段，从"战略伙伴"到"创新网络"。随着战略合作的重复进行，当参与各方过去曾经成功地完成了交易，并且相互意识到对方将来有可能继续诚实地行动时，机会主义倾向会降低，监督成本也会下降。这时候，相对于市场和企业的配置手段而言，就形成了具有稳定结构的创新网络方式，可实现复杂性缄默知识的自由转移。

3. 整合方式

整合方式是指建设工程创新系统中各个主体之间的创新链。在创新系统中，组织之间的相互联系或动态链接关系称为创新链，创新系统就是由相互有关联的创新链组成的网络。根据不同主体在创新链中的不同位置，可分为强创新链和弱创新链。强创新链是核心组织者与结点企业之间的创新链，弱创新链是结点企业之间的创新链。根据主体间创新系统联结性质的不同，可以分为战略联盟、集团发展、虚拟组织、共建实体、产业化合作等方式。在建设工程创新系统中，可能的创新链类型包括：企业与企业之间的创新链、企业与高校或科研机构之间的创新链、企业与政府部门之间的创新链、企业与资本市场之间的创新链等。

第三节　建设工程创新关键影响因素

一、宏观环境因素

在工程创新中，宏观环境是对其造成影响非常重要的因素。我国政府所出台的宏观政策能够对工程创新的方向产生直接影响，政府部门通过出台宏观政策，能够对工程创新进行较为全的规划，以此来调动和整合各个方面要素。针对创新所获得的成果，应当实税收优惠和减免等政策，而在技术创新上则应当实施政策对其进行保护，使得技术创新人员能够获得良好的激励和鼓励。

二、工程需求因素

建设工程由于其所处的环境等方面都存在非常大的不同，都具有一定特殊性，具体而言就是建设工程本身的特性、资源条件以及所存在的先天性弊端等方面所形成的工程环境，其将会对工程创新起到一定拉动作用，也是因为有了该环境，建设工程出现了新的需求。通常情况下，当建设工程规模变得越来越大时，空间位置也将会变得越来越大，从而使建设工程系统变得十分复杂，建设工程所涉及工期、安全等在管理上将会存在非常大的难度，这也就对工程创新提出了非常高的要求。而在技术应用上，由于建设工程本身相对较为复杂，需要使用到多种技术，形成了技术的多样性。

三、高层领导因素

建设工程一直都属于传统行业，在该行业开展创新工作将变得较为缓慢，市场中个人或是企业的行为非常依赖和习惯传统模式，所以企业在进行工程创兴时应当得到高层领导的认可和支持，如此才能够获得理想的工程创新成果。在进行工程创新时，如果有必要可以将创新项目当作是项目实施的重点内容，并在战略层面上得到的高层领导的认可与重视，进一步强调工程创新给企业锁带来的经济效益，促使所有合作伙伴对创新行为都抱有肯定的态度，勇于对工程创新所带来的风险进行承担，最终获得良好的工程创新成效。因此，高层领导因素对工程创新工作的开展和其是否能够获得成功起到了直接作用，企业在开展工程创新需要先对高层领导进行劝解和教育，以便于工程创新工作得以顺利开展。

第四节 建设工程创新绩效提升机制

环境、组织和管理因素对创新的作用，实际上并不是单独存在的，这些因素共同构成了建设工程创新系统。只有把握建设工程创新系统的演化规律，才能正确地进行运行机制的设计。本章根据各影响因素在建设工程创新系统中的信息环境空间和目标函数，以及这些因素产生影响、发挥功能的作用过程和作用原理及其运行方式，提出相应的制度措施：构建建设工程创新动力机制，构建建设工程创新网络组织，构建激励相容动态反馈的管控体系。

一、构建建设工程创新动力机制

动力机制是指在建设工程创新过程中，促使创新出现的各要素的结构和作用方式，以及创新组织与外部环境之间所形成的互动关系总和。从演化经济学的角度，创新网络的动力，可以从"表型变异"和"环境激活"两个方面来解释。"表型变异"是指在建设工程创新过程中，对网络这种组织方式形成了需求（如：前文所述的合作剩余），这种需求促使各个主体从主观上产生构建技术创新网络的动机，并进而形成连续的动力。"环境激活"是指在重大建设工程技术创新过程中，促成网络需求的各类环境特征，如建设工程所处的技术环境、政策环境、经济环境和组织环境，这些环境因素使得网络的形成具有某种程度的紧迫性。事实上，建设工程创新动力是"表型变异"和"环境激活"相互耦合的产物，分别代表动力机制中的主体与环境的互动关系。两者并非界限分明，很多时候难以完全区分。

（一）营造公平、开放、自由竞争的市场环境

公平、开放、自由竞争的建设市场是建设工程创新能够顺利进行的基础，不规范的建

设市场秩序已经对我国建筑企业的技术创新形成制约，依靠优质产品和服务赢得市场的机制没有得到充分发挥。因此，政府职能部门应逐步完善各项法律法规，规范建设市场，通过自由竞争来实现企业间技术的优胜劣汰。

（二）继续深化投资建设体制改革

研究表明，建设工程创新对工程项目的建设管理体制、承发包模式都有特定的要求，分散的平行发包模式不利于发挥建设工程创新网络的协同优势，而设计施工总承包模式、BOT 模式、EPC 模式等更利于创新网络组织优势的发挥。近年来，我国对建设领域的投资建设管理体制进行了一系列的改革，工程总承包模式逐步得到推广和应用，这些都为创新网络的应用和发展创造了有利的政策环境。然而，由于工程总承包业务在我国起步比较晚，工程总承包市场和总承包企业都有待继续培育和发展，我国的投资建设体制改革也有待于继续深化。

（三）加大政府对建设工程创新的扶持力度

长期以来，工程建设领域被视为技术和管理落后的领域，建设工程从业人员整体素质参差不齐，人们对建设工程创新问题的关注和重视程度高，但实践上却不尽如人意。相较于制造业等其他行业，政府对建设工程创新的扶持力度也比较小，这些都不利于促进工程建设领域技术和管理水平的提升。实际上，工程建设领域作为国民经济的支柱产业，对于国民经济的发展发挥了重要的作用，建设工程创新不仅对于行业的发展具有重要作用，对于国民经济的发展也具有重要意义。因此，政府应加大对建设工程创新的政策扶持和资金投入，通过政策和项目引导对建设工程创新的需求。

（四）继续坚持建设工程创新的行业统筹

行业统筹是我国建设工程实践过程中探索出的重要经验。中央政府主管部门在制定行业规划和技术政策、激励企业技术创新、整合各方资源方面起到重要作用，形成市场优势、资金优势和联合优势，可有效避免低水平重复性研究。要加强行业科技宏观管理，密切跟踪国际技术发展趋势，制定行业科技发展规划、技术政策，确定行业重大、关键性和共性技术领域，组织开展联合攻关，引领行业科技发展。要通过政府采购和加大引进、消化、吸收、再创新资金投入等方式，引导和支持建筑企业及其相关装备制造企业和设计、施工企业加快采用世界先进技术的步伐。要紧紧围绕运输和建设的重大需求，统一安排技术创新重点课题，统一组织科研力量开展科技攻关，统一协调科研资金和资源整合，统一应用自主创新成果。

二、构建建设工程创新网络组织

现代工程规模大、构成复杂，往往涉及多个组织，不同的利益相关者众多，这对建设工程创新管理提出了严峻的挑战。而传统的建设工程活动一般采用临时、分散的组织模式。

工程投资决策立项后，由业主委托或择优选择科研机构或企业展开技术创新活动，勘察、设计、施工环节相互分离，各个参与方进入建设工程项目的周期各不相同，导致创新活动缺乏系统性，缺乏有效的整合和集成，工程建设完工后，项目组织即告解散，业主与各创新主体之间不存在长期稳定的合作关系，这就使得创新成果难以真正做到共享和延续，创新所带来的效益不能得到更广泛地发挥。同时，在创新过程中，各主体的创新动机不同，利益实现方式也有差别，难以在各参与方之间形成合力，共同实现建设工程创新目标。

网络组织是建设工程创新的有效组织形式。建设工程创新障碍分析表明，跨组织协同（边界跨越）是建设工程创新的内在需求，构建建设工程创新网络是实现跨组织协同的重要途径，建立跨组织协同的建设工程创新网络成为必然。建设工程创新网络是指核心组织者与结点企业在交互式的作用当中建立的联系紧密、结构稳定、激励相容的关系的总和，是介于市场组织和企业组织的中间型组织。建设工程创新网络是应对建设工程创新的一种组织安排，可以看作是市场和企业相互渗透的一种机制，网络架构的联结机制是各主体间的合作关系。建设工程创新网络构成了一个结构稳定的、非正式的、嵌入性的、重新整合的相互联系系统，以便于学习和知识尤其是缄默知识的交流。通过创新网络的构建，可以获得重要的协同作用和工程技术的交叉互补，满足建设工程创新的需要；同时，各行为主体可以规避高额的市场交易费用或较高的组织成本，实现各自的目标。建设工程创新网络在结构构成上与传统的、分散的、临时的技术创新模式有本质区别，最大的优势是实现组织间的协同，充分发挥技术创新的整体效应。

核心组织者是创新网络发起者，也是建设工程创新的系统集成者，核心组织者通过创新网络与结点企业（即各类技术创新主体）之间建立长期稳定的协作关系，针对建设工程的需求，整合各方创新资源开展创新。结点企业是构成网络组织的重要组成要件，可以是独立的企业或社会服务组织。按性质不同分为同质与异质两种，同质结点功能相同或相近，具有替代性特征，同质结点间的合作往往是竞争性合作，表现为"竞合关系"；异质结点功能差别明显，具有差异性特征异质结点间的合作多为互补性合作，表现为"和合关系"；结点企业提供给网络的是核心资源与关键技术，它们以不断变化的集体行为来适应外界环境的不确定性和复杂性。结点企业具有信息处理和决策功能，对信息的加工处理能力和网络价值的贡献大小决定了它们在网络组织中的地位与作用，因而结点具有"活性"与"互动性"。

根据具体工程技术特征与承发包模式不同，核心组织者和结点企业的构成也不同。核心组织者可以是业主，也可以是政府部门、研发实体或其他组织。结点企业（组织）可包括各类战略投资者、业主、科研机构、研发实体、施工承包商、材料设备供应商、设计咨询单位等。

（一）加强系统集成商的培育

建设工程创新网络组织的关键在于培育系统集成商的能力，只有当系统集成商有足够的能力来建立和驱动创新网络的运行时，建设工程创新网络才有可能获得持续发展的条件。战略决策能力、项目管理能力、网络关系能力、资本运作能力、资源整合能力、技术创新能力等是核心组织者驱动创新网络所应具备的核心能力。

从我国建设工程创新的发展现状来看，充当系统集成商角色的企业分三类：业主单位、建筑施工企业和大型设计院。不同类型企业充当系统集成商有各自的优势，当然也有各自的劣势。业主单位由于其管理的纵向跨度较大，资本运作能力、网络关系能力和资源整合能力相对较强，但其技术创新能力、项目管理能力相对较弱。而一些大型建筑施工企业通过十几年的发展和积累，已经具备了较强的投融资能力、项目管理能力、总体设计能力等核心能力，技术创新能力也在逐步提高，但这类企业往往在网络关系能力、资源整合能力和战略决策能力方面还有待提高。大型设计院的技术创新能力、项目管理能力相对较强，但在战略决策、网络关系、资源整合和资本运作方面还有待提高。同时，不同类型的项目对系统集成商的核心能力的要求也不同，应根据项目类型的不同，不断加强系统集成商的核心能力建设。

（二）强化项目业主的主导地位

在建设工程创新过程中，业主是技术创新的决策者和组织者，也是新技术的需求者和受益者。业主协调各方资源和关系，组织各参与方积极协作推动项目创新工作的开展，是建设工程创新的核心。应强化项目业主的主导地位，充分发挥其组织、管理和协调的作用，通过多种激励约束手段，能够整合多方资源，更好地支撑建设工程创新，能够理顺各方责任和义务，促进各方参与工作的积极性。

（三）依托项目构建协同创新平台

建设工程项目作为一个复杂巨系统，任何主体都无法独立承担建设工程项目的创新任务，而应在明确其外部环境和内部构成的基础上，通过各参与方协同合作，共同完成建设工程项目创新的工作。建设工程创新的特点决定了必须采取开放式协同创新的模式，依托项目构建协同创新平台。要优化整合行业科技资源，树立大科研观念，以需求为引领，以工程项目为依托，通过建设工程项目的实施统领企业、高校、科研单位，形成科技发展整体优势，形成以项目业主为主导的技术创新网络组织，进行协同创新。

三、构建激励相容动态反馈的管控体系

为保障建设工程创新的顺利开展，需要建立激励驱动、协同合作、动态反馈的管控体系。

（一）激励机制

激励包括对有利于系统目标发展、与项目目标体系一致的行为给予鼓励，而对项目目标体系不利或与项目目标不一致的行为进行制止和控制。面向建设工程创新的激励，首先建立优胜劣汰机制，体现在选择技术创新合作伙伴时，通过竞标等方式择优选择合作单位。

第二，建立过程奖励机制，在合作过程中业主不断对技术创新过程进行跟踪评价，对于完成阶段性目标的给予奖励，没有完成阶段性目标，查明原因并采取补救措施。第三，建立团队技术创新绩效与个人奖励挂钩机制，团队产生的创新成果不但奖励团队，还要奖励个人，激励个人充分融入团队进行协同创新。第四，重视精神奖励，注重加强创新文化建设，提倡相互协作、团队努力以及和谐共赢的文化风气。注重以人为本，注重对基层技术人员的培养与支持，关注他们的需求。

（二）协调机制

协调机制是指在建设工程创新过程中，对创新网络中企业之间的各协同要素的有机整合原则和动态调整措施。建设工程创新参与主体众多，且利益诉求各不相同，造成了各方主体的目标与项目总体目标并不趋同甚至背道而驰。建设工程创新的协调是指采用协商、谈判、沟通等协调方式，对创新网络组织内外部有关部门和活动进行调节，使之紧密配合、步调一致，形成最大的合力。协调机制的范围很广，主要涉及契约关系、信任关系、利益分配、激励约束和评价反馈等方面。

首先，构建公平的利益分配机制，按照"利益均沾，风险均担"的原则，根据参与主体投入的资源和承担的风险来进行利益分配。第二，建立有效的磋商机制，通过有效磋商，合作各方可以取得效益贡献的平衡。第三，建立畅通的利益表达机制，利益表达重点关注参与者和独立要素的利益诉求，确保他们的利益诉求得到充分的尊重和理解。第四，建立合理的利益补偿机制，在合作中获益较多的伙伴给获益较少的伙伴以一定量的利益补偿，该利益补偿量可以预先确定。

（三）评价机制

评价机制指评价主体通过鉴定、评审、评价、验收、审定等方式，按照相应的评价内容、评价指标、评价标准和评价程序，采用科学的评价方法，就建设工程创新平台科技创新计划的实现程度、资源投入的效益、完成的效果和影响、组织管理的有效性等内容，对平台内参与创新的各个主体和合作单位进行评价和考核等活动。建设工程创新应首先建立科学完善的评价体系，包括评价主体、评价客体、指标体系、评价标准、评价方法、评价程序等要素。第二，建立业主评审机制，科研任务下达后，业主应根据合同对技术创新的过程进行动态评价，以便调整针对性的激励和协调措施，科研任务完成后，应组织专家对创新成果进行审查论证和评估，确保科技试验的立论科学合理、方向正确、先进实用。第三，建立创新成果的第三方评审机制，构建若干个独立的第三方评审认证机构和检验检测机构，形成公开、公平、公正的市场竞争机制，确保认证机构的公正性。

（四）学习机制

学习机制是从知识的角度，探讨知识在技术创新网络中的活动机理。主要内容包括知识生成，知识积累，知识共享和知识应用。知识生成是技术创新的前提，知识积累是技术创新的关键，知识共享是技术创新的途径，知识应用是技术创新的检验标准，四个环节形成了一个循环往复的结构，促进了技术创新的持续进行。技术创新成功的关键是合作伙伴间的持续互动，它要求技术创新网络的参与者具有学习能力，技术创新网络组织应是一个学习型组织。建设工程创新网络的最大优势，正是实现了跨组织学习。跨组织学习能够促使创新能力的持续提升，实现技术创新网络中互补性知识的学习和交流。在技术创新网络形成与发展的不同阶段，由于建设工程需要解决的难题和需要实现的创新不同，因此，跨组织学习机制的特征也是不同的。

第五节　项目技术创新推动企业发展

随着城乡一体化建设的加快，建筑行业达到了前所未有的繁荣景象，竞争也随之加剧。这就必须促使建筑企业在提高工程质量的同时减少成本的投入，技术创新就势在必行。中华人民共和国住房和城乡建设部在 2014 年 7 月 1 日公布的《住房城乡建设部关于推进建筑业发展和改革的若干意见》中第二十条"提升建筑业技术能力。完善以工法和专有技术成果、试点示范工程为抓手的技术转移与推广机制，依法保护知识产权。积极推动以节能环保为特征的绿色建造技术的应用。推进建筑信息模型（BIM）等信息技术在工程设计、施工和运行维护全过程的应用，提高综合效益。推广建筑工程减隔震技术。探索开展白图替代蓝图、数字化审图等工作。建立技术研究应用与标准制定有效衔接的机制，促进建筑业科技成果转化，加快先进适用技术的推广应用。加大复合型、创新型人才培养力度。推动建筑领域国际技术交流合作。"这条意见更好的阐述了技术创新对建筑企业发展的重要作用，并且提出了改革的具体内容和方向。

一、技术创新对建筑企业发展的意义

技术创新有利于提高建筑企业对自身发展的要求。通过几十年的发展，建筑企业已经取得了很大的成就。因此，在我国市场经济体制下，技术的创新是企业自身发展的要求，建筑企业只有在实践中不断地总结经验，对技术进行创新，并借鉴国外优秀管理经验，探求适应我国国情的技术创新模式。在高速发展的社会经济中，想要建筑企业发展就必须创新，在创新中发展，在创新中求效益，在创新中求突破，在创新中求胜利。没有不通过创新而得到发展的，因此技术的创新更能提高建筑企业的发展要求。

技术创新还能提高企业的品牌文化效益。在建筑企业中，良好的品牌文化效益能使企业更好地适应市场的发展，提升核心竞争能力。有着良好的品牌文化效益能获得更好的发展机会，吸引更多的复合型人才。在经济方面，现在越来越多的高、大、难、新项目都需要技术创新的支持，只有技术领先的企业才能保证项目的进度和质量，最终取得较大的经济效益。

二、制约建筑企业技术创新发展的因素

目前，国内建筑行业的快速发展，导致恶性竞争加剧，低价竞标现象非常普遍，而建筑企业的技术创新也随之被限制。建筑企业的技术创新被限制的主要因素就是技术创新主观意识不足、对技术创新的投入不足、缺少政府的有效指导、缺乏专业的技术人员四方面。

（一）技术创新主观意识不足

在建筑企业中，技术创新更新换代的速度相对比较缓慢，这主要是因为缺乏对建筑企业技术创新的发展趋势的了解，对技术创新的主观意识不足，就导致技术创新的发展相对缓慢。并且在很多建筑企业中，管理者过分地依赖个人的经验，没有意识到技术创新的重要性。很多建筑企业在施工时只是照图施工，并没有对技术创新方面进行主观的研究。然而在 2007 年 11 月第九次国家级工法评审中有一项以钢筋绑扎为题的工法通过了评审。这就说明在建筑企业中并不是缺少技术创新，而是缺乏对技术创新的主观意识不足，进而导致在建筑企业发展中缺少技术的创新。

（二）对技术创新的投入不足

技术的创新就必须要资金的投入，技术创新能否成功主要取决于充足的资金。我国建筑行业技术创新的平均科研投入占国内生产总值的 0.5% ~ 0.7%。而发达国家的投入占 2.5% ~ 3%，从数据中可以看出这之间的巨大差距。目前，国内建筑企业中存在的垫资施工问题，这样就使资金的周转更加困难，并且许多的中小民营企业由于资质等问题很难从银行进行贷款，因此计划用来技术创新的资金不仅变少还会被挪用。在过度竞争的市场中，降低成本是建筑企业最先考虑的问题，技术创新不仅需要资金还需要人力、物力，人力、物力同样需要资金的支持，因此为了竞争和提高企业竞争力，就在一定程度上抑制了技术的创新。

（三）缺少政府的有效指导

在日益竞争激烈的建筑企业发展中，政府部门在建筑企业发展中占有很重要的地位。建筑企业普遍人员素质较低，对技术创新机制不够了解，然而建设行业主管部门的科技机构（省、市级建设部门往往下设科技处）普遍只有 2 ~ 3 位在编的工作人员，有些甚至不懂业务、专业并不对口，只能做些文件上传下达的日常工作，无法对辖区内相关企业的科技工作起到真正、有效的指导和引领作用。而众多建筑企业也往往因此变成无头苍蝇一般，既知道技术进步对企业发展有积极作用，但却苦于没有专门的主管部门进行有针对性的指导，很多工作变成无用功，进行重复投入或者无法取得预期效果。

（四）缺乏复合型的技术人员

"以人为本"是建筑企业发展的重中之重，但是在建筑企业中大多数是低学历的体力劳动者，文化水平相对较低，而从事技术创新的人员就少之又少。据相关数据在 2005 年的美国建筑企业是中国同期的 15 倍，而员工仅是中国的四分之一，劳动生产力是中国的 46 倍。说明中国建筑人员规模大，效率低，使企业的负担过重，严重影响企业创新的活力。因此缺乏技术创新人员是制约建筑企业技术创新的主要因素。没有良好的企业文化和薪酬体系很难吸引到复合型的技术人才，缺少专门的技术创新部门来与其他的部门进行沟通，并做好事前预算和事后监督。从而致使建筑企业的技术创新发展更加缓慢。

三、促进建筑企业技术创新的策略

虽然在建筑企业技术创新的道路上有很多的制约因素，但是技术创新的优势远大于劣势。因此通过加强专利技术研发，推广使用新工法、新工艺、企业管理体制创新、推进建筑信息模型（BIM）等信息技术在工程当中应用、复合型人才的培养几个方面来促进建筑企业的技术创新，使建筑企业在竞争中占有不败之地。

（一）加强专利技术研发，推广使用新工法、新工艺

建筑企业中技术创新对发展有很重要的作用，因此在企业中鼓励员工自己进行技术创新，定期组织对技术创新成果的总结。对优秀的技术成果给予适当的精神奖励和物质奖励，进而激励技术人员再接再厉，继续进行新项目的技术创新。并对于优秀的技术成果可以进行申请国家专利成果或者专有技术，一定要保护好知识产权。对于优秀的技术创新成果还可以向国家申报奖项，进而提高建筑企业的知名度。在建筑企业中对优秀的技术成果进行宣传、推广，将创新技术转化为生产力，提高建筑企业的竞争能力，使企业得到可持续发展。如果建筑企业没有专门的技术创新人才，也可以运用别的企业研发的并适合本企业的技术成果，或者使用适合本企业的国家推广使用的新技术。

（二）企业管理体制创新

在竞争激烈的建筑市场中，企业的管理是企业发展的重要部分。首先在管理观念上的创新，建筑企业要先转变管理观念，跟上经济发展的变化，进一步强化企业的信息观、创新观。在管理的内容方面的创新。计算机的普及为管理手段的现代化提供了充分的发展空间，提高了企业管理创新的水平，增强建筑企业的信息管理和风险管理的创新能力。主要是表现在建筑企业建立信息化平台，普遍推进工程项目信息化管理。在建设企业内部建立完善的办公系统、人力资源管理系统、财务管理系统、档案管理系统、工程项目管理系统等管理平台。在管理方式方面的创新。建筑企业目前的生产周期普遍缩短，管理方式创新是专业分工从金字塔组织转变成扁平的团队组织。这样使员工在自己的工作岗位上就可以了解全局，使员工思维更加活跃，管理者从控制全局转变为指导全局，注重为员工提供服

务，确定战略和创造员工必要的工作环境。

（三）推进建筑信息模型（BIM）等信息技术在工程当中应用

信息技术的高速发展，催生了建筑信息模型，这种信息技术就是将二维的设计思想转化为三维计算机设计，改变人脑的主观设计，用电脑进行设计。在建筑企业发展中，运用BIM技术，可以给建筑企业带来巨大的贡献，不仅可以使施工更加安全，还可以降低无所谓的消耗，减少变更，制订相对完善的项目计划，使项目施工在短时间内得出最佳的成果。因此在建筑企业中推进BIM这种技术创新的应用是十分重要的。在设计中，运用Revit、AutoCAD等设计软件。在施工中，运用Innovaya、MS project等软件。在运营使用中，使用N/A软件，这样更有利于建筑企业的发展和创新。

（四）复合型人才的培养

"科技、人才、文化兴业"，人才是企业发展的重中之重，因此在建筑企业创新中人才是必不可少的，要想企业发展得更好，就必须要对企业的员工进行培养。使员工人尽其才、才尽其用，为员工创造良好的施展才能的环境，并为员工创造学习和锻炼的机会。定期进行相应的技术创新方面的培训，先培养员工的技术创新意识，意识先行，落实在后。之后学习相关的法律法规，进行技术创新时要依据规章制度。最后锻炼员工的技术创新能力，经常进行技术创新比赛，并制定相应的考核制度和激励制度，鼓励有技术创新的员工，提高员工技术创新的积极性。在对复合型人才进行培养的同时，并对于有能力的人才委以重任，增强人才的责任感，增强技术创新的活力，最终保证建筑企业的可持续发展。

第九章　施工企业项目管理

在市场经济全球化的大潮中，国与国之间的竞争最终反映在经济实力上，国家之间这种经济上的竞争体现为企业间的竞争，而企业的发展壮大又是通过对一个个相对独立的项目管理来实现的。因而，项目管理水平，标志着企业的管理水平，在一定程度上反映了国家的竞争力。

社会经济建设不是煮大锅饭，而是一个有机体，由一个个相对独立的项目—这一经济细胞组成的。现实生产生活中存在着许许多多这样相互独立而又彼此联系的经济细胞，它们共同构造了五彩缤纷而又纷繁复杂的世界。这些项目，小至某个立交桥，大到目前的防治"非典"，都与人们的生产生活密切相关。

正是由于项目的多样性与复杂性，要求对项目管理必须具有灵活性及其适应性，尤其在当前市场经济体制下，项目管理更应在政府有效宏观调控下体现市场规律：在竞争中优胜劣汰！面对市场，无论企业是本地性的还是全球性的，面对排山倒海而来的战略挑战和前所未有的机会，会使得企业对项目经理需求越来越急迫，当然也越来越困难。

第一节　我国施工企业项目管理概述

一、我国施工企业的发展

（一）对施工企业的理解

施工企业，是以营利为目的、通过完成基本建设工程施工阶段的工作而取得盈利、经注册具备法人地位的经济组织。作为企业的一种，它具备企业的共有特征：

1. 施工企业的目的是盈利。

2. 完成建设工程项目施工阶段相关工作是其获得盈利的主要途径。

3. 具备法人地位并拥有固定的场所。

对于施工企业而言，完成建设工程施工阶段的任务不是哪一个具体的人，而是许多人——人群，这就需要管理。而企业管理就必须具有两个条件：一是目标；二是制度。制度的目的是为了约束人们的行为去实现一个共同的目标。通过完成建设工程项目施工阶段的工作而取得盈利的经济组织，就形成了工程施工企业，简称施工企业。

（二）我国施工企业的发展

直到新中国成立前夕，我国施工企业实际上仍然停留在传统经验管理阶段。管理的现代化，是新中国建立以后逐渐开展的。

建国初期，苏联的以产品经济思想为基础的集中计划管理体制对我国施工企业产生了极为深刻的影响。国家对建筑施工行业实行高度集中的统一管理。大部分基本建设项目由政府实行计划管理，并推行党委领导下的厂长经理（经理）负责制，又在企业中实行职工代表大会制。这些管理办法，对于提高施工效率，降低工程成本，保证工程质量，发挥了一定的作用。但它片面强调行政手段，忽视了经济方法，过分地强调集中而忽视了民主管理。

1958年的大跃进，一度导致施工企业管理的松弛和混乱，给工程建设造成了极大的损失和浪费。

改革开放年以来，施工企业得到了迅速发展。国家在扩大施工企业自主权和推行经济责任制的基础上对建筑施工进行全行业的改革：围绕着缩短工期、降低造价、提高工程质量和投资效益进行的。主要内容包括：改变施工任务行政指派方式，实行工程招标承包制；推行工程承包单位包工包料；改革工资分配办法；改革企业组织体制，推行劳动合同制；改革工程价款结算方式；改革工程质量监督办法；实行建筑行业商品化生产和经营；实行经理（厂长）负责制，企业的生产经营管理由国家委托经理（厂长）全权负责。

随着市场化进程的加快和改革的深入，我国施工企业在新世纪伊始，以建立现代企业制度为核心，大都进行了股份制改造，实行职工持股以实现产权多元化，基本上都成立了集团股份有限公司。

二、工程项目管理

从施工企业的性质发现，建设工程项目是其主要工作任务。

（一）对工程项目的认识

工程项目是指在一定约束条件下（工期、成本、质量）具有明确目标的一次性事业，有如下一些特征。

1. 工程项目的一次性

工程项目的一次性是其最主要的特征，也可称为单件性，指的是没有与此完全相同的另一项任务，其不同点表现在任务本身与最终成果上。只有认识工程项目的一次性，才能有针对性地根据工程项目的特殊情况和要求进行管理。

2. 工程项目目标的明确性

工程项目的目标有成果性目标和约束性目标。成果性目标是指工程项目的功能性要求，如一座钢厂的炼钢能力及其技术经济指标。约束性目标是指限制条件，期限、预算、质量都是限制条件。

3. 工程项目作为管理对象的整体性

一个工程项目，是一个整体管理对象，在按其需要配置生产要素时，必须以总体效益的提高为标准，做到数量、质量、结构的总体优化。由于内外环境是变化的，所以管理和生产要素的配置是动态的。

（二）工程项目的划分

工程项目亦称单项工程，是建设项目的组成部分，该部分在功能上是完整的，建成后能够独立发挥生产能力产生投资效益的基本建设单位。

1. 单位工程

单位工程是工程项目的组成部分，通常将工程项目所包含的不同性质的工作内容，根据能否独立组织施工的要求，将一个工程项目划分成若干单位工程。该部分能够独立组织施工，能够单独核算，但建成后一般不能单独发挥投资作用。

2. 分单位工程

分单位工程是工程中相对独立的部分。

3. 分部工程

据单位工程的不同施工部位可将一个单位工程划分成若干分部工程。例如，一个桥墩可划分为墩帽、墩身、承台和基础4个分部工程。

4. 分项工程

分项工程是分部工程中不同性质的工作内容的集合。一个分项工程可包含若干个相关联的工序。

5. 工序

工序是指在施工技术和劳动组织上相对独立的活动。工序的主要特征是：工作人员、工作地点、施工工具和材料均不发生变化。如果其中有一个条件发生变化，就意味着从一个工序转入另一个工序。例如，备钢筋时，工人将钢筋整直这是一个工序，然后进行除锈工作，便进入另一个工序。

从施工操作和组织的观点看，工序是最简单的施工过程。任何一大的建设项目的完成，最终必须落实到每个具体工序的操作上。

（三）工程项目阶段的划分

任何工程项目建设都是在一定的时间和空间范围内展开的。项目的系统性不仅表现为项目自身的逻辑构成及其组织管理的整体性，而且突出表现为项目建设时间和空间上的阶段性、连续性和节奏性。这就要求工程项目建设要按一定的阶段、步骤和程序展开，研究和遵循这一规律是工程项目管理的重要职责，也是工程项目建设成功的基本保证。

按照工程项目的时间顺序，可划分为下列 4 个阶段：决策阶段、设计阶段、施工阶段和验收阶段。

1. 决策阶段

本阶段的主要目标，是通过投资机会的选择、可行性研究、项目评估和报请主管部门审批等，对项目上马的必要性、可能性以及为什么要上、何时上、怎么上等重大战略目标，从技术和经济、宏观与微观的角度，进行科学论证和多方案比较。如果项目研究结论是肯定的，经主管部门批准并列入计划后，则下达计划任务书。

2. 设计阶段

本阶段是工程项目战役性决策阶段。它对工程项目实施的成败起着决定性作用。本阶段的主要工作包括：项目初步设计和施工设计；项目经理的选配和项目管理班子的组织；项目总体计划的制定；项目征地及建设条件的准备。

3. 施工阶段

本阶段的主要任务是将蓝图变成项目实体。通过建筑施工，在规定的工期、质量，造价范围内按设计要求高效率地实现项目目标。本阶段在整个项目周期中工作量最大，投入的人力、物力最多，管理协调配合难度也最大。

本阶段任务主要由工程施工企业来完成。建设单位主要职责是项目实施中的监督、协调、控制和指挥。

4. 竣工验收阶段

本阶段应完成项目的竣工验收及项目联动试车。项目试产正常并经业主认可后，即告结束。

（四）工程项目管理

工程项目管理是为使项目取得成功（即实现所要求的质量、所规定的时限、所批准的费用预算）进行的全过程、全方位的规划、组织、控制与协调。因此，工程项目管理的对象是工程项目。其管理职能同所有管理的职能均是一致的。需要特别指出的是，工程项目的一次性，要求工程项目管理程序性和全面性，也需要有科学性，主要是用系统工程的观念、理论和方法进行管理。工程项目管理目标就是工程项目的目标。该目标界定了工程项目管理的主要内容，那就是"三控制、二管理、一协调"即进度控制、质量控制、费用控制、合同管理、信息管理和组织协调。

工程项目管理，是在工程项目建设的生命周期内，用系统工程的理论、观点和方法，进行有效的规划、决策、组织、协调、控制等系统性的、科学的管理活动，从而按工程项目既定的质量要求、时间限定、投资总额、资源限制和环境条件，圆满的实现建设工程项目目标。它的职能包括：

1. 决策职能

建设项目的建设过程是一个系统的决策过程，前期决策对设计阶段、施工阶段.及项目建成后的运行，均产生重要影响。

2. 计划职能

这一职能可以把工程项目的全过程、全部目标和全部活动都纳入，用动态的计划系统协调与控制整个工程项目，使建设活动协调有序地实现预期目标。

3. 组织职能

这一职能是通过建立以工程项目经理为中心的组织保证系统实现的。确定职责，授予权力，实行合同制，健全规章制度，可以进行有效的运转，确保工程项目目标的实现。

4. 协调职能

由于工程项目建设实施的各阶段、相关的层次、相关的部门之间，存在大量的结合部。故应通过项目管理的协调职能进行沟通，排除障碍，确保系统的正常运转。

5. 控制职能

工程项目主要目标的实现，是以控制职能为保证手段的。这是因为偏离预定目标的可能性是经常存在的，必须通过决策、计划、协调、信息反馈等手段，采用科学管理方法，纠正偏差，确保目标的实现。目标的控制也必须是系统的、连续的。工程项目管理的主要任务就是进行目标控制，其主要目标是投资、进度和质量。

三、我国施工企业项目管理的历史

（一）企业组织结构形式

改制前的施工企业大都采用直线职能制组织结构形式。

直线制体现的是领导高度集权的管理原则。这种组织形式结构简单，指挥统一，责权明确：直线职能制在直线制基础上更能发挥专业技术人员的作用。该种组织机构把企业的管理人员分成两类：一类是直线上的行政指挥人员，他们须对自己主管的工作负全部责任，并有权向下级行政主管人员下达命令进行指挥：另一类是职能参谋管理人员，他们是同级直线指挥人员的参谋和助手，对下级行政指挥人员及职能机构只起业务指导作用，无权直接下达命令进行指挥。这种组织形式保持了直线制集中统一指挥的优点，吸取了职能制发挥专业管理职能作用的优点，提高了管理效率。

（二）项目管理组织形式

根据工程项目的不同特点、不同要求，施工企业需要统筹安排生产要素和优化资源配置，通常采用矩阵式形式组织管理项目。

该种组织结构的特点是：

1. 施工企业建立基地—企业本部。整个企业的经营管理活动由企业本部经理负责，吸收了直线职能制组织结构的优点，设置职能部门保证决策的科学性。

2. 对于每个具体工程项目，由企业择优选派项目经理，由具体项目经理在全企业范围内根据项目的要求优先选定生产要素。在项目上建立高效精干的组织机构，对具体的项目施工管理全面负责。

3. 企业不干涉项目的工作，但对项目的难点问题提供指导和帮助，与项目分工协作，共同发展，并从具体的项目施工管理中解脱出来，集中精力于企业的发展战略和企业素质的提高；项目则致力于项目目标的实现。建立起项目依托企业，企业指导项目，协调发展的运营机制。

四、我国施工企业项目管理现状

随着市场化进程的加快和改革的深入，我国施工企业在新世纪伊始，以建立现代企业制度为核心，大都进行了股份制改造，基本上都成立了集团股份有限公司。我国施工企业经过股份制改造以后，已经实现了产权结构多元化和治理结构的调整。

（一）母子公司的关系

在一个投资主体多元化的体系中，组织结构必然要涉及母子公司关系的定位问题。从法理的角度看，母公司与子公司是出资人与被投资企业之间的关系。母公司不是子公司的行政管理机构，与子公司之间不是上下级行政隶属关系。母子公司各自在法律和章程框架内开展各种活动。子公司对母公司负责，是因为母公司是股东，但母公司不能因为自己的特殊角色而忽视子公司的发展要求。

（二）企业治理结构

集团公司（母公司）与其各子公司都是法人实体，在法律上具有平等地位。母公司不能直接干预子公司的经营活动，更不能利用关联交易通过损害子公司的利益来增加母公司的利益。但母公司毕竟作为投资主体，是子公司的股东，具有行使股东权利与义务的能力，对子公司的经营行为又有相应的监控权，并负有组织协调的职责，有权要求子公司按集团利益行事。子公司的任何行为和活动又必须体现和反映母公司的意志，子公司的经营管理必须基于母公司的经营管理考虑，是母公司经营管理的细化和延伸。

但由于我国施工企业集团公司（即母公司）是国有资产的代表，对子公司形成绝对控股，目前在管理上处于过渡时期，仍保留着生产经营的主要职能，改变不了过去的上下级行政关系。

企业对工程项目的管理依旧是采用矩阵式形式来组织管理。项目的权力高度集中于负责该工程任务施工管理的分公司经理或项目经理，又由于工程项目地点的分散性，企业往往对项目难以实行有效的控制；分公司经理或项目经理大都由企业主要领导人任命，这样的人事制度会使得企业员工为了个人的荣华富贵而沉溺于繁文缛节；并且极易造成企业领导与分公司经理或项目经理相互勾结，造成企业资产流失。企业经营管理层更关心的是自己的眼前利益，无心致力于企业的长远发展，企业人浮于事，无力发展。

五、企业文化现状

企业文化虽然不构成企业资源的直接要素，但一个企业的文化状况如何将对企业资源的利用效率和企业的战略发展方向产生重要影响。

工程企业现有的文化雏形脱胎于传统的计划经济体制。建筑行业是受计划经济影响较重的行业之一，在计划经济体制下，由于企业的生产任务完全由国家计划指令，工程企业根本没有企业文化的概念，但是受计划经济的影响，企业客观上还是存在着一种不思进取、因循守旧、"等、靠、要"和害怕挑战、排斥变化的文化价值取向。随着企业经营形势的恶化和市场竞争的加剧，企业主要管理层才开始意识到培育健康、务实的企业文化对于企业长期发展的重要意义。也正是在这个基础上，结合近几年来企业管理和市场开拓的体会和经验，施工企业提出了"建一项工程，树一块丰碑"的经营理念、"个人能力发挥和对企业贡献最大化，企业经济效益和对社会贡献最大化"的企业价值观、"以人为本的领导与以事为本的管理"的领导管理理念以及"团结一致，艰苦创业，奋发向上，开拓前进"的企业精神，并树立起了"质量至上，业主满意，创造全体员工引以为荣的工程"的产品品牌形象，从而初步勾勒出了工程企业文化的雏形。这一文化雏形的特点，一是超越市场竞争，注意把市场意识、共赢意识和竞争意识以企业文化的形式融为一体；二是强调团队精神，要求树立全集团的整体意识和协作意识；三是重视企业形象，初步导入企业形象识别系统（CIS）。

尽管施工企业在企业文化建设方面取得了初步成果，并形成了雏形，但是施工企业现行的企业文化建设仍属于总结性的、探索性的。旧文化和新文化的交融与矛盾，使现阶段施工企业的企业文化也显现出了一些问题：首先，目前的企业文化具有明显的过渡性。现行的企业文化必然也要随着集团的发展和行业的扩展而调整、充实和提高。这使得企业文化具有一定的不确定性和暂时性，属于一种过渡文化。其次，企业官本位的思想依然严重。随着工程企业的改制，企业内部的分配激励机制发生了前所未有的变革。"效益优先，能多能少"已逐渐成为企业员工的共识。但是集团公司目前基于员工绩效的分配是基于等级的。由于等级在先的限制，同一业务性质的部门里，最有效率的员工的收入不可能超过该业务部门中职务最高的员工的收入。同时，由于集团公司承揽到工程任务后，是通过子公司来施工的。这样就使得一些内部单位不是面向真正的外部市场，其效益在某种程度上取决于任务的分派，这在员工心目中形成了一种要增收入却不去闯市场，而是想方设法去当官的心态。这种"官本位"思想如不从体制上及时加以遏止，必然窒息企业的活力。最后，害怕挑战、排斥变化心态依然是大多数员工，特别是中高层管理者的主要心理特征。这种文化雏形有新时期集团公司对未来企业文化的积极探索的因素，但更多的是施工企业历史的积淀，大多数员工抵制变化，缺乏市场探索意识。这种价值倾向对于一个市场经济体制中谋求发展的施工企业来讲，无疑将带来巨大的观念上和心理上的阻力。

第二节　我国施工企业项目管理中存在的问题

一、工程项目管理的目标

工程项目的目标（质量、成本和工期）具有一定程度的相互制约性。这就使得有关工程项目的管理不要求最优方案，只要求满意（可行）方案。

工程项目的施工过程，包括十分复杂的工作内容，施工管理的根本目的就是在现有的条件下，合理组织施工，完成合同目标，为企业创造效益，为国家创造财富。

具体地说，工程项目施工管理的基本任务可以概括如下：

1. 合理地安排施工进度，保证按期完成各项施工任务。

2. 有效地进行施工成本控制，降低生产费用，争取更多的盈利。

3. 采取严格的质量与安全措施，保证工程符合规定的标准与使用要求。保证生产人员的生命安全，杜绝各种质量事故和安全事故。

这3项任务是密切相关的，不能顾此失彼。

这3项任务也是合同目标的要求。一般说来，合同目标要求，往往表现为建设项目工期短、成本低和质量高。同时达到3个目标的最佳要求，实际上只能是一种理想。我们追求的是系统的优化，而不是局部的最优。这3个要求之间存在着相互制约的关系。要提高质量就可能增加成本，延长工期；要缩短工期又可能增加成本，影响质量；要降低成本就可能降低质量，影响工期。

事实上，只有工程质量合乎标准并能充分发挥效益，才能满足要求。如果质量不符合要求，就必须降低使用效率，增加维修费，缩短使用寿命。所以，必须在保证质量的前提下去缩短工期，也只能在保证质量的前提下降低成本。但是，我们并不盲目地追求高质量，而是最适宜的质量，必须用价值工程的理论去指导施工。同样，我们又必须合理地组织施工，采取新的施工技术和科学的管理方法，尽量加快施工进度，千方百计地缩短工期，保证按期或提前交付使用，尽早发挥投资效益。而努力降低成本是任何经济活动所追求的目标，只有在施工中提高了劳动生产率，杜绝浪费，降低了成本，施工企业才能获得更多的盈利。才能为国家积累和节约更多的建设资金。综上所述，在工程项目施工管理中要把工期、成本、质量和安全这三个目标统筹考虑，综合平衡。

这里，我们可以根据用户对工程项目的具体要求，将质量、成本、工期等指标定量化，建立目标规划并求得满意解，进而获得满意方案。数学模型如下：

$$MinF(x) = p_1 \times (质量) + p_2 \times (成本) + p3 \times (工期)$$

当然，模型中的变量的优先等级因用户的要求变化而变化，质量是指在预定的使用期内满足用户功能使用需要的程度，包括工程的性能、寿命、可靠性、安全性和经济性，可以折合成单位使用时间的成本；成本是指工程项目实体的建设费用和使用期内的维护费用；工期反映用户对工程项目急于投入使用的程度，将影响成本。

随着我国社会主义现代市场经济的发展，市场竞争也日益激烈，建筑行业的竞争，要求施工企业必须有雄厚的经济实力，才能在市场竞争中生存。目前，建设单位在投资某一个项目时，通常要求施工单位垫资生产。

二、我国施工企业项目管理中存在的问题

正如经济学家凯恩斯所言："我们大多数都是在旧说下熏陶出来的。旧说已深入人心。所以困难不在新说本身，而在摆脱旧说。"

工程项目管理的所有活动都是为了实现该工程项目的目标而进行的。改制后的施工企业集团公司作为母子公司体制中的母公司，仍保留着生产经营的主要职能。但是随着公司的发展，母公司的职能必然发生重大变化和转移—以生产经营为主转变为以资本运营为主。母公司作为国有资产运营主体，承担集团内国有资产的保值增值的责任。子公司对所经营的国有资产享有法人财产权。母公司依照《公司法》及其他有关法律法规，按照"集分结合，管放适度"的原则，对子公司实施有效控制。但我国施工企业目前还存在着一些不利于实现工程项目管理的上述目标的因素。

（一）产权制度不合理

1. 产权不清晰

产权清晰包括法律上和经济上的清晰。我国施工企业（国有）的产权在法律上是清晰的，有完整的地位，并能够得到法律保护，但是在经济上是不清晰的。因为产权在经济上的清晰，首先应满足产权的所有者对产权的约束力。而约束就必须有约束依据，依据就是股东产权的收益目标。施工企业对项目的管理应该体现出该项目的收益目标，即股东产权的收益权。但目前我国施工企业只是提出要使企业资产保值增值的口号，没有具体的经营预算，更谈不上约束责任。经济上不清晰的产权不能称为真正的产权清晰。

2. 缺乏约束机制

产权不清晰的管理无法实现对工程项目管理者进行约束。因为本身就没有产权收益目

标，缺乏约束依据。这只能会造成施工成本增加和经济效益低下。董事会缺乏监督，监事会形同虚设。

3. 中小股东利益缺乏保护

目前经过股份制改造的施工企业已经实现了产权结构多元化，但是小股东的利益无法得到保护。目前施工企业实行的股份制是国有股占 51% 而形成第一大股东绝对控股，企业党委很自然地改叫董事会，工会跟着叫监事会，职工代表变成了股东代表；股东代表大会是最高权力机构。结果是大股东可以任意侵害中小股东的利益。因为即使是全部中小股东联合起来也无法推翻大股东。董事会合情合理地由国有资产的代表来任命，与改造前一样缺乏监督，监事会形同虚设，小股东一盘散沙。

（二）组织结构的不合理

我国施工企业由于历史遗留的问题，大都采取了直线职能制机构，这种刚性的组织结构与项目上对生产要素的灵活、弹性的需要间产生了严重的对立。使施工企业在处理其与建设项目间的关系时存在着许多弊端。

1. 施工企业机构臃肿

这必然造成效益底下，矛盾重重。这些施工企业通常是大企业小社会。设有自己的学校、医院、商场等附属单位。设置这些单位本来也无可厚非，但是这些单位的人员多数都是企业的子弟，大都不学无术，无法为企业创造效益，还需要企业的其他业务效益来养活，以至于引发矛盾。有专业能力的人还进不来（来了的也会走），这些附属单位原本是可以造就人才、创造利润的地方，但事实上却成了企业的负担。

2. 主营业务机构不合理

由于习惯势力，改制后的施工企业仍然受直线职能制组织的影响，按固定建制组织施工，违背了工程建设的客观规律，造成了因人设职、整个施工单位搬迁和按企业行政层次分配任务的局面，不但极大地浪费了生产要素，而且还带来工作的低效率。施工企业所承担的施工是经常变化的，不同的施工项目和项目的不同阶段，需要的生产要素的种类、数量和质量有所不同，但在传统体制下施工企业无法根据项目建设的这种规律增减所需的生产要素，所以无论承接什么样的项目都只能把所有的生产要素全部堆到项目上去，带来生产要素的浪费或短缺、人事上的重重矛盾和工作的低效率。

3. 责、权、利不对称

针对各个不同工程项目的多样性、复杂性和施工地点的流动性，根据工程项目的具体需要，施工企业从企业内部抽调相应的施工管理和工程技术人员，组建项目部；由该项目部代表本企业，对项目进行施工组织和管理，以实现用户对该项目的各项预定目标。这就是矩阵式的项目施工管理，它的最大特点是其回避了企业的产权关系，导致项目管理者的责、权、利不对称。这种矩阵式项目管理，在企业的生产关系不变或较少变化的前提下，解决企业生产力诸要素在项目上的结合问题，具有很强的可操作性。但由于责、权、利不对称，使得这种管理有很大的局限性。

由于传统的计划经济的影响，企业对项目的管理缺乏真正意义上的产权清晰（即独立核算、自主经营和自负盈亏）。前文已经指出：由于项目的一次性，一旦项目结束，该项目即告解散（项目一般不具备法人资格），但该项目与外界所发生的经济关系（债权债务关系）依然存在，该项目的经济责任最终只能由企业来承担。

解决施工企业的根本问题关键在于产权清晰、所有权与经营权的分离。

即使项目管理有了产权目标（即约束依据），但缺乏约束机制的管理也不能解决企业的问题，却更容易造成企业资产流失。因为，完全的自主经营与自负盈亏、自我发展、自我约束相联系的。古今中外成功企业的经验都表明，承担盈亏和对企业的约束，只能是资本所有者而不可能是经营者。实际上，非资本所有者也无法承担项目、企业的债务。企业或项目实行完全自主经营对经营者来说，项目亏损时，他负不了项目亏损的经济责任，弥补不了企业的经济损失；而项目盈利时，却可能为一些思想素质差的经营者滥用企业共有资产，甚至侵占企业收益创造了条件。因此，企业实行完全的项目自主经营，就包含了经营者脱离企业公共利益而为少数人谋利益的可能性；同时，也包含了公有制经济发生异化的可能性。

企业（或项目）的产权不清晰，所有权与经营权不分，容易导致企业资产流失，是现阶段产生腐败的温床！

另外，国家宏观管理不力。建筑业和施工企业的双重依附性割裂了建筑市场生产要素，不利于生产力的有效配置。施工所需的资金、物资（主要材料和设备）却随投资分配给建设单位，施工企业无法根据施工项目的具体情况配置生产要素，不可避免地造成资源利用的低效率。

不难看出，这些问题已经严重地阻碍了我国施工生产力的发展、投资效益的发挥；施工企业管理水平和经济效益也受到严重的影响。因此，应寻求一种能够克服管理体制主要弊端的新型的管理体制。

（三）企业管理腐败问题严重

腐败现象普遍存在于发展中国家和工业化国家。而且与经济增长并存，在施工企业里，层层转包，工程质量无法得到保证。重庆綦江虹桥的倒塌，达成铁路线上隧道的坍塌，某市二环路立交桥建成剪彩的第二天就垮掉了……这些现象的背后隐藏了严重的腐败问题。让我们来分析一下企业内部管理腐败的经济原因。

对腐败的需求—即贿赂的供给—取决于企业的大小和结构。贿赂企业领导一般有两种目的：一个是获得特殊的利益；另一个是降低成本。

1. 为晋升而行贿

在腐败现象严重的施工企业中，一些管理职位变成了可以买卖的商品，很多人都愿意花钱买到一官半职，如项目经理、部门经理等收入更高的职务。

2. 为取得特殊的利益而行贿

目前，建筑行业的竞争很激烈，工程任务通常不饱满，企业领导人对既有的工程任务的分配拥有决定权。

3. 靠贿赂来降低成本

实施竞争机制的施工企业，一些项目经理通过贿赂企业领导人以达到低价（向企业上缴的利润）中标的目的。这样，就可以降低该项目的施工经营成本。

第三节　施工企业项目管理改革

我国施工企业的项目管理目前存在的诸多问题，要求对企业必须进行改革。而改革又必须适应目前的政治经济环境，本书结合当今全球经济发展形势和市场经济固有的缺陷，以及我国施工企业所面临的环境，就施工企业的项目管理改革作如下的设想。

一、全球经济大趋势

在经历了游牧社会、农业社会和工业社会，尤其是在经历了 20 世纪的大发展后，人类社会经济迈向 21 世纪时，已步入信息（或称为知识）社会时代，其发展趋势：

经济科技化。科学技术是当代社会最重要的生产力，这已被 20 世纪全球经济发展的事实所证明。科技将在社会经济发展中起更大的作用，正在为越来越多的人所认同。新世纪里，世界各国经济的增长无疑将更加倚重于科技的进步。发达国家能否保持其在经济上的领先地位，发展中国家能否赶上发达国家，关键就在于其在科技上的成就和进步。自然资源、人力规模固然仍有一定的作用，但相对而言，已远不如农业社会和工业社会那么重要了。一个国家进步程度如何，将主要取决于它的科技已经达到的水平和进一步发展的潜力；国家间的经济差距，也就是它们在科学技术上的差距。因此，未来全球经济竞争，主要就是科技的竞争，特别是科技人才的竞争。经济优质化。工业社会，经济发展的快慢成为一国强弱的重要因素和标志。但过快的经济增长往往不稳定，而且严重地破坏了人类赖以生存的生态环境。目前，许多国家都在实行可持续发展战略：从粗放到集约，从速度到效益；表现在提高经济效益，提高产品质量，开拓产品功能，减少资源消耗和保护生态环境等方面。经济优质化又依赖于经济科技化程度。

经济信息化。科技的进步导致了产业结构的巨大变化，随着经济的发展，信息产业起着越来越重要的作用，并成为经济发展水平的重要标志。

经济市场化。现阶段的社会生产力发展水平下，市场机制是最为合适的一种资源配置方式。通过市场经济来配置资源和进行分配的有效性，已被世界经济的事实所论证。

经济全球化。随着经济发展，国际分工不断地扩大和深化；各国经济也越来越紧密地联系在一起，已成为全球市场经济的组成部分，并且越来越相互依存。

经济多极化和集团化。全球经济的发展呈现多极化趋势：苏联的解体、美国经济地位的相对下降、日本的战后发展、欧盟的出现、中国的崛起……多极化形势下，各国间经济竞争将更加激烈和突出。企业为增强自身在国际竞争中生存能力和竞争实力，联盟（组织地区性经济集团，形成自己的经济势力范围）已成为一种趋势。

二、市场经济的缺陷

经济市场化是当前全球经济的一大特点。但市场虽然是比较有效率和精巧的调节手段，可也存在自身难以解决的缺陷，在某些领域不能发挥其应有的作用，这种情况称为"市场失灵"。由于市场竞争非完全性，受各种因素的影响，使市场机制受到干扰和破坏：垄断价格的产生、市场信息不完全、生产要素流动的壁垒限制等。而且，即使在完全竞争市场条件下，由于社会经济主体是在利己的驱使下自由选择行为的，与社会整体利益的矛盾发展也会发生紊乱和冲突，市场经济运行也不可能达到均衡与和谐的境界。

市场机制调节是一种事后调节。社会化分工体系中，商品生产者都是分散、独自经营的，很难全面了解、掌握市场需求情况，更难预测未来市场的变化。价格形成、信息反馈都有一定的时滞，而市场需求则是时刻变化的。这就使市场的商品生产带有一定的盲目性。

市场机制不能有效调节公共产品生产，同时往往会造成外部不经济。追求利润最大化是市场经济行为主体的内在动因。其生产经营活动力求降低成本以增加利润，这必然会影响其他厂商乃至社会。公共产品具有社会共同消费、任何人都可以无偿地享用和不可避免的消费等特征，如路灯、环境美化、公共设施和社会治安。公共产品的生产主要取决于社会共同需要，与市场价格无关，因此，市场经济体制不能解决这一问题。如果生产者不承担其生产活动的外部效应的成本，他的私人成本将低于社会实际成本，并造成社会资源的滥用和破坏，缺乏必要的投入和资源保护，对生产厂商有利，但对社会来说往往是不经济的。所以，市场在资源配置方面并不总是有效的。

市场机制无力调节经济总量和长期经济发展。市场经济体系中的各行为主体较多地从私人利益和短期利益最大化出发，往往导致资源投向周期短、投资少、风险小的行业，因而与社会经济结构、产业结构的合理化以及长远发展相矛盾，难以保证社会范围内的供给与需求的总量平衡。社会经济总量和长期经济发展，对市场经济的稳定运行有决定性意义，而短视性是市场经济的一个明显弱点。

市场不能解决收入公平问题。市场经济里，资本所有权与劳动所有权参加分配。由于社会成员拥有的生产资料所有权是不一样的，其参与社会产品的分配也是不均等的。与生产资料相分离的雇佣劳动者，只能出卖劳动力为生，取得工资收入。这种生产资料所有制决定的分配关系，是市场经济机制无法解决的。相反，随着市场经济发展和市场自发调节，这种分配关系会使得收入差距更大，社会财富的分配更加悬殊。

市场经济运行难以克服经济周期波动。市场经济里，行为主体的分散性决策和对利益的追逐，通过市场机制自发调节。生产要素的流向取决于不稳定的市场供求关系、价格和各种经济信息。社会需求也随着市场各要素而变化，而行为主体获得的市场信息的不完全性和价格信号的时滞性始终存在。这就决定了市场经济运行的周期性波动。

综上所述，市场经济里，私人垄断、两极分化、周期性波动不可避免，对公共事业无能，对大型工程乏力。

正因如此"当达尔文式的相互制约和平衡的完全竞争不存在时，当经济活动的影响溢出于市场之外时，当收入按照政治上无法接受的方式进行分配时，当人们的需求没有反映他们的真正需要时一当这些条件中任一个出现时，那么经济就不能被一只看不见的手引导到最优状态"。这也就是所谓的"市场失灵"的缘由。

三、我国施工企业所面临的形势

我国正在建设社会主义市场经济，通过政府的宏观调控，充分发挥市场运行机制的优越性并力图克服它的缺陷。施工企业当然也面临着市场经济条件下的竞争：机遇与挑战并存。

人们的生产生活行为总是在围绕着衣、食、住、行而展开的。随着我国社会经济的发展，现在，基本温饱问题（即衣和食）已经得到解决，在建设小康社会的道路上，人们对物质生活的追求也迈上了一个新的台阶。在衣、食问题解决之后，人们对住和行的要求也越来越高。

我国的住和行的水平有待于进一步提高。我国的城市人均住房面积到 2002 年年底仅为 12.1m²（2002 年人均仅增加了 0.3m²），离 2005 年的人均住房面积 22m² 的目标还相差甚远，仍需新增房屋建筑面积 27 亿 m²，投资总额将逾万亿元。公路建设总长目前虽然已排列世界第二位，但是人均拥有量却很低。

为了满足人们不断提高的物质文化生活需要，我国果断实施了西部大开发战略，又有经济建设规划中的西电东送、西气东输、南水北调等许多大型工程项目上马以及北京成功申办 2008 年奥运会等大量基础设施有待建设。

经济建设，交通先行。"十五"期间仅公路投资为 2600 亿元。为实施西部大开发战略，西部地区交通基础设施建设明显加快。西部地区将新增公路建设 4 万公里，其中高速公路 2500 公里：西部地区甘肃兰州到云南磨憨等 8 条省际正在建设，"五纵七横"国道主干线也新开工 1300 公里。铁路方面有青藏线、渝怀线、内昆线、株六线和渝遂线等大型工程项目建设。

我国正在加快城市化进程。城镇在国民经济和社会发展中占有举足轻重的地位。目前，全国工业总产出的 50%、国内生产总值的 70%、国家税收的 80%、第三产业增加值的 85%、高等教育和科研力量的 90% 以上集中在城市。我国市镇人口虽然已达 3.56 亿（含中小城镇人口），占总人口的 36.1%，但是，城市化程度不高，吸纳农村富余劳动力水平还很低。推进城市化，既是我国现代化建设必须完成的历史任务，也是经济结构调整的需要。

在城市化发展的道路上，需要大量的基础建设设施。一些城市的重新布局，基础设施和环境的进一步完善，城市住宅、交通、商贸以及各种文化服务设施，如图书馆、剧院、博物馆、体育场等需要建设。城市的发展还需要大量的能源供应和防灾减灾等基础设施建设。

这些都为我国施工企业的发展提供了千载难逢的机遇。

同时，建筑企业所面临的挑战也是前所未有的。我国的施工企业自改革开放以来，不论是在数量上还是质量上，都得到了迅猛发展。随着建筑市场的逐步成熟，建筑行业的竞争也日益激烈。工程建设项目往往需要施工单位垫资生产，因而，没有足够的经济实力，施工企业就无法生存。要想提高自身的竞争力，施工企业只有加强管理，来适应环境。

四、企业项目管理改革

在这种全球经济趋势下，项目管理也必须适应新的形势。建立现代企业制度是社会化大生产和市场经济的必然要求，从实际出发，在全面系统总结我国企业改革已经取得成功经验的基础上，积极吸收借鉴发达国家企业制度的科学成分，形成具有中国特色的现代企业制度。现代企业制度要"适应市场经济要求，产权明晰、责权明确、政企分开、管理科学"，达到"资源配置完全市场化，企业行为自主化，企业产权商品化，宏观调控间接化，市场管理法治化"。

而企业体制的改革要依赖于国家政策的支持和法律的许可。这需要政府为市场经济的合理运行创造良好的环境。建立现代企业运行机制需要国家在政策上：

承认个人和经营单位等市场主体的独立性，自主决策，自担风险，自享成果（除税收）；

建立竞争性的市场机制和市场体系，如价格机制、供求机制、风险机制、商品市场、要素市场、信息市场、期货市场、产权市场等；

有效的宏观调控：对市场运行进行有效导向和适度干预；

对外开放，与国际市场接轨：

经济活动契约化、法制化，并遵守国际经济交往中通行的规则和惯例。

施工企业为实现生产要素优化配置，对工程项目需要实行动态管理，建立企业内部市场机制和动态管理体制。首先，让企业产权清晰（即对项目的管理有明确的收益目标）并有相应的约束机制。其次，项目经理的任用实行公开竞争，以招投标的方式从竞争者中选用项目经理，并依据承包合同对项目的收益进行分配；项目经理在本企业劳务市场根据项目的需要，实行"双向选择，择优上岗"。可以从以下几方面具体地考虑：

分配原则：按贡献分配，就是企业（或项目）的收益按照员工的贡献大小进行分配，这样比较公平合理，能够鼓励学习和创新，有利于激发员工的积极性而促进企业的发展。

薪酬体制：作为人力资本的一种激励措施。包括：岗位工资、股票期权、职务消费、奖金和社会福利。

分配保障：效益优先，优胜劣汰，兼顾公平，搞好医疗、养老等各种保险，以创造更好的平等竞争条件；

民主管理：实行企业职工持股和共同参与管理。动态管理本身就要求员工全体参与管理和自主管理，项目实行员工持股，形成利益共同体，组建股东大会，对项目经理进行监督；

制度监督：员工的"管理权"来自法规、习惯或惯性的力量，而不是来自企业所有权或所有权的授权。建立完整的内部经济承包制体系，以经济承包合同的形式明确管理层和作业层的经济责任、权力和利益；在承包后的管理上，坚持在承包体系内部实行定额考核工效，采用全额计件、实物计件、超量计件等多种形式进行分配，克服平均主义。

现代企业制度的核心是产权清晰，责权明确。也就是要完善法人制度，确立法人财产权，使产权主体多元化、社会化，使资产所有者和资产经营者分离、经营管理层和作业层分离。这样，企业可以真正做到自主经营、自负盈亏、自我约束、自谋发展。这一制度正为进一步深化项目管理提供了组织条件。因为企业进行施工项目管理，要求政企分开，两层（经营管理和作业层）分离，按照项目的特点建立项目经理部。项目经理部按合同要求独立地实现目标。

建立现代企业制度目的是使企业按市场法则运行，形成和确立现代市场经济体制下的企业制度体系，进而使市场经济体制对企业的资源配置与优化组合发挥基础性作用。所以我们说它是企业行为方式市场取向的发展与深化。施工企业项目管理的重点，集中在合同管理、质量管理、进度管理、成本管理和信息管理六个方面。为改善项目管理可以从以下方面入手：

（一）解决企业的管理腐败问题

1. 提高腐败的风险性和成本

减少行贿受贿者的净收益有赖于切实的法律制度的改革。政府可以实施政策，加大反腐败的力度并严惩腐败分子。

领导阶层的改革显然是第一步。如果企业领导人拿到的工资比项目经理还要少的话，那么不为了拿贿赂是没有人愿意做领导的。另外，如果企业领导人掌握的权力能够带来巨大的经济效益的话，他们的工资也必须比其他员工的要高。这些都是用以帮助企业领导人抵御可能面对的贿赂的诱惑。因此，一个企业必须选择是花费较少的工资而任腐败的发展还是花费较多的工资以抵制腐败现象（当然，这必须得到国家政策的许可）。一个没有足够数量的熟练工人的企业实行高薪养廉，只会增加成本，同时使许多熟练工人转行。

领导阶层改革，提高工资只是一个必要条件而非充分条件。提高工资只是减少了受贿的边际价值，但该价值并没有被完全消除。似是而非的高工资很可能只是使企业领导人抬高索贿价码以弥补他可能丢掉这样一份好工作的风险。因此，改革必须还包括降低企业领导人受贿的边际收益的措施。如提高领导人的退休养老金等。但是，这种战略必须和具有透明性的领导人选举制度相配合，否则便会导致一种新的腐败—贿赂掌权者以取得领导人地位。

因而，这就需要改革将惩罚与贿赂所得的边际效益联系起来。某种程度上，这需要刑法制度与内部监察制度的配合。需要从两方面着手，被查处的可能性和受到的处罚的程度。这两方面都要考虑到，腐败牵涉到的金额越大，受到的惩罚就越严厉。如果被查处的可能性也是影响贿赂金额的一个因素，那么贿赂的金额越高，受到惩罚的边际效益也越大。同样，即使不论金额多与少，被查处的可能性都一样，如果处罚与受贿金额成正比，受到处罚的边际效益还是会随贿赂金额的增加而递增的。

总之，这些改革方案都需要内部监督制度和反腐败法律的强有力支持。法律不仅要针对受贿人，还要针对行贿人。因此，不仅被查处的受贿人要接受几倍于贿赂金额的罚款，行贿人也要接受罚款，金额应相当于他们不法所得的几倍。因为贿赂代表的是行贿人在不法交易中的投入，惩罚当然要与他的不法收入相挂钩，而与贿赂金额无关。

另外，普遍的反腐败政策可能无法解决有组织的腐败行为，因此企业领导人应当经常更换，使得上下级之间无法建立紧密信任的关系以勾结进行贪污受贿。

2. 减少行贿的动机

仅仅增加腐败行为的风险是不够的，由于取证和检查工作十分困难，反腐败的成本太大。因此，改革还要减少领导人掌握的利益。如建立合理的人事制度、薪酬制度以保证公平竞争。

3. 控制领导人的权力

缺乏监督和制约的权力势必要泛滥。制定统一的规范可以确保企业管理制度的透明化。本着市场化的原则，企业管理实行竞争机制，降低领导人的权力，同时领导集体化以相互监督和制约。

4. 员工的共同参与

与企业腐败领导人打交道时，员工中存在着"囚徒困境"的情况。大家都知道，要想晋升就要行贿，而如果谁都不行贿，大家就能从中得到更多的好处。游戏规则倾向于无所顾忌、知识贫乏、能力低下的员工，这些人在企业严格的竞争机制中不会获得利益。正是认识到了这一点，反腐败需要依靠广大员工的共同参与。

员工举报需要保护。举报腐败行为是要担风险的，如果是一个有组织的腐败案件，由于交易双方拥有共同的利益，他们会严格保密使得取证工作尤为困难，举报人很可能受到更高层领导或其同伙的迫害。因而，举报人需要受到法律的保护并得到适当的奖励作为补偿。这当然需要一个本身必须清正廉洁、能够秉公办事的法律执行机关。

（二）企业产权结构的调整

企业产权制度是企业经营管理活动赖替存在的基础。没有良好的产权制度，企业就不可能充满活力和快速发展。因而对施工企业的产权结构从以下几方面进行调整：

1. 产权清晰

主要是指经济上的清晰。施工企业对项目进行管理时首先应该对该项目制定一个产权收益目标，对管理者形成约束。因为产权在经济上的清晰，首先应满足产权的所有者对产权的约束力。而约束就必须有约束依据，依据就是产权的收益目标。施工企业对项目的管理应该体现出该项目的收益目标，即股东产权的收益权。所以，对工程项目实行竞争的方式来管理，让竞争者通过自己对该项目的经营预算，提出产权所有者的收益目标。从而实现产权真正的清晰。

2. 产权的约束机制

仅有约束依据是不够的，产权所有者要实现其约束力，还必须有产权的约束机制（即产权约束的手段与方式的总和）。

3. 企业在经营过程中要实现责、权、利的内在统一

产权在经济上清晰的实质就是责权利的内在统一。如果责权利不统一，产权就无法清晰。如果企业只有责任而没有权利和义务，企业就不可能充满活力；反之，如果企业没有责任而只有权利和义务，企业就会失控，就会侵害产权所有者的利益。只有把责任、权利、利益对称性地交给企业经营管理者，实现其责、权、利的统一，才能实现真正的产权清晰。

4. 保护中小股东利益保护

施工企业要改变目前中小股东（主要是本企业的职工）利益没有得到保护的局面，可以从几个方面做起：

（1）相对控股

改变目前国有股占 51% 的绝对控股、董事会由上级任命的状态，实行相对控股。这为中小股东联合起来推翻大股东创造了条件，一旦大股东对企业的经营能力不行了，中小股东通过股权重组，可以挟持大股东以防止其对中小股东利益的侵害。

（2）产权流动

只有产权能够流动，中小股东才能反抗大股东对自己利益的侵害。

（3）利益承诺

大股东对中小股东承诺实行同股同利，即每一股的收益率等同。

（三）企业治理结构的调整

企业中最主要的利益主体，已经由企业的所有者和经营者发展为企业的货币资本和人力资本。因而，企业的治理结构也应转向以货币资本和人力资本的相互关系界定为主要内容。人力资本表现为人，主要指技术创新者和职业经理人，作为一种资本而存在，它能够使企业的运营形态发生重大变化。与货币资本相比，它具有主动性，而且其资本能力潜伏在人体中。因此，企业治理结构就是要围绕人力资本作用的发挥和控制来安排（即调动人力资本的积极性并同时约束人力资本）。这就需要建立对人力资本的激励机制和约束机制。

1. 人力资本的激励机制

首先，是对人力资本的经济利益激励。工资是劳动的报酬，工资制度没有把人视为资本，而薪酬制度是把人作为资本的经济回报方式，包括：

（1）岗位工资：是指企业中某个岗位值多少钱，而不表明某个人值多少钱；岗位的责、权、利是相统一的，拿了某个岗位的工资，就要承担该岗位的责任。岗位工资与具体某个人没有关系，它是企业管理制度中的岗位管理设计的。岗位工资制度是把岗位上的人作为企业的一种资本而存在的。

（2）年终奖：是根据现实情况调整当事人的责、权、利关系，使其利益同责任相对称。当当事人年终超额完成了企业的责任，就应当得到相应的利益。

（3）期股期权：指当事人如果在一定时期内都能够完成既定的责任，就会得到应有的期股期权，即参与企业（或项目）剩余的分配。企业剩余是资本的权力，期股期权是把人力作为真正的资本而存在。

（4）职务消费：即由职务引发的消费，如项目经理请业主吃饭，不是因为自己的消费要求而发生的。这种消费应该由企业来承担，但企业对这种消费的监督成本太高，因而将它由会计制度转入薪酬制度。这样，就会使总的消费都极为节约。

（5）福利补贴：给员工多一份安全感，即以薪酬的方式多给点钱。

其次，是对人力资本的权利与地位的激励，就是在激励机制中提高人力资本在企业经营活动中的权利和地位。这能够刺激人的成就感，从而激发人力资本的潜能。

2. 人力资本的约束机制

对人力资本光有激励是不行的，还必须建立约束机制。即建立企业与人力资本之间的约束。包括：

（1）企业章程约束：企业中所有人都必须服务和服从于企业章程。一个人违反了章程，依章处理就行了。另外，企业章程可以保护企业法人。按照法律规定，企业领导人如果照章办事出了问题，充其量只承担民事责任，而不承担刑事责任。

（2）合同约束：任何人力资本到企业来，都必须签订合同。而且能够体现对企业商业机密、技术专利和竞争力的保护。

（3）偏好约束：即约束要考虑当事人的偏好。比如说某人喜欢钱，就考虑怎么给他钱，用钱约束他；而另外某人要实现他的经营理念，就考虑怎么给他授权，用权利约束他。

（4）激励中体现约束：期权激励就体现了约束。这能够避免人力资本在经营管理中的短视行为。

（5）机构约束：把人力资本与企业之间的矛盾转化成人与机构之间的矛盾。这样会对人力资本产生很有效的约束。

（四）企业管理制度化

企业是各种生产要素的组合体，它通过企业制度把不同的产权要素和资本要素组合在一起，也把不同的人力资源要素和物质资源要素组合在一起。

组合的关键在于制度化，就是按照一种大家所认可的已经确定的带有契约性的规则来管理；就是要实行契约制度，它是企业的各种生产要素的最基本组合方式。也就是说，各种生产要素之间达成一种当事者所公认的意愿性的行为规则，用这种当事者的意愿性行为规则，来规范各种生产要素在企业的所有经营活动中的相互关系，从而实现各种生产要素的有效组合。这种规范各种生产要素的相互关系的行为规则就是一种契约，就是契约制度。

比如，某一个员工要竞争企业的某一个工程项目的经理，这个竞争者在竞争上岗之前，就已经明确知道这个岗位的责、权、利，因而等于同意承诺这个岗位的责、权、利。也就是说，企业规定了这个岗位的责、权、利，而竞争者也承认了这个岗位的责、权、利，所以企业与岗位竞争者是一种契约关系，签订合同即是遵守契约制度。

工程项目的矩阵式施工管理是工程企业的一种生产方式，在运营过程中需要通过专业化分工与协作而组合企业的各种生产要素以成为现实生产力。而它们所能接受的协作，只能是意愿性的和共同认可的协作，这样才能达到管理的高效率。

五、改革实施的保障措施

从一般意义上讲，企业管理改革方案的完成，意味着改革实施的即将展开。企业管理是否成功在于实施，而为了实施得到保障需要着力解决以下问题：

（一）资源的再配置

1.人力资源的配置

管理实施中最为关键的因素是人力资源。现在制约施工企业发展的是人才的严重不足，尤其是技术人才和管理帅才极为缺乏。再好的管理也是靠人去实施、去操作，没有人才，一切都是空谈。工程企业要想做大做强，必须有一大批企业家资源，这就必须从培养人才、引进人才和留住人才等几方面，采取如下措施：

（1）培养人才：人才培养要遵循适量和适用的原则，依据施工企业的经营管理、资本运作和长远发展的需要，有计划、有组织地重点培养管理、预算、财务、施工等专业人才和高素质的管理型人才。按照层次管理，有所侧重的原则，集团公司应主要负责对中高级管理人员的培训，着重培养其经营管理素质和决策能力，负责对重点工程项目急需的主业技术岗位人员的培训，提高其专业技术素质。要坚持大胆使用与量才使用相结合，推荐与自荐相结合，建立集团人才交流中心和培训中心，通过内部人才市场中介，供需见面，双向选择，提供充分的人才交流和流动，促进经营管理人才和专业技术人才的合理配置。要建立激励机制，做到物质激励、精神激励和情感激励相结合；企业目标激励、工作环境激励、个人成就激励相结合；个人职业生涯设计与企业发展壮大相结合。激励方式方法因人、因事、因时而异，供其所需，投其所好，最大限度地调动员工的积极性、能动性和创造性。同时要加强员工培训，提高员工素质，把企业建成"学习型组织"。通过在职培训、脱产学习，请进来、送出去，利用上岗考试等多种形式提高员工的综合素质。要在企业中建立一种激励员工自觉学习的机制，通过"五项修炼"，即共同愿景、共同的"心智模式"、团队学习、个人进取和系统的思考，把企业逐步建成"学习型组织"。

（2）引进人才：从外部引进人才的最可取之处是见效快，马上能派上用场。而且，一般地说，自己培养的管理人才，在管理风格上不可避免地有一定的继承性，在工作指导思想上有一定的连续性。因此，从外部引进人才，有利于管理风格上的突破。纵观世界级的大企业，没有哪一家不从外部引进高素质的人才的。对于施工企业来讲，如欲使其管理改革实施取得满意的效果，从外部引进部分高级管理和技术人才必不可少的。

（3）虚拟人才策略：这是一种全新的人才使用观，它突破了人才拥有和人才使用上的僵化信条，强调不求所有、但求所用。未来的竞争是人才的竞争，对人才特别是高科技人才的争夺将会越来越激烈。要想在这场无硝烟的战争中取胜，必须突破固有的模式、传统的观念。未来的高级人才，任何一家公司不可能长期拥有，因为在知识经济时代，人才的高度流动性将成为必然。这是知识经济和新经济社会的急剧变化性和高度开放性所决定的。在未来知识经济时代，知识存量和增量都是巨大的，同时市场和技术的变化也将越来越快。高科技人才，要适应时代的变革，必须多途径、不断地学习和实践，任何一家公司都不可能单独地提供这样的条件。施工企业在管理改革实施时要适应这种变革，以新的人才使用模式，用极小的代价换取极高的人力资本效益。"不求所有，但求所用"应是对这种全新的人才思维的最好诠释。

（4）留才之道：施工企业要成功地实施企业管理的改革，对现有人才的培养和使用至关重要。首先要转变留人观念：留人不仅是待遇问题，还有诸如福利水平，公司对人才的尊重，文化氛围，个人能力是否得到发挥，个人理想能否得以实现以及主管对人才的态度等等都很重要。因此施工企业要避免大规模的人才流失，就必须通过事业、感情、企业文化、待遇和股权全方位留人。

2.财力资源的配置

（1）将预算与管理挂钩：企业中一般采用预算的方法来分配资金资源，各个组织单位也需要足够的预算以执行他们在管理中的任务。施工企业在管理改革实施的过程中，一定要注意对那些负责进行管理关键性活动的组织单位（如经营单位），配备足够的合适的人员，并给予充足的运营资金以使其能够迅速地开展工作。公司的最高决策者必须严格审查下属对于新的资本项目和更大运营预算的要求，并区分出那些可行的项目，能为企业发展带来经济收益或社会效益，能够增强企业的竞争能力。

（2）重点突出合理使用资金：管理改革实施时，对资金的安排使用要突出重点，对重点项目、关系全局的行动方案要重点给予支持。同时，也要严格控制资金的使用，做好统筹安排，既放手让各个单位经营，又对各经营单位测算、考核、把关，严格财务纪律。企业在管理过程中，要适当控制财权，便于集中合理使用资金

3. 信息资源配置

企业的根本目标是创造财富。为了创造财富，企业需要四种信息：基础信息、生产力信息、素质信息以及资源配置信息。但这些信息只告诉我们企业的现状，可用以指导策略。至于管理所需要的信息则应包括：市场、顾客与非顾客、本行业和其他行业的技术、世界金融，以及变化中的国际经济秩序等等。施工企业在管理改革实施的过程中应特别注意对信息的收集、整理、储存与使用。要建立以计算机网络为基础的管理信息系统，为信息的快速传递和利用提供一个平台；要尽快开通公司局域网，达到信息共享，通过网络等多种途径，广泛收集竞争情报，归纳、提炼有用信息，为决策提供依据。

（二）企业文化再造

企业文化对管理改革能否得到实施至关重要。要实现施工企业的发展，就需要培育一种务实创新的企业文化。因为企业文化就是企业精神，而精神的力量是巨大的，是统治人们灵魂的东西。随着建筑行业竞争的日益激烈，施工企业的企业文化必须适应新形势，对原有文化进行提炼、升华和再造。其核心主要是要在全体员工的意识中牢固树立以下的价值观。

1. 共赢观

本书所指的共赢是指所有活动的参与者，都能从活动的参与过程中获得最大的价值满足。共赢的本质是"共享"，就是让所有活动的参与者共享成功的果实。具体地讲，施工企业树立的共赢观应包含以下四个方面的内容：

（1）与员工共赢：实现以"尊重人、理解人、关心人、帮助人、支持人、造就人"为内容的"人本管理"，使"个人能力发挥与对企业贡献最大化"。

（2）与客户共赢：调整适应市场发展的经营管理体系，加强与客户的沟通，加快对市场的反应速度，"崇尚市场、用户至上"，实行"全程、全过程服务"，实现与客户"双赢"。

（3）与社会共赢：实现"企业经济效益与对社会贡献的最大化"。做到在任何地方施工，决不破坏环境。

（4）与竞争者共赢：树立新的发展观和资源观，给竞争赋予新的内涵，实现"你死我活"到"共生共荣"的超越。

2. 速度观

这个世界上充满着变化，"一个企业的成败取决于其适应变化的能力。"这就意味着"速度就是一切"。目前传统竞争因素的重要性正在不断减弱，而新的竞争越来越表现为时间竞争。因此，施工企业要在这样的环境下生存并寻求发展，就一定要将这种对环境、对市场的速度观以文化的形式牢固刻印在员工的意识中。

3. 创新观

在信息化背景下，创新的作用得到空前强化，并升华成一种社会主题。创新成了企业的生命源泉。在剧变的时代，成功者往往是那些突破传统游戏规则、敢于大胆创新、不畏风险的人，而敢于改变游戏规则的人也就是那些在思维模式上能迅速改变的人。因此，施工企业要实现未来的发展，就必须在企业文化上把勇于面对挑战、敢于创新作为企业最基本的精神特征来时刻加以培育和塑造，使企业自上而下，都充满着创新和活力。

4. 学习观

崇尚知识将成为新时代的基本素质和要求。在经济全球化、信息化，科技飞速发展的时代背景下，企业持续运行期限或生命周期受到最严厉的挑战，只有通过培养整个企业组织的学习能力、速度和意愿，在学习中不断实现企业变革，开发新的企业资源和市场，才能应对现实的挑战。面对这一形势，企业更应将终身学习的价值观作为企业的文化特征。

5. 融合观

经济全球化正在导致竞争的内涵发生变化。竞争中的合作，使企业必须不断融合多元文化。同时，经济全球化也为企业文化的融合铺平了道路，让身处这个时代的企业成为跨文化的人类群体组织。通过全国化、全球化把各种稀缺要素集中在自己手里；通过全国性、全球性合作实现最佳优势互补。企业融合文化应当是多元文化、合作文化和共享文化的集合。多元优于一元，合作大于竞争，共享胜过独占，企业有了包容性的融合文化，就能突破看似有限的市场空间和社会结构，实现优势互补和资源重组，在更为广泛的程度上实现共赢。在经济全球化的今天，工程企业的舞台和市场的空间都将发生实质性的变化：企业不仅要在全国的市场范围内配置资源，而且还要直接面对国际市场的挑战。因此，树立这种多元文化的融合观，不仅是企业管理的需要，同时也是变化了的市场环境的需要。

第四节　新管理模式下项目管理的竞争者

机会是成功的重要因素。在任何企业里，机会是一种无形资产，而且是有限的。现在，许多经理把自己在优秀企业的工作经历视为自己的财富，并在劳动力市场竞争中得到回报。因此，拥有对项目的管理机会应是企业大多数员工的愿望。

机会的分配，可以按贡献大小以公平竞争的方式。现代市场经济体制下，社会将根据个人贡献大小进行分配，机会是开放的，选择是自主的。人们渴望机会平等，人人有选择的权利；同时，机会平等，选择自由，是社会发展的内在动力。因为，这将能充分发挥每个成员的创造性和能动性，使他们感到社会的公正、生活的幸福，因而企业也获得健康发展。

机会平等，并不是每个人获得相同的机会，而是机会的合理分配，或者获取机会的公平机制。虽然机会是有限的，不可能人人有相同的机会，但是，每个人都应有获取机会的平等权利。这只能通过公平竞争。

一、竞争者的策略

"理性人"假设：我们认为现实社会中，人们的经济行为都是理性的——追求各自收益的最大化。因而，项目管理的不同竞争者，为了最大限度地实现自身利益，在承揽项目管理的招投标中采用不同策略时，会有不同的结果并伴随着相应的收益。让我们来研究一下竞争者为实现其收益最大化的策略。

通常情况下，一个项目的管理竞争者往往多于两个，这种多元博弈可以分解为任意两个竞争者之间的二元博弈。

二、建立财务控制体系

项目经营者无力从根本上承担项目的经济责任和企业的损失。通过竞争上任的项目管理者也一样无法摆脱产权问题。那么，我们可以将项目的财务统一纳入到企业来管理，从财务控制的角度入手，建立约束机制，防止企业资产的流失和经济腐败的发生。

（一）建立制约机制

随着现代信息技术的发展，方便快捷的通信工具已被广泛应用，而且，整个社会（银行）服务体系也越来越发达，这为企业对异地项目的财务控制提供了有利的条件。

企业为了实现对项目的收益，保证项目管理者能够按照投标报价合同来履行他的责任和义务，从而实现项目在承包范围内的责、权、利，就应该对项目经理的权力有所制约。企业统一向项目指派财务管理人员，而且他的劳动报酬不受该项目经理的控制，以避免他与该项目经理形成利益共同体。财务管理人员直接向企业有关领导汇报工作，在项目的资金使用上与该项目经理相互监督和制约。

（二）制订资金使用计划

企业可以根据项目的具体特点，制定相应的资金使用计划；并及时了解资金的使用情况，以实现企业在承包合同内对项目的财务动态控制。

三、对工程项目的施工管理

企业（法人）而不是项目部最终向业主（用户）负责；企业必须保证项目的安全生产、工期和工程质量。因而，企业要求：项目管理竞争者在投标书中必须对该项目的施工组织管理做出详尽的设计。

施工组织设计的内容，决定于它的任务和作用。因此，它必须能够根据不同建筑产品的特点和要求，根据现有的和可能争取到的施工条件，从实际出发，决定各种生产要素的基本结合方式，这种结合方式的时间和空间关系，以及根据这种结合方式和该建筑产品本身的特点，决定所需工人、机具、材料等的种类与数量，及其取得的时间与方式。不切实际地解决这些问题，就不可能进行任何生产。由此可见，该施工组织设计必须具有以下相应的基本内容：

（一）施工方案

施工方案，即施工方法与相应的技术组织措施；是指工、料、机等生产要素的有效结合方式。确定一个合理的结合方式，也就是从若干方案中选择出一个切实可行的施工方案来。这个问题不解决，施工就根本不可能进行。它是编制施工组，织设计首先要确定的问题，也是决定其他内容的基础。施工方案的优劣，在很大程度上决定了施工组织设计的质量和施工任务完成的好坏。

1. 制定和选择施工方案的基本要求

（1）切实可行。制定施工方案首先必须从实际出发，一定能切合当前的实际情况，有实现的可能性。选定的方案在人力、物力、技术上所提出的要求，应该是当前已有的条件或在一定的时期内有可能争取到的条件所能满足的。否则，任何方案都是不足取的。这就要求在制订方案之前，深入细致地做好调查研究工作，掌握主客观情况，进行反复的分析比较。方案的优劣，并不首先取决于它在技术上是否最先进，或工期是否最短，而是首先取决于它是否切实可行，只能在切实的范围内尽量求其先进和快速。两者须统一起来，但"切实"应是主要的、决定的方面。

（2）施工期限满足合同要求。工程项目按期和提前投入生产或交付使用，迅速发挥投资的效果，是具有重大的经济意义的。因此，施工方案必须保证在竣工时间上符合合同提出的要求，并争取提前完成。这就要求在制订方案时，在施工组织上统筹安排，在照顾到均衡施工的同时，在技术上尽可能动用先进的施工经验和技术，力争提高机械化和装配化的程度。

（3）确保工程质量和生产安全。基本建设是百年大计，要求质量第一，保证生产安全也是社会主义性质所决定的。因此，在制订方案时就要充分考虑到工程的质量和生产的安全，在提出施工方案的同时要提出保证工程质量和生产安全的技术组织措施，使方案完全符合技术规范与安全规程的要求。

（4）施工费用最低。施工方案在满足其他条件的同时，也必须使方案经济合理，以增加生产的赢利。这就要求在制订方案时，尽力采用降低施工费用的一切正当的、有效的措施，从人力、材料、机具和间接费等方面找出节约的因素，发掘节约的潜力，使工料消耗和施工费用降低到最低的限度。

以上几点是一个统一的整体，是不可分割的，在制订方案时应作通盘的考虑。现代施工技术的进步，组织经验的积累，每种工程的施工都可以用许多不同的方法来完成，存在着多种可能的方案，供我们选择。这就要求在决定方案时，要以上述几点作为衡量的标准，经多方面的分析比较，全面权衡，选出可能的最好的方案。在选择中进行经济比较是完全必要的，有重要的参考价值，但决不能以此作为决定方案的唯一标准。

2.施工方案的基本内容

施工方案包括的内容是很多的，但概括起来，主要是四项：①施工方法的确定；②施工机具的选择；③施工顺序的安排；④流水施工的组织。前两项属于施工方案的技术方面，后两项属于施工方案的组织方面（机具的选择中也含有组织问题，如机械的配套）：在施工方法中也有顺序问题，它是技术要求不可变异的顺序，而施工顺序则是专指可以灵活安排的顺序。技术方面是施工方案的基础，但它同时又必须满足组织方面的要求，施工的组织方面把施工的技术方面，同时也把整个的施工方案同进度计划联系起来，从而反映进度计划对于施工方案的指导作用，两方面是相互联系而又相互制约的。为了把各项内容的关系更好地协调起来，使之更趋完善，为其实现创造更好的条件，施工技术组织措施也就成为施工方案各项内容的必不可少的延续和补充，成了施工方案的有机组成部分。

（二）施工进度计划

施工进度计划是施工组织设计在时间上的体现。进度计划是组织与控制整个工程进展的依据，是施工组织设计中关键的内容。因此，施工进度计划的编制要采用先进的组织方法（如立体交叉流水施工）和计划理论（如网络计划、横道图计划等）以及计算方法（如各项参数、资源量、评价指标计算等），综合平衡进度计划，规定施工的步骤和时间，以期达到各项资源在时间、空间上的合理利用，并满足既定的目标。

施工进度计划包括划分施工过程、计算工程量、计算劳动量、确定工作天数和工人人数或机械台班数，编排进度计划表及检查与调整等项工作。为了确保施工进度计划的实现，还必须编制与其相适应的各项资源需要量计划。

（三）施工现场平面布置

施工现场平面布置是根据拟建项目各类工程的分布情况，对项目施工全过程所投入的各项资源（材料、构件、机械、运输、劳力等）和工人的生产、生活活动场地做出统筹安排。施工现场平面布置是施工组织设计在空间上的体现。因为施工场地是施工生产的必要条件，合理安排施工现场，绘制施工现场平面布置图时应遵循方便、经济、高效、安全的原则，以确保施工顺利进行。

（四）资源需要量及其供应计划

资源需要量是指项目施工过程中所必要消耗的各类资源的计划用量，它包括：劳动力、建筑材料、机械设备以及施工用水、电、动力、运输、仓储设施等的需要量。各类资源是施工生产的物质基础，必须根据施工进度计划，按质、按量、按品种规格、按工种、按型号有条不紊地进行准备和供应。

这四项基本内容是相互联系的。第3、4项只要用于指导施工准备工作，为施工创造物质技术条件。人力、物力的需要量是决定施工现场平面布置的重要因素，而施工现场平面布置又反过来指导各项物质在现场的安排。第1、2项则主要指导施工过程，规定整个的施工活动。施工的目的是按照合同规定的工期，优质、低成本地完成建设，保证项目按期投产和交付使用。因此，进度计划具有决定性的意义。而施工方案又是根本，它决定了施工进度。

综上所述，对工程项目的施工管理包括了对工程项目的资金管理、物资采购与供应管理、机械设备管理、劳动管理以及施工过程质量管理和安全管理。

第五节　知识资本在管理中贡献

根据企业对项目管理竞争者的投标要求，事实上，它已经包含了：只有那些既具有管理才能，又拥有施工技术知识的员工，才具备竞争的条件。因为只有他们，才能够做出合理可行的施工组织设计和项目收益预算来。

企业这种新的经营管理模式，体现了知识的价值；它将员工的知识视为一种资本，从而转化成生产要素，能够与其他生产要素一样，有机会为企业做贡献并参与企业的收益分配；它有利于发挥员工的才能，激励他们进行不断地创新，以在竞争中获胜；进而实现员工个人的价值和企业的发展。

一、知识资本的构成

企业的商标和信誉也是财富，企业的知识产权和员工技能也是资产。有人将这些资产称为知识资本（或无形资产）。它一般包括知识产权、人力资本、管理资产和市场资产。

知识产权是指受法律保护的专有智力劳动成果，如专利。它一般是员工的劳动成果（也有是购买的），给企业带来丰厚回报，同时给员工本人带来收入、荣誉和精神满足。

人力资本是指企业员工拥有的知识、技能和职业素质等无形资产。越来越多的企业认识到：优秀员工是企业的最大财富。优秀企业为员工提供有吸引力的职业发展计划：这么做，一方面增加企业人力资本总和，同时也增加员工个人的人力资本，调动员工的积极性。企业发现，从市场上获得的人力资源，未必能满足需要，而且知识的发展很快，员工需要学习和培训。这对企业和员工都有利。表现出色的员工得到更多的培训和晋升机会。优秀的企业造就了优秀的员工，优秀的员工又创造了一个又一个企业神话。

管理资产是指与企业管理文化、管理模式和管理方法等相关的无形资产。没有管理就没有企业，成功的企业管理水平与市场价值正相关。管理模式是逐步形成的，管理资产是员工贡献的积累。企业越成功，企业管理资产越大。许多企业鼓励员工提合理化建议，以不断改进管理，同时给予员工相应的奖励。

市场资产是指与企业知名度、信誉度和合作网络等相关的无形资产。市场资产是逐步建立起来的，是企业员工努力的结果。企业的市场资产与市场价值正相关。

知识资本既是企业的无形资产，也是员工的无形资产。现在，许多经理把自己在优秀企业的工作经历视为自己的财富，并在劳动力市场竞争中得到回报。知识资本与员工贡献密切相关，它具有两重性：一知识资本增加了企业的利润和市场价值，提高股东的投资回报；同时，知识资本也增加了员工的收入和人力资本，提高员工的满意度、待遇和竞争力。

企业在生产过程中，不仅制造了产品（物质财富），获得总收入，也生产了知识资本，获得了知识资本增加值，同时，企业市场价值困难增加。而且，知识资本会进一步提高企业生产率。

二、知识资本的特点

项目管理的这种竞争机制，突出了知识资本的价值。而知识资本的最大特点就是创新。早在1912年，奥地利经济学家熊彼特在《经济发展理论》中就提出了"创新理论"。他认为，"创新"就是把生产要素和生产条件的新组合引入生产体系，通俗地讲，就是建立'种新的生产方式。显然，这种"创新"是在生产过程中"制造变化"或"引入新东西或新概念"。

在施工企业的项目施工和管理中，我们把创新分为五种情况：引进新产品、采用新工艺、开辟新市场、获得原料新来源和实行企业新组织形式。创新有很多表现形式，如知识创新、技术创新、服务创新、制度创新、组织创新、管理创新和文化创新等。

在现代市场经济环境中，企业就像一条船，总裁和普通员工分别是船长和水手，必须同舟共济，才能在激烈的市场竞争中取得优势。企业是一个利益共同体。成功的企业，多数是将股东利益、管理人员利益、员工利益和客户利益有机结合起来的企业，形成利益共同体。这个利益共同体，与社会利益是协调的。不论损害股东利益，还是损害管理人员利益、普通员工利益、客户利益或社会利益，企业都不可能可持续发展。企业更是一个文化共同体。许多成功的企业，都有自己的特色，或者企业文化。企业的最大资产就是员工的知识和智慧，企业的发展依赖于持续不断的创新，而员工是创新的主体。把员工的知识资本与企业的发展紧密结合起来，是现代企业成功的必要条件。

也有人认为，管理就是一个不断创新和决策的过程。

正是由于知识资本的创新性，才能不断地推动企业管理水平的提高、社会经济的发展和人类文明的整体进步。

三、对知识资本的管理

施工企业这种对项目新的经营管理模式，体现了知识资本的价值，突出了人的因素。这对知识资本的管理也提出了新的要求，因为知识资本不同于有形资产，具有一些特殊性质。

其一，知识资本是"无形资产"，在企业传统财务报表中没有得到充分反映，它更多地反映了人的精神活动和相互关系。

其二，知识资本具有异质性。四种形态的知识资本具有不同特点，知识产权受法律制约，人力资本随人流动，管理资产具有时效性，市场资产变化较快等。

其三，知识资本生产过程具有不确定性。知识资本的生产是不确定的，它需要人的劳动和智慧、知识与资本。例如，在粤海通道的施工中，如何克服海潮对钢轨起伏落差的技术攻关；青藏铁路线上的冻土处理等知识资本，就具有不可预见性。

其四，知识资本很难精确度量。你很难给一个发明专利定价，很难计算一个企业的市场资产和管理资产值多少？一个人才值多少？

其五，知识资本具有双重效益。知识资本能够给企业带来经济效益，也产生一定社会效益，它能够使企业和员工同时受益。

其六，知识资本能够加速价值转移。知识资本以知识、信息、人才和相互关系等为载体，能够比较迅速地流动，这种流动加速了企业市场价值的转移，而且它是难以控制的。

总之，知识资本以人为核心，它对企业管理提出了更高的要求，需要一种更为艺术的和有效的激励措施。

第六节　管理中的收益分配方式

收益分配的实现决定于企业本身，也受到整个经济系统的影响。市场经济中，企业是经济系统的一个细胞。企业生产的产品或服务，通过在经济系统里交换以实现企业的收入。收益分配是在企业层次上具体决定的，但宏观经济系统对收益分配的作用也十分明显：它不仅影响着资本利率（地租）、劳动力价格和商品价格，而且决定着企业市场价值。上市公司的市场价值（股票价值总额）是经济系统对企业的估价，企业市值的变化必然影响企业内部的收益分配，因为股票期权已成为企业管理人员的主要收入。

一、按贡献分配

为了体现分配的公平性，企业（项目）收益按照员工的贡献大小进行分配，而对贡献的衡量又来源于生产要素。它包括人力资本、实物资本、货币资本、土地资本和知识资本。但是不同的人对生产要素的拥有量是不均等的，甚至悬殊；大多数员工只能依靠出卖廉价的劳动力而获得工资以维持生计。我们将这一部分人称为弱势群体。这种竞争机制对弱势群体不利，如果严格按照生产要素分配进行分配，将会造成社会贫富差距的加大，对社会稳定带来不利的影响。因而，我们需要对"按生产要素分配"的公平性进行再讨论。

二、公平悖论

公平分配和持续发展是文明社会的目标。但是，公平分配导致收益不平均，平均分配导致分配不公平。我们不妨称之为"公平悖论"。因为公平分配要求按贡献分配收益，它不是平等分配或平均分配，必然产生收入不平均，平均分配必然产生分配不公平。

不同的人对公平有不同的理解。这里，所谓的"公平分配"，我们遵循了美国学者亚当斯1964年提出的具有代表性的"公平理论"。他认为，企业员工注意的不是报酬的绝对值，而是与他人相比的相对值。当一个人感到他的努力和报酬的比值与他人的工作投入和产出的比值相等时，就认为是公平的，否则就认为是不公平的。这种比较可以是横向的，也可以是纵向的。

自己所获报酬 / 自己所做投入 = 他人所获报酬 / 他人所做投入公平

自己过去所得 / 自己过去付出 = 自己现在所得 / 自现在去付出公平

依据公平理论，企业收益就应该按贡献分配，即生产要素的报酬与它的贡献成正比，劳动的报酬与劳动的贡献成正比，这与亚当斯的劳动报酬的公平分配是不同的。仅有劳动报酬的公平分配并不是公平分配的全部内涵，甚至不是公平分配的关键。

如果企业实行公平分配，即根据每个人提供的生产要素进行分配，生产要素的价格等于它的贡献，那么，不同的人能力大小不同，提供的生产要素的数量不同，因而其收入也不同。公平分配的结果是个人收入的不平均。但是，有人认为个人收入不平均就是"社会不公平"。如果企业实行平均分配，每个劳动者的收入差别不大，那么，企业内部贡献不同的人收入却基本相同，这又是不公平的。同时，社会上没有劳动能力的人，没有劳动，也没有收入，结果是个人收入差别很大，这也是一种"社会不公平"。

显然，不论是公平分配还是平均分配，都不可能同时实现分配公平和社会公平。要解决这一矛盾，我们需要对收入进行人性化的分配调节。

三、收益分配的调节

众所周知，如果不对收益分配进行调节，政府就没有足够财力来支付社会供给和社会帮助的费用。而且，穷人会越来越穷，富人会越来越富。当越来越多的人失去生存和发展的基础时，社会就会崩溃。因此，根据社会发展需要，我们必须对收益分配进行人性化的调节。

收益分配的原则是按照贡献进行分配，收益分配调节则以按贡献分配为前提，包括对企业收益分配的分配过程和国民收益进行调节。目的是获得和支付社会成本（社会供给和社会帮助等的费用）。因为这种调节是增加社会幸福和社会可持续发展的需要，也可以称为按需要调节。

（1）社会投入：知识供给、社会供给、社会帮助、劳动供给、资本供给。

（2）按贡献分配：根据按贡献分配原理分配企业的收益。

（3）按需要调节：根据按需要调节原理调节国民收益，包括对企业收益的调节和对国民收益的调节。

（4）社会持续发展：社会幸福、社会进步、经济持续发展。

如果贫富相差过于悬殊，必然导致社会不公平，进而发生社会不稳定。调节国民收益，保持社会公平和稳定，是文明社会发展的需要。

对收益分配进行调节，有利于社会经济整体增长。如果社会没有分配调节，那么，贫富差距会加大，富人能够支付大量精神生活费用，穷人只能支付有限物质生活费用，需要帮助者只能或难以维持基本生活，社会总购买力为C0。如果社会进行按需要调节，高收入者承担较多税收（以不明显降低其消费水平为限），中收入者承担较少税收，低收入者可以得到一定的生活补助，需要帮助者得到过正常生活所需要的帮助，其社会总购买力为C1。由于高收入者和中收入者的边际消费基本保持不变，低收入者和需要帮助者的边际消费有较大提高（虽然他们可能将部分因收入调节而增加的收入用于储蓄），社会总消费水平将随之提高，社会总购买力会增加，即C1>C0。社会总购买力提高，有效市场需求增加，必然拉动经济增长。这种经济增长对所有社会成员有利。

（一）调节的原则

按需要进行调节是以按贡献分配为前提的。如果企业收益分配不是按照贡献进行分配，就很难说是公平分配：那么，进行合理的调一节就会非常困难。按需要调节是有限调节，通过调节来增加社会幸福和实现社会持续发展，在工程企业里，它要求：对企业（项目）收益分配的调节，应该以不影响企业（项目）赢利能力和竞争能力为度，对员工的收益调节，应该以不违背按贡献分配原则为前提。按需要进行调节，要有利于企业和社会的持续发展，应该遵守以下少七个基本原则：

（1）公平调节原则：以按贡献分配原理为前提，在此基础上进行调节。

（2）有限调节原则：调节力度应该控制在合理范围以内，不能对员工的工作积极性造成负面影响。

（3）人道主义原则：调节要有利于增加社会幸福，提高社会公平和社会福利。虽然人的能力和贡献有大小，但每个人都有生存和发展的权利，每个人都应该得到平等的生存权利和发展机会。

（4）持续发展原则：调节要有利于社会持续发展，促进社会进步和经济持续发展。

（二）调节的过程

企业（项目）的收益分配调节主要从以下四个方面：

（1）劳动报酬调节：劳动报酬与劳动的贡献成正比，它主要取决于劳动供给的成本，可分为工资、福利、社会保障、利润分享和人力资本等。例如，对工资的调节，要根据物价水平和工资管制，实行最低工资和公平工资；社会保障要充分考虑员工的养老保险、疾病保险、工伤保险和失业保险等。

（2）资本报酬调节：主要是调节资本利息。

（3）税收调节：如个人所得税（这依赖于国家的税收政策）。

（4）其他调节：如利润分享、市场价值分享、所有权分享（员工持股）、知识股权、人力资本投资等。

四、走向人性化的和谐

按贡献分配并按需要进行调节，把收益分配、经济目标和社会目标统一起来，把公平分配和社会公平协调起来，把增加人类幸福和社会持续发展作为目标（约束条件），正是收益分配人性化的反映。

（一）有限理性

诺贝尔经济学奖获得者西蒙曾提出"有限理性论"理性指一种行为方式，是在给定条件和约束的限度内适于达到给定目标的行为方式。理性行为是在处理给定条件、约束条件和既定目标这些决策信息、时，行动者的能力是有限的，因而其行为也只能是有限的。

按贡献分配并按需要进行调节，就是依据这种有限理性论，来实现分配公平和社会公平。当然，这种公平是有限的：作为企业家，他寻求自己满意的利润：作为消费者，他寻求自己满意的效用：作为劳动者，他寻求自己满意的劳动报酬；作为投资者，他寻求自己满意的资本报酬。总之，人们寻求的是问题的满意答案，而不是最优方案。

（二）走向和谐

在这种新的管理模式（竞争机制、按贡献分配并进行合理调节）下，人起了更关键的作用。知识和创新成为最重要的利润增长点。知识资本所有者和物质资产所有者发现，合作可以把蛋糕做大，合理分配使大家受益，成功带来荣誉和精神享受。各种生产要素具有相同的分配地位，经营管理层和普通员工通力合作，根据各自贡献大小获得相应的收益，并认可适当的合理调节，实现分配公平、社会公平、人类进步和经济持续发展。从而走向一种和谐的氛围。当然，这可能只是一种理想，对贡献大小的衡量和对调节适度的把握，都是有待于我们进一步解决的技术难题。

企业改革的成功依赖于国家政策的成功和法制的完善以及人们思想、素质的整体提高等多种因素。反过来，只有多数企业取得成功，员工满意，才能够推动政策成功、法制健全和思想高尚。社会才会更稳定，经济才会更好地发展，生活才会更加美好。

第七节　建筑工人实名制管理与平台建设

一、实名制管理对施工单位的意义

劳务实名制管理是劳务管理的一项基础工作。实行劳务实名制管理，使总包对劳务分包人员的数量、持证情况、文化程度、政治面貌、个人信用、出勤记录、工资发放、进出场时间等信息全部了解清楚，从而促进劳务企业合法用工，切实维护农民工权益，调动农民工积极性。

实行劳务实名制管理，可以掌握劳务人员的技能水平，工作经历，有利于有计划、有针对性的加强对农民工的培训，切实提高他们的知识和技能水平，确保工程质量和安全生产。实行劳务实名制管理，逐人做好人员信息采集（姓名、身份证号、性别、年龄、户籍地址、进退场时间、工种等）使总包了解劳务企业员工人数和基本情况。

实行劳务实名制管理，施工企业给民工办理所在地的建筑业市民卡，可以包含大病医疗和工伤两大保险，也具备社会保障卡、银联卡和金陵通卡的功能，可以持卡看病就医，也可参加免费健康体检、享受工伤保险待遇、支取工资、进出场现场刷卡签到、乘坐地铁等。为民工工作出勤、医疗体检、日常出行等多方便提供了便利；也为施工企业对民工管理提供了便捷。

实行劳务实名制管理，统计归档工人每月的考勤统计和劳务公司上报项目的民工工资发放表，可以有效保障民工工资的及时发放，解决了民工维权难等多项问题。对建筑施工企业而言，更可以大幅度的降低民工恶意讨薪、民工闹事、劳资纠纷以及劳务结算困难等风险。

从公司层面角度出发，整理项目实名制情况收集和反馈的信息，统一建立劳务资源库，定期对各家劳务公司进行考评，经公司评审小组审核后，建立并发布合格及不良行为劳务分包商名录，新开项目均采用集中采购网络交易平台选择合格劳务分包。劳务资源管理系统的建立能有效地对劳务分包单位进行筛选，优胜劣汰，既提高劳务分包单位的劳务管理水平，也为施工企业选择优秀劳务分包提供便利。

二、实名制管理工作的具体实施

（一）总公司层面

首先需要确立生产资源和劳务分包用工归口管理部门，部门下设劳务服务管理中心，劳务管理中涉及其他专业职责由总公司相应部门分别承担。

落实国家、地方和行业的相关文件要求，制定公司内部各项劳务管理政策和制度，制定公司的劳务管理制度，建立业务流程、制定劳务发展战略规划，指导和督促子公司或区域公司劳务管理系统的建立，并对体系的运行进行检查和考核。

建立劳务资源库，依据子公司或区域公司对上一年合作劳务分包商的考评，经总公司劳务分包商评审小组审核后，建立并发布合格及不良行为劳务分包商名录。总公司对该数据库进行推广、运作和维护，并指导、监督、检查下属公司的劳务分包用工实名制管理工作。

（二）子公司层面

贯彻落实国家及上级单位各项劳务管理政策和制度，制定本单位劳务管理办法，制订劳务发展规划、年度劳务工作计划，指导、监督、检查、考核、评比本单位所属项目部劳务管理。定期组织对劳务分包商进行考核和评价，上报考评结果，并录入大数据库，协助总公司大劳务管理信息系统的运行和推广。

子公司层面负责建立和维护劳务基地，探索区域性劳务资源开发新途径和新方式，并做好劳务信息系统的应用工作，督促与指导各项目的实名制管理工作。

（三）项目部层面

根据总公司、子公司所建立的劳务管理规章制度，应用好劳务管理信息系统，填报劳务信息及数据，开展和执行劳务实名制工作，组织对本项目在用劳务分包商的履约诚信进行评估。

因项目部是劳务纠纷处置和劳务评估的第一责任主体，因此，项目部的劳务管理工作尤为重要，以下将对项目层面的劳务实名制管控工作做一个系统的梳理。

劳务实名制管理是劳务分包用工管理的核心，劳务实名制管理，就是通过管理的延伸，利用现代信息技术手段，实行一对一全过程跟踪式的管理。通过开展劳务实名制管理，以建立覆盖全员、全过程的诚信度评价。

劳务实名制管理主要包括：进场前的信息采集和培训、过程管理、退场管理三部分。

项目部首先尽量选择数据库内的劳务分包，在探索区域性劳务资源时，应审核其资质、规模、诚信记录、近两年以来的业绩和资金情况等资料信息并汇报子公司，选择录用时需签订分包合同和劳务实名制管理附件。

项目部对劳务人员进行信息采集。针对将要进场的每一个人，采集基本信息、岗位资格信息等，建立《人员信息档案表》，并整理登记《花名册》。同时对劳务人员开展入场教育，入场教育采用"逐人逐班，分类施教"的培训方法。将培训记录、考试答卷以及培训资料（含照片、影响资料等）建档，确保培训过程可追溯。入场培训考试合格后，项目部与劳务人员签订《劳务人员进场施工承诺书》，监督劳务分包商与劳务人员签订《劳动合同》。《劳动合同》报项目部存档，签订过程留影像资料。

项目出入证通过"实名制门禁管理系统"制作发放，与电子档案信息建立联动机制，且及时更新，保证每一个进场劳务人员信息的准确性和完整性。

现场设置门禁系统，系统包含闸机、LED显示屏、LED屏联动闸机软件、视频采集卡（门禁卡）等。

劳务人员进场前，对劳务分包商进场人员的合法性、资料的合规性进行审查，不符合要求不予办理进场手续和相关证件。

过程管理是劳务实名制管理的重点和难点。所有项目应利用门禁、指纹、面部识别等信息化手段开展实名制管理，条件受限的一些特殊项目，也可采用移动刷卡机进行实名制管理。

项目部与劳务分包商定期对考勤数据进行收集和整理，登记《考勤表》，考勤数据与其他实名制资料相对应，项目部留存备案，保留至项目完工且与分包单位办理结算与支付手续后。

项目部监督劳务分包商向劳务人员工资发放的情况，原则上要求劳务分包商采用银行卡方式支付。分包商按月提交劳务人员花名册、出勤表、工资表、工资打入的银行卡号等，依据分包合同向项目部提出劳务人员工资支付申请。项目部制定劳务人员工资支付计划，按照劳务人员进出场记录、各作业面有关劳务人员出勤记录和其他统计记录资料，核定实际发放的工资。当分包商的劳务人员出勤表与现场门禁记录及劳务管理工程师的考勤记录有差异时，项目劳务管理工程师应分析查找原因，再次核对。核对一致后，项目部方可向分包商专项支付工资款项，并要求分包商正式公开通知工资发放消息，公布支付凭据。

项目部在劳务人员退场前与其签订《劳务人员退场承诺书》，对于未签承诺书的严禁办理退场手续。并在工程施工期间按月采集劳务分包商填报的《人员变更月报表》，对劳务人员信息实行动态管理，确保每个劳务人员的阶段性《劳动合同》执行终结，不留隐患。

（四）劳务分包层面

积极配合总包方实行劳务实名制的管理，筛选素质高、技术好、服从管理的优秀班组和个人。

做好每个进场工人的信息采集、培训工作，带领新进场工人办理进场手续并接受进场教育，监督工人在正常施工过程中需遵守的门禁制度及其他实名制管理的规章制度，做好工人的各类思想工作。

如实上报每月工人的花名册、出勤表和工资表，和项目部做好比对工作，配合项目部查出差异的原因，做好工资发放工作。

三、实名制具体管理办法

1. 建筑工人实名制是指：建筑企业通过单位和施工现场对签订劳动合同的建筑工人按真实身份信息对其从业记录、培训情况、职业技能、工作水平和权益保障等进行综合管理的制度。

2. 适用范围：凡在中华人民共和国境内从事房屋建筑和城市基础设施工程施工的建筑工人适用本办法。

3. 进入施工现场从事建筑作业的建筑工人应经过基本安全培训，并在全国建筑工人管理服务信息平台上登记。

4. 各级住房城乡建设主管部门负责本行政区域内建筑工人实名制管理工作，督促本行政区域内建筑企业和施工现场全面落实建筑工人实名制工作的各项要求，建立完善本行政区域内建筑工人管理服务信息系统，确保各项数据的真实、及时和联通，并对本行政区域内各有关主管部门、建筑企业和施工现场建筑工人实名制管理的情况进行日常监督检查。

5. 建设单位在招标文件和工程合同中应明确承包企业实施建筑工人实名制管理的条款，并督促承包企业落实所承包项目的建筑工人实名制管理的各项规定和措施。

7. 建筑企业负责本企业和所承建项目的建筑工人实名制管理的具体实施，并接受各级住房城乡建设主管部门的监督检查。

承包企业（包括：工程总承包、施工总承包企业和直接承包建设单位发包工程的专业承包企业，下同）对所承接工程项目的建筑工人实名制管理负总责，建立健全建筑工人实名制管理制度，在施工项目部配备专（兼）职建筑工人实名制管理员，负责现场专业作业人员实名制信息的登记与核实。

建筑用工企业（包括：使用自有建筑工人的承包企业，建筑劳务企业和专业作业企业，下同）应制定本企业建筑工人实名制管理制度，落实合同中约定的实名制管理义务，在工程项目部现场配备专（兼）职实名制专管员，负责本企业派出的专业作业人员的日常管理，并按劳动合同约定发放工资，保障建筑工人合法权益。建筑用工企业应及时对本企业的建筑工人信息进行采集、核实、更新，建立实名制管理台账，并按时将台账提交承包企业备案。

8. 工程监理企业应审查承包企业所承接项目的建筑工人实名制实施方案，对项目的建筑工人实名制实施情况进行监督，并在监理日志中予以记录。

9. 建筑工人管理服务信息平台系统由全国平台、各省市县平台、建筑企业的实名制管理信息系统和建筑工人个人客户端等组成，各级各类建筑工人实名制管理信息系统应统一使用国务院住房城乡建设主管部门发布的数据格式和接口标准，并能在全国范围内实现实时数据共享。

10. 各省市县住房城乡建设主管部门所建立的建筑工人管理服务信息平台，应当包含建筑工人基本信息、从业记录、职业技能培训与鉴定管理、建筑工人变动状态监控、投诉处理、不良行为记录、诚信评价、统计分析等方面的信息。

11.建筑用工企业可以根据数据标准建立自己的建筑工人实名制信息管理平台或系统，也可以直接应用住房城乡建设主管部门提供的系统进行数据录入。承包企业施工现场应以第二代身份证为基础核实采集本项目建筑工人基本信息，记录人员技能安全培育情况、出勤、完工数量质量和诚信评价等信息，切实落实相应的管理工作，维护建筑工人的权益。

12.建筑工人实名制基本信息应包括姓名、年龄、身份证号码、籍贯、家庭地址、文化程度、培训信息、技能水平、不良及良好行为记录等。

承包企业应配备实现建筑工人实名制管理所必需的硬件设施设备。有条件实施封闭式管理的工程项目，应设立施工现场进出场门禁系统，并采用生物识别技术进行电子打卡，落实建筑工人实名制考勤制度。

不具备封闭式管理的工程项目，应采用移动定位、电子围栏等技术方式实施考勤管理。承包企业应按照有关规定通过在施工现场显著位置设置"建筑工人维权告示牌"等方式，公开相关信息，保护工人合法权益。鼓励承包企业通过张贴二维码等方式公开项目基本信息，供社会查询。鼓励社会各方开发符合相关数据标准的建筑工人个人 App 客户端，向建筑工人推送相关信息。

13.承包企业应在承接工程的项目部建立统一的建筑工人实名制台账。实名制台账应包括每名建筑工人的实名制档案，实行电子打卡的还应保存电子考勤信息和图像、影像信息，档案应按规定期限进行保存。

建筑工人进场施工前，应录入建筑工人实名制名册。项目用工必须核实建筑工人合法身份证明，必须签订劳动合同，并明确工资发放方式，可采用银行代发或移动支付等便捷方式支付工资。承包企业应统一管理建筑工人实名制考勤信息，并及时准确地向有关行业主管部门上传相关信息。

14.已录入建筑工人实名制信息管理平台的建筑工人，3年以上(含3年)无活跃数据的，再次从事建筑作业时，建筑用工企业应对其重新进行培训及信息录入，否则不得进入施工现场，相关不良及良好记录应予以保留。

15.各级住房城乡建设主管部门应按照"双随机、一公开"的要求，对各地各建筑企业建筑工人实名制管理情况进行抽查，并将抽查结果予以通报，对于发现的问题要责令相关部门和建筑企业限期整改，拒不整改或整改不到位的，对有关部门要约谈相关责任人、并在一定时期内暂停其向全国建筑工人管理服务信息平台上传相关数据，约谈后仍拒不整改或整改不到位的，要提请有关部门进行问责；对有关建筑企业要记入企业信用档案，通过全国建筑市场监管公共服务平台向社会公布。

16.市县级住房城乡建设主管部门应加强对本行政区域内建筑企业和施工现场建筑工人实名制信息管理制度落实情况的日常检查。对实名制管理工作成绩突出的单位应给予表彰和奖励，对相关投诉举报事项进行调查处理。对未按规定实行实名制管理的单位或个人应予以纠正、限期整改，并对不良行为进行公示，拒不整改或整改不到位的，记入企业信用档案。

17. 严禁各级住房城乡建设主管部门借推行实名制管理指定或暗示建筑企业采购相关产品，不得巧立名目乱收费增加企业额外的负担。对违规要求建筑企业强制使用某款产品或乱收费用的，要立即予以纠正；情节严重的依法提请有关部门进行问责，违反法律法规的，依法追究刑事责任。

18. 未在全国建筑工人管理服务信息平台上登记，且未经过基本职业技能培训的建筑务工人员不得进入施工现场，建筑企业不得聘用其从事与建筑作业相关的活动，本条规定自 2020 年 1 月 1 日起执行。

四、实名制管理平台

5 月 26 日，"全国建筑工人信息管理平台"试点启动会在济南举行。目前，全国有资质的建筑企业 8 万多家，从业人员 5000 余万，其中 4000 多万是建筑劳务人员。实行劳务实名制管理对促进建筑业科学发展，规范建筑施工企业、用工企业行为，维护社会和谐稳定，意义重大。

据住建部相关负责人介绍，该"平台"将记录工人的个人履历、技能情况、考勤信息、工资信息、用工信息、个人信用等基本信息。该平台的正式推进是形成实名制管理的有效手段，也是对国办一号文件、部文件的贯彻落实，是规范行业管理、推动行业进步的又一重大变革。平台是由政府发起，协会、企业、银行共同组织建设的，其核心是以"互联网 +"的思维，实现劳务实名制管理。

（一）劳务用工走向职业化

"全国建筑工人信息管理平台"是建筑劳务用工管理的基础数据平台。实名制管理的这些流程都会在"全国建筑工人信息管理平台"上有所体现。建筑劳务工人的从业经历都可以在平台上进行查询。

住房城乡建设部建筑市场监管司施工监管处调研员林乐彬说，实施建筑劳务用工实名制管理意义重大。一是记录从业人员的工资信息、用工信息等基本情况，有利于维护从业人员和建筑施工企业的双方合法权益，减少拖欠工资行为的发生。二是合理促进企业提高精细化管理水平，落实企业用工组织责任，有利于提升建筑业行业的整体形象。三是有利于行业主管部门收集准确的从业人员数据信息，摸清行业主体用工情况，为宏观政策的制订提供决策依据和数据支持。

（二）试点先行全面推开

试点启动会上，住房城乡建设部、中国建筑业协会、中建总公司、山东省住房城乡建设厅、济南市建委、济南高新区管委会、中建八局及八局一公司的有关领导共同按亮启动装置，宣告全国建筑工人管理平台在中建八局济南地区项目正式上线试点。

全国建筑工人信息管理平台的建设不仅需要软件服务，也需要政策支撑。下一步建筑市场监管司将从三个方面开展工作：一是加快制订建筑用工实名制管理办法，对平台建设提供政策支持。二是尽快制订出台信息平台管理办法和全国统一的建筑工人信息数据标准，对平台管理和数据互联共享打下基础。三是通过试点先行稳步推进，对平台的全面推开积累经验。

（三）建筑工人可手机查询工资发放

通过"全国建筑工人信息管理平台"的"实名制一卡通"可以实现劳务工人全职业周期管理，从而为劳务实名制管理，建筑工人工资足额支付、月清月结撑起"保护伞"。

中国建筑股份有限公司信息化管理部副总经理程璟超介绍说，"全国建筑工人信息管理平台"通过云、网、端把整条劳务实名制管理链打通，以实名制一卡通为核心，构建全国劳务管理平台。云平台为建筑企业和劳务分包企业提供现场劳务管理。通过云平台可以清楚看到每个企业实时用工情况、劳务数据。全国建筑工人信息网实现建筑劳务管理。用工单位、行政机关在网上查询建筑工人的劳务企业信息、总承包企业劳务管理信息。建筑工人通过身份证号码可以自己查询职业履历。网站能够做到整个信息全社会开放共享。App手机客户端为建筑工人和建筑相关服务企业提供手机端服务。建筑工人和基层管理人员可以通过App看到自己的用工信息、工资信息、培训需求以及申请法律援助、享受金融机构定制服务。

第八节　承诺制的开展与诚信体系的建立

一、承诺制的开展

（一）推行范围

2018年11月1日起，在陕西省工商登记注册的建筑业企业申报建筑工程、市政公用工程施工总承包一级资质实行告知承诺制。

（二）申报流程

1. 网上申请。申请人通过住建部建设工程企业资质申报软件（企业自行在住建部网站查询下载，具体路径为：首页—办事大厅—办理指南），以告知承诺方式提出资质申请，按照相关要求在网上提交申报材料，并完成《行政审批告知承诺书》电子签名。

2. 材料受理。申请人在住建部建设工程企业资质申报软件完成填报后，将系统生成的《建筑业企业资质申请表》（限告知承诺方式）和数据包一并报送至省住房城乡建设厅综合便民服务中心，出具相关文件并上传系统申报材料。

3. 接受核查。住房城乡建设部做出准予行政审批决定的6个月内，申请企业接受申报资质所涉及的全部工程业绩实地核查，特别是承诺企业业绩是否符合资质标准要求的检查。

（三）具体要求

一是加大宣传引导力度。各市（区）、直管县住房城乡建设部门要站在"深化简政放权、提高行政审批效率"的高度，认清推行建筑业企业资质审批告知承诺制的重要意义，加大宣传力度，搞好舆论引导，积极协调解决企业在资质申报过程中遇到的困难和问题。

二是树立守信经营理念。全省建筑业企业要严格树立诚实守信的经营理念，根据企业现有实力实事求是地提出申请，并对申报材料的真实性、有效性负责。对以虚构、造假等欺骗手段取得资质的企业，将被列入建筑市场主体"黑名单"。

三是及时做好意见反馈。各市（区）、直管县和申请企业结合告知承诺制推行情况，及时反馈申请材料、系统申报等方面的问题，省级层面能解决的问题立即进行修改完善，不能解决的梳理汇总后报住房城乡建设部建筑市场监管司。

二、诚信体系建立

（一）中国建筑行业诚信缺失原因分析

1. 经济转型期的负面影响

我国从传统的计划经济向市场经济转型的过程，是一个漫长的过程。而当前市场经济体制的发展也仍然处于一个发展阶段，旧的观念和行为模式对于当前的经济发展还有着一定的影响。在新的市场体制还不够成熟的特殊时期，传统文化中的诚信似乎还无法适应市场经济的冲击和洗礼，进而引发了诚信危机的现象。由于建筑行业的竞争较为激烈，因此受到经济转型的影响也更为突出，不正之风似乎也成了建筑市场中的普遍现象，从而引发腐败、违规违章等现象的存在。

2. 建筑市场各方主体缺乏自我约束

在经济利益的影响下，建筑行业的市场主体自我约束能力差，是造成建筑行业诚信缺失的一个客观体现。个别参建主体人员主观上的趋利动机和法不责众的侥幸心理，是造成自我约束能力缺失的主要因素。在推动国民经济发展的基础建设过程中，个别参建主体和政府监管人员为了从中获取一定的利益，在高额的利润驱使下，必然会引发腐败、恶意排挤、违规违章建设、有关领导干涉等现象。同时，建筑市场的信息不对称也是诱发建筑行业诚信缺失行为的一个因素。

3. 建筑市场缺少外部强有力的监管

建筑市场交易多方守信与失信是一个博弈的过程，如果都守信当然是最好的结果，不仅为建筑行业的健康发展创造良好的环境，还为国民经济的增长产生巨大的推动作用。但在信息不对称、外部监督不严、社会人员敢怒不敢严的坏环境下，不守信很容易成为优先选择。诚信缺失本质上是一种违规违章行为，经济活动主体是否选择违规违章，关键看违规违章成本的高低，当违规违章成本的预期效果超过诚信所带来的收益时，便会产生违规违章行为。目前，我国建筑企业管理人员流动性大，主要人员履职不到位，权责利益分配不公平，政府监管不严的现象，以及社会人员敢怒不敢严，造成了台上信誉第一、台下诚信缺失的怪现象。

（二）加强中国建筑行业诚信建设的措施

建筑行业的诚信建设涉及面广，而且内容也较为复杂，为了确保建筑行业健康的发展。

1. 尽快建立诚信体系建设

诚信评价指标体系建设就是要采用定性和定量相结合的办法，将建设、设计、施工、监理等市场各方主体的诚信行为归纳设定为企业素质、经营状况、财务状况、社会信誉等多个方面的多项具体指标。诚信评价指标体系将被用于对市场主体进行约束、测评、考核和比较，是运行诚信评价制度的客观依据。诚信评价实施和保障体系针对评价过程和评价结果，科学设定诚信评价的实施办法、奖惩机制和保障措施等，是建筑行业诚信评价制度顺利实施的基础。

2. 强化行业自律与行规建设

行业自律与行规建设，在提高建筑企业的社会声誉和树立建筑行业诚实守信的经营理念方面有着重要的作用，同时，加强行业自律建设，能够有效地提升企业的管理水平，不断增强企业的核心竞争力，促进我国建筑行业生产水平的不断提升。另外，在行业自律和行规建设的过程中，应当充分发挥行业协会的主导作用，建筑市场内的各个市场主体都要自觉的加强行业自律的建设，从自我做起，从小事做起，才能够真正地从整体上提高建筑行业的诚信水平。行业自律与行规建设是一个长期的过程，仍然需要我们不断的宣传与引导，才能够实现建筑行业的健康发展。

3. 大力强化和完善监督惩戒机制

针对建筑行业内的不诚信行为，应当建立起有效的监督惩戒机制，形成一个强大的诚信监督网络，通过法律、行政、舆论监督等手段的并行，全面强化监督的管理机制的作用。在实际工作中，可以依靠数据信息以及权威的诚信评价结果，形成一个立体的评价网络，提高失信成本和风险，降低守信成本，以此来维护守信的市场主体所具有的经济地位，迫使失信企业失去市场，并且通过法律的形式对失信行为进行界定和评价，根据失信行为造成的不同后果，进行必要的司法程序，对失信企业进行严厉的惩治，以此保证建筑市场的有效秩序。同时，相关的政府部门，也要在诚信建设中充分发挥其行政监督的作用，坚持依法治国的思想对建筑市场进行治理，形成法治市场，加强政府监督职能。另外，大力借助电视、广播、网络等宣传媒体，对守信行为进行表彰和弘扬，而对于失信企业则通过曝光、检举等形式，使其失信行为公之于众，净化建筑市场的内部环境。

4.加快建筑行业诚信体系建设

征信系统指的是对市场主体的资信情况进行调查和评估，并且将相关的评估结果形成一个数据库，将市场主体的信息及时、客观的体现在该系统中。只有一个完善的征信系统，才能够使诚信管理做到有理有据。在发达国家中，建筑行业征信系统管理方式主要有三种：即政府经营、企业自主经营和特许经营。采用政府经营的国家，由政府出资成立建筑行业的征信机构，各项经营和管理业务都由政府直接管理，这种经营模式一般适合于规模较小或者是处在转型期的国家；自主经营模式一般是由政府对征信系统的建设进行立法管理，但是政府不参与其中的经营活动，所有的征信业务都由行业内的机构或者是企业依法进行，这种管理方式也是当前征信系统管理的一种主流方式；特许经营一般都是由政府建立征信数据库，然后指定保险、调查、教育等企业进行系统的经营与管理。当前，我国的建筑行业处在快速发展的时期，自主经营模式和特许经营模式都可以成为当前我国建筑行业征信系统建设的首选，为此，我国应当尽快地完善相关的法律法规，培育具有多元化特征的征信系统，不断地提高系统的管理水平，使其作用得到充分的发挥。

第十章　建筑业发展前瞻

第一节　清洁低碳资源与新型建材

一、清洁低碳资源

能源是人们生活的基础，也是社会发展的先决条件。它决定了一个国家的具体经济方式，也代表了社会的生产途径。能源经历了几个主要阶段，从过去的粗放型经济能源，到集约性的经济能源再到当今的低碳式经济。它的这种转变也体现了人们先进理念的变化，是社会不断进步的结果。

（一）低碳经济概述

低碳经济是目前社会的一种新型发展理念，它是在科学化指导下产生的，以技术创新作为主要手段，以制度和产业的变革作为主要目的的能源开发方式。在低碳经济的理念下，我们力求生产效益与能源消耗的协调，将利益获取与环境保护放在同等的位置上，以达到二者的双赢。另外，低碳经济可以减少温室气体的排放数量，以新能源替代传统能源，将"清洁性"放在一切发展的首位，以打造绿色化的核心技术为宗旨，在不断创新的基础上转变人类的相关理念。低碳经济的提出背景是在资源日益变少，甚至已经不能满足人们实际需求的前提下进行的。如今温室气体的排放量逐渐在增加，全球也在不断地回暖，人们的生活环境已经受到了很大的挑战。例如：冰川融化、海平面上升、雾霾现象的出现等等。这些自然灾害已经达到了不可忽视的地步，它甚至威胁到了我们每一个的生命。苏联的核泄漏事件就是环境对人类最大的警示，为了使这种现象消失，低碳经济势在必行。这一理念也在我国范围内进行了阐述与推广，为了构建和谐社会，转变当前的经济发展方式，我国十七大会议中指出，要将低碳经济摆在首要位置，将此理论渗透到人们的生产与生活当中，构建和谐化、节约化社会。

（二）低碳经济是社会发展的必然选择

1. 发展低碳经济是人类社会的必经之路

发展低碳经济的意义非常重大，它是社会进步的必要途径，也是人类生活中的必经之路。根据世界能源的数据统计，各国的有效资源都在不断地下降，利用率也远远不如从前。其中以煤炭资源的破坏最为严重，实际的预估条件下，煤炭资源仅仅足够未来一百年内开采。其次是石油资源，它也仅仅在能够保障人们四十年的消费水平。由此我们可以看到，各国的开采使用量都大大超出了预期的范围，我们每一天都在超支和透支。在这种发展的前提下，人类别无选择，我们只能致力于新能源的开采，挖掘能够替代传统能源，使社会长期发展的途径。

2. 低碳经济是可持续发展的要求

各个国家在当前都倡导可持续发展，全球变暖也导致生态退化，人类赖以生存的环境受到危险。其实，我们大部分人都意识到了这一点，但还是无法做到将责任落实到我们每个人的身上。这种浪费不仅体现在一系列的有效资源上。例如：水资源、电能源、煤气资源等等。浪费的现状到处可见。试问这样的行为，如何会使经济得到持续性的发展呢？在近几年来，我国的温度也在持续性的上升，每年都在二到三度的涨幅之间进行变化。并且有专家预测，至少在以后的二十年内，还会继续增加。这种气候的不稳定使粮食作物的生产受到了严重的阻碍。灾害天气不断增加，河南一些地区农民的生活基础已经受到了危害。另外，中国天气的两极分化也很明显，可能某一个冬天会产生极其暖和的情况，也可能在某个夏天产生温度骤降的现象。这些问题都无法令国家、令人民的生活得到可持续性的发展。所以，低碳经济迫在眉睫。

（三）清洁能源在低碳经济背景下面临的机遇与挑战

1. 我国清洁能源的机遇

清洁能源包括很多种，它是指气体排放量小、对环境有利无害的物质。我国现代最常用的清洁能源有核能、潮汐能、太阳能以及生物能源。这几种能源也是当前利用途径最多的应用方式。在我国，国土面积的辽阔决定了清洁能源的储备也是非常多的。清洁能源遍布了我国的各个省市，有着非常可观的挖掘性。例如：风能主要集中在东北的沿海地区一带，总数可达到 8 亿千瓦以上。这个数字是非常可观的。另外，青海的一些岛屿上也有着丰富的电伏能源。我们也可以将一些农业生产中的秸秆变成资源进行利用，既优化了环境，又使经济效益得到了提升。

2. 我国清洁能源面临的挑战

西部地区是我国清洁能源主要的存在场所，在西部以南，水电的应用量非常广泛。在甘肃、新藏、内蒙古地区，风能都呈现出区域性集中的发展规律。但我们也知道，西部的路途比较遥远，其中以山地为主，走势也不是那么的平坦。所以，对于国家来说，是很难将清洁能源运输出去的。运输条件的阻碍使能源的依托性变少。所以，国家要对运输的路径进行改善，建立统一的运输系统，使清洁能源得到更好的利用。

二、新型建材

(一) 新型建筑材料发展现状

新型建筑材料不同于传统的砖瓦、灰、砂石等，它更环保、质量更好，更能够满足现代化建设进程中城乡建筑的建设需求。其主要包括新型墙体材料、新型保温隔热材料、新型防水密封材料、装饰装修材料等多种材料。我国新型建材工业是 20 世纪七八十年代伴随着改革开放不断深入而发展的，这三十多年时间内，我国的新型建材行业实现了从小到大、从无到有，已经形成了一个新的行业产业，成了建材产业中极其重要的组成部分，也成为一个新的经济增长点。

1. 新型墙体材料

目前我国新型墙体材料品种较多，形成了以混凝土空心砌块、纸面石膏板、纤维水泥夹心板等块板为主流的新型墙材体系，也同步发展了轻板、复合板等高水平工艺的墙体材料。但与发达国家相比，还存在企业规模小、产品档次低、工艺装备落后、配套能力较差等问题。

2. 保温隔热材料

经过三十年的高速发展，保温隔热材料实现了从无到有，由单一到多样的新变化，已形成了膨胀珍珠岩、矿物棉、玻璃棉、泡沫塑料、耐火纤维、硅酸钙绝热制品等为主的产业，技术生产水平也大大提升。但由于我国保温材料起步较晚，总体技术和装备水平与其他国家相比仍较低，在建筑领域的应用技术还有待完善，在推广应用上还需加大力度。

3. 防水密封材料

防水密封材料是建筑行业所必需的重要功能材料。目前我国建筑防水材料拥有包括沥青油毡、合成高分子防水卷材、建筑防水涂料、密封材料、堵漏和刚性防水材料等多种产品。但仍存在产品结构不合理、质量偏低、施工应用技术不高等不足。

4. 装饰装修材料

建筑装饰装修材料品种繁多，更新较快，它的发展决定着建筑物装饰档次的高低，对美化城乡建筑、改善人居环境、提升群众生活幸福指数有着十分重要的意义。目前我国已基本形成初具规模、门类齐全的工业体系，但中低档产品还是较多，高档产品的复杂生产工艺水平不够，还不能完全满足高档建筑装饰装修的需求。

（二）新型建筑材料应具备的特性

新型建筑材料的发展与人民生产生活关系如此密切，那么，一种现代新型的建筑材料应具备怎样的特性，才能让居民感觉生活更幸福，更能符合新时代建筑建设要求呢？究其根本，新型材料的有效发展必须具备时代价值和绿色环保两种特性。

1. 新型建筑材料必须符合时代进步要求

在过去，最好的建筑材料是土坯，因为土坯是人类从对筑巢而居懵懵懂懂时，就开始开发利用的最基本的建筑材料，土坯有着保温、吸湿、透气等功能，在当时能够满足人类生活需求。但随着时代进步，土坯还是被抛弃。因为现代建筑已经不能仅满足居住所需，要在具备保温、吸湿、透气等功能外，还要有高强、轻质、防水、防火、吸音、装饰性以及能够快速装备施工等要求。因此，现代新型建筑材料首先必须具备时代价值，适合现代建筑的要求以及新时期居民的审美观。随着科学技术的不断发展进步，现代建筑材料已经可以利用高科技手段，用不同方式进行组合、复合，获取的材料具有比土坯更好更多的性能，进而更加满足现代化建筑的要求。

2. 新型建筑材料必须注重绿色环保

在当前经济社会高速发展的同时，我们正在面临着一个严峻的问题：建筑材料行业作为资源消耗大、污染较为严重的工业产业，在改善人居环境的同时，对环境正在造成极大的污染和破坏。因此，为彻底解决这一问题，结合当前国家正在推行的生态文明建设新要求，就要开发使用绿色环保的新型建筑材料，即对人体及周边环境无害的健康型、环保型、安全型的建筑材料。这种材料与传统建筑材料相比，有着低耗能、无污染、利用率等优势，可大大提升资源利用率，解决环境污染问题，进一步优化生态环境。

（三）新型建筑材料行业发展的建议

1. 明确发展导向，调整主导产品结构

新型建筑材料行业的发展要具备前瞻性和实用性，要以高新科学技术和节能环保高效为关键，进一步优化建材产品结构。新型墙体材料要以节能利废和提升建筑功能为重点，大力发展各种轻质板材和复合材等材料；防水材料以改性沥青防水卷材、聚氨酯密封材料和防水涂料为主；保温材料以用矿物棉、玻璃棉产品为主；装饰装修材料重点发展各种高端工艺水平的内外墙涂料、复合地板等产品。

2. 加大科研力度，提高科学技术水平

新型建筑材料的使用必须符合地域性需求，才能更好地加快社会现代化进程。新型建材发展要结合不同区域和不同建筑类别，学习借鉴国外先进技术装备，重点瞄准热门新产品、新技术，进而研究开发适合我国国情的工艺技术。目前要重点围绕节能、降耗、环保，采用低耗能、不污染环境的生产技术，使生产出的新型建材产品不损害人体健康和社会环境。

3. 统筹合理布局，强化产业集聚发展

与当前经济社会发展大形势相同，新型建材产业也要注重集聚发展，以区域合理布局促进技术工艺交流和产业发展壮大。要注重统筹布局，结合各地实际情况，依托自身交通、土地、生产要素等资源优势，选择最切合实际、最适宜发展的建材产业入驻发展。要引进一批生产规模大、配套能力强的生产企业，并强化企业间的交流沟通，促进生产技术和资源共享，建立协同发展新型建材产业链条，优化产品结构，促进企业做大做强、产业发展壮大。

第二节　工厂化现代建造方式

一、"工厂化"建筑

所谓"工厂化"建筑指的是建筑的绝大部分工序都是在工厂里面完成的。据统计大约有 93% 的工序完全是在工厂里面完成的。工厂里将柱子、梁、支撑、楼板、墙板等加工制作成构件。现场仅需要像摆积木一样安装就可以了。

"工厂化"建筑的核心就在于集成化的大板上，大板为空间桁架。由槽钢和角钢焊接而成。附属的设施全部安装到大板上，整体吊装。大板的底部固定天花板。天花板不需要加设吊杆和龙骨，直接用自攻螺丝将天花板固定在大板上；大板中间配管。大板里面装有消防、通风、给排水、空调、电气和照明等管线；大板板面由压型金属板和 50mm 的钢筋混凝土地面组成。板面同时安装好了卫生洁具等附属材料。墙体材料也由工厂加工制作。墙体采用水泥纤维板面层和轻钢龙骨组成。外墙可以做玻璃幕墙和干挂石材等。墙体和主体结构靠 u 型卡键连接，接缝处用密封水泥砂浆密封处理解决噪音问题。

二、"工厂化"建筑相比传统建筑的优势

"工厂化"建筑相比传统建筑具有许多的优势。

1. 安装周期短。安装全部采用螺栓连接，现场不需要焊接。提高了安装速度和现场安全性。正常施工条件下一天可以安装 8 层左右的构件。

2. 环保无污染。由于工厂里完成了绝大部分工序，安装现场基本没有建筑垃圾。安装没有粉尘、无噪声，减少了对附近居民的干扰。

3. 用钢量小、抗震性能高。钢结构主体结构采用大量的斜撑不仅仅减少了用钢量且提高了整个建筑的抗震性能。

4. 结构自重轻，基础相对较小。整个大板的地面铺装层仅仅 50mm，减轻了结构的自重增加了建筑室内净空。整个建筑物自重大大降低，这样对地基和基础的施工费用就大大降低了。

5. 安装无须脚手架，施工措施费少。现场不需要搭设脚手架，不需要消耗施工用水。

6. 建造成本低。大部分工序在工厂完成，同时用钢量小、安装周期短等原因注定建筑成本相对传统建筑较低。经过测算每平方米建筑面积建设成本为 2000 元左右。

三、住宅建筑工厂化

（一）我国发展住宅建筑工厂化的意义

1. 有利于推进建筑节能

房屋主体结构工装模具化浇筑施工作业与部品部件工厂化生产、装配式施工相契合的工业化生产作业体系。具有符合现行规范、八度抗震设防、施工周期缩短四成、人工减少九成，杜绝质量通病、基础—主体—水电—内装— 一体化成型的特点。建筑节能约72%，土地利用率提高 11%，干法作业节水达 65%，精细施工节材达 17%，同时，降低噪音，钢模板等重复利用率提高，环境免受破坏。住宅建筑工厂化可以成为推进节能降耗的重要手段。

2. 有利于提高工作效率

目前，我国建筑技术仍处在极度落后的状态，基本生产方式仍然是手工操作的湿作业劳动，劳动生产率只及发达国家的 1/7，产业化率 15%，增值率仅为美国的 1/20，因此造成建筑成本高、住宅价格高、施工周期长、建筑质量水平难有统一的保障。而据统计，房屋建造工厂化可以比劳动力密集为主的传统建筑生产方式提高工作效率 3~4 倍，工程周期缩减，人力成本降低，现场工人最多可减少 89%。

3. 有利于提高建筑综合性能

日本、美国等国家住宅工厂化发展实践已经表明，通过建筑体系标准化、技术应用集成化建筑的住宅，既能满足市民多样化的住房需求，更能从根本上提高建筑的综合性能。由于不是手工业作业，产品的残缺率会大大降低，产品的保湿、节能和舒适性都有很大改善。住宅建筑工厂化在提高住宅结构安全性、防火安全性、耐久性、日常维护管理方便性、保温隔热性能、空气环境性能、采光照明性能、隔音性能等方面，都具有相当大的作用。

（二）我国住宅建筑产业化存在的问题和发展趋势

我国住宅现代化工作取得了一定成果，但推进产业现代化工作还处于初级阶段，我们还应当清楚地认识到，住宅产业法还处于粗放型发展阶段，产业发展中的矛盾日益突出。

当前，中国的建筑生产技术比较落后，产业的特点表现为"四低二高"：

一是工业化水平低。建筑材料、产品的工业化水平还较低，尚未形成系列化、规模化配套生产体系、产品的配套性、通用性差，生产规模小，特别是规范部品生产的模数协调工作之后，阻碍了标准化、通用化部品体系的形成。

二是成套技术集成度低。建筑产业的技术研发、推广和应用主要以单项技术或产品为主，缺乏有效集成和整合，尚未形成配套化、系统化的成套技术体系。

三是劳动生产效率低。我国建筑工人的平均劳动生产率约为 30 平方米 / 人·年，发达国家可达 150 平方米 / 人·年；科技进步对建筑产业的贡献率低于农业近 8 个百分点，距离集约型产业还差 18 个百分点。工业化程度低，生产仍以手工操作为主，生产效率低，与发达国家相比还有加大差距。目前中国人均年竣工面积仅为美国和日本的 1/5 和 1/6，建筑业增加值仅为美国的 1/20，日本的 1/42。

四是建筑的综合质量低。主要是建筑舒适度低，与世界卫生组织提出的住宅舒适度标准还有较大差距。

一高是资源消耗高。2013 年，我国水泥消耗总量占全球 1/3 多；钢铁消耗总量占世界 40% 多；煤炭消耗总量达 16 亿吨，亦为全球的 40%。由于落后的生产方式导致资源得不到充分利用，建筑物运行能耗浪费严重。

另一高是建筑的生产造成的污染程度高。落后的建筑生产技术所造成大气污染、水污染、室内空气污染问题比较突出。粗放型的住宅生产方式，不适应可持续发展、走新型工业化道路的要求，不适应改善建筑质量的需要。其次是基础技术研究与适用成套技术推广应用的矛盾。

目前，中国住宅科技日新月异、飞速发展，技术研究和开发取得了丰硕成果，但是建筑的科技成果转化率低、科技进步对住宅产业的贡献率低。其主要原因有以下几方面。

（1）对基础技术、关键技术研究不够，技术、产品的适应性差。科研单位热衷于易出成果和经济效益明显的项目，对基础技术和关键技术的缺乏深入、系统的研究。另外，国外先进的技术和产品纷纷进入中国市场，但由于技术标准、自然条件等差异，与现行的建筑体系不匹配，导致先进的技术、产品适用性差，阻碍了新技术的推广。

（2）技术、部品缺乏配套化和集成化。我国材料、产品的生产企业很多，缺乏技术。部品集成和配套能力。住宅建筑技术的发展和推广应用，仍以单项技术、产品为主，单项技术、产品的性能并不落后，但对提高住宅建筑的整体性能和质量效果不明显，根本的原因是缺乏配套化、系统化，需要通过技术开发、技术创新及技术推广，形成完整的体系和系统。如砌块产品的单项技术发展很快，但与其配套的辅助材料和施工工艺滞后，导致墙体的裂缝等质量通病出现。

（3）新技术的研发与推广应用缺乏有效的政策支持。在技术研发领域缺乏有效的经济、技术政策作保障，不能有效调动社会各界推进住宅产业现代化的积极性。在新技术推广领域，对新型建筑体系、部品体系和技术支撑体系的新技术推广应用缺乏必要的优惠政策支持和调控手段，难以形成以市场为导向的自我发展、自我创新、自我完善的市场化激励机制。

（三）我国住宅建筑工厂化发展对策

1.加快建立和完善住宅产业技术政策

加快建筑产业现代化，要以加强基础技术和关键技术研究，开发推广新材料、新技术，建立健全管理制度为基础。全国建筑主管部门以及各地的科研机构、大专院校、设计单位要加强合作，进行住宅技术保障体系、建筑体系、部品体系、质量控制体系、住宅性能认定体系以及建筑节能、节水、节地、环保、住宅一次装修到位等经济、政策、技术的研究，鼓励和引导建筑新型建材、住宅部品和成套技术的开发，推进技术创新和成套技术集成的应用，使科技转化为实际生产力，更好地促进建筑产业化的发展。

2.加快研究推进住宅建筑产业现代化的经济政策

推进住宅建筑产业化还需要政府在工作上支持，在资金上扶持，在政策上优惠，创造一个有利于住宅产业发展的外部环境。政府应促成开发商和有能力的部品供应商之间合作，对率先进行建筑产业化的企业要优先扶持，对建筑产业化的部品体系、建筑体系和技术体系支撑体系给予在税收、金融等方面的优惠政策支持，从而推进住宅建筑产业化发展。

3.加快建立和完善建筑产业化的推进机制

推进建筑产业现代化，关键是要建立一套完善的组织实施体系，形成决策层、推进层和实施层协调统一的推进机制，从体制、机制、技术、政策上形成推进住宅建筑产业现代化的推进机制；要加强技术研究，提高技术标准化、成套化和集成化水平，形成适应本地区经济、技术发展的先进适用成套技术体系。其次是完善新技术推广的政策环境，鼓励和激发市场主体推进建筑产业现代化的积极性和创造性。

第三节　EPC 总包模式

EPC 是一项典型的工程总承包管理模式，即便现阶段我国工程建设市场环境、市场主体等方面还不够十分发达，某种意义上而言EPC总承包模式在国内依旧处于发展起步阶段，然而 EPC 总承包模式代表了我国工程总承包的发展方向。由此可见，结合 EPC 总承包模式流程、特点及优势，依据我国 EPC 总承包模式推行问题，对 EPC 工程项目总承包管理模式开展研究有着十分重要的现实意义。

一、EPC 工程项目总承包管理模式概述

（一）EPC 总承包模式流程

EPC 工程项目总承包管理模式指的是总承包企业依据工程总承包合同要求对工程项目

设计、采购、施工和调试等全过程的承包，最终以"交钥匙"方式完成工程建设目标的项目管理模式。工程总承包企业要对工程质量、安全、进度等内容全面负责，还要为完成工程开展全面环节的管理工作。近年来，EPC 工程项目总承包管理模式在我国得到广泛推行，以首钢北京顺义冷轧薄板厂总承包项目为例，作为首钢搬迁的一个重要项目，该工程由中冶集团以 EPC 总承包模式承建，在工程项目建设过程中，严格按照规定的质量、工期、成本完成了该项目的建设，受到首钢总公司的高度赞赏。

EPC 工程项目总承包管理模式流程，具体而言：业主及业主咨询机构挑选一个总承包商，总承包商既可以是拥有独立设计能力及具备一定资质的设计院、咨询企业，也可以是具备相应施工能力、资质的施工企业，不过就国际工程管理实践而言，通常选取前一种类总承包商居多；业主将设计、采购、施工、调试等汇集于一体模式委托给总承包商开展全面管理，并开展好与总承包商的沟通交流工作；总承包商开展好工程项目设计工作，设计工作涵盖有方案优化设计、施工图设计、施工组织规划设计等；总承包商开展好采购工作，并以主要材料采购为主，其他相关材料、设备则有分包商开展完成；总承包商对施工开展分包，将工程项目实际施工分包给拥有较好施工水平及一定资质的施工单位。此外，总承包商要委托相关咨询监督管理工程师全面负责对设计、采购、施工等全面环节的监督，促进工程项目施工有序进行。

（二）EPC 总承包模式基本特点

1. 总承包项目大多为大型或特大型的

EPC 模式适用于大型、复杂工程，通常牵涉庞大的项目及诸多的工程量，单单依靠某一企业是很难开展完成的，所以务必要密切协同不同分包企业，在工程项目施工开展期间进行资源整合优化，促进建设任务高效、低成本地完成。

2. 总承包项目管理是全面环节的管理

总承包商需要对工程项目全面环节予以负责，不管是设计、采购、施工、调试，还是后期运营维修等，均需要负责到底。所以，就要求总承包商在工程项目方案设计过程中，就应当对其中利益关系进行全面系统分析，进而选取尽可能优良的设计方案。

3. 工程项目设计人员应当了解市场发展状况

工程项目设计人员在工程总承包中扮演着极为关键的角色，所以，工程项目设计人员在开展设计前，应对市场实时动态进行全面深入了解，设计方案要满足功能要求、有利于施工、缩短工期、缩减成本。与此同时，不可将设计方案单纯看作是一件建筑作品，而更应当关注是否能为业主获取收益成为其设计的重中之重。

4. 高风险

由于总承包项目十分庞大、复杂，是一般设计、施工等单项承包所无法比拟的，这使得总承包项目存在极大的风险；再加上其要面对由设计、采购、施工等组成的全面环节，无疑加大了其风险控制的难度。

（三）EPC总承包模式实施优势

EPC工程项目总承包管理模式是现阶段十分有效的一种模式，相较于传统管理模式，其有着一系列独特优势，可促进工程建设创造更大的效率。

1. EPC总承包模式促进交易费用降低

相较于传统模式，EPC总承包模式采取一次集中招标，省去了反复招标，有效节省了不必要的交易费用。此外，总承包企业对工程项目设计、采购、施工等全面环节进行管理，同样能够缩减总承包企业成本，进而侧面降低了交易费用。

2. EPC总承包模式促进工程建设周期缩短

在传统管理模式下，工程项目设计、采购、施工等环节需要按照先后顺序开展实施，然而在EPC总承包模式下，设计、采购、施工等环节可交叉开展实施，并有总承包企业全面负责，如此能够确保总承包企业与分包企业相互有效协调，进而促进工程建设周期缩短。

3. EPC总承包模式促进项目环节冲突的消除

EPC总承包模式中的设计与施工密切连接在一起，可有利于施工中设计方案技术性、实用性及安全性相互间冲突的有序消除，其次设计与采购相互的直接交流，可有利于采购成本的降低。EPC总承包模式将设计、采购、施工等环节汇集于一体，省去了每一阶段的中间环节，促进工程项目的有序运行。

4. EPC总承包模式促进业主风险的降低

相较于传统管理模式，在EPC总承包模式下，工程建设风险不再由业主和总承包企业共同承担，总承包企业承担了全面环节的工作，也就是说工程建设风险全面转移给了总承包商。EPC总承包模式下，总承包企业对工程项目设计、采购、施工等全面风险进行了承担，积极促进业主风险的降低。

二、推行EPC工程项目总承包管理模式存在的主要问题

现阶段，在我国依旧存在各种不利因素影响EPC工程项目总承包管理模式的有效推行，具体而言：

1. 受传统管理模式及现阶段我国工程建设领域被条割分块等实际因素影响，使得在全球发达国家已然发展成熟的EPC管理经验在国内不可直接适用。EPC工程项目总承包管理模式在不断为国内企业所引入期间，不同企业对其的认识、应用必然会存在一定差异，产生多点开花的发展情形，依旧没有生成一套可有效顾及项目各方利益、可为项目各方所

认可的规范体系。

2. 国内一些 EPC 工程总承包企业前身为相关设计院，不管是从运营机制、综合资质、员工框架、管理理念等方面均存在一定的欠缺。另一方面，现阶段可充分具备设计、采购、施工、组织等全面环节的复合型管理人才较为不足，使得 EPC 工程总承包企业难以实现有序发展。

3. 即便国内部分 EPC 工程总承包企业构筑起了较为合理的分包商、供应商关系网络，然而对它们的管理体制、技术水平、资质信用等方面进一步整合工作开展还不够完善，进而无法确保达到开展工程项目施工时一系列联动要求，难以达到预期目标。此外，我国在经由国际劳动力市场渠道引进国际人才方面依旧处在初级发展阶段。

4. 国内部分 EPC 工程总承包企业在信息技术、历史数据收集方面，研发、应用大规模先进项目管理系统软件方面还不够普遍，就好比 P6 还未在工程项目施工中得到广泛应用 [4]。再者，受过去未有对历史工程数据进行很好的收集汇总影响，使得部分 EPC 工程总承包企业在构建相关新项目落实标准上无从下手，执行期间存在一定的盲目性。

三、EPC 总承包模式下的工程项目管理策略

伴随我国社会经济的飞速发展及工程技术水平的全面提升，EPC 总承包模式逐步在国内得到广泛应用，一些国内企业也不断认识到其重要性，并在国内市场中有意识的承揽工程，EPC 工程项目管理模式优势逐步凸显，已然成为工程项目承包的有效模式。全面工程建设领域在时代发展新形势下，要与时俱进，大力进行改革创新，引入先进科学理念、成功发展经验逐步强化 EPC 总承包模式的应用，如何进一步促进 EPC 总承包模式下工程项目管理的有序健康开展可以从以下相关策略着手：

（一）设计管理

1. 强化注重项目设计科学性、系统综合性

在 EPC 总承包模式下，总承包企业往往在施工前要开展工程项目设计，从多个设计方案中挑选出最佳方案，然而受工程项目设计方案对专业素质、技术水平等内容存在极为严苛要求影响，使得工程项目设计方案在设计期间总是会产生一些偏差或者遗漏。鉴于此，总承包企业在挑选出最佳方案的同时，应当有效组织对应专家就设计科学性、可行性、先进性等方面开展全面翔实的论证审核，找出问题并予以处理，为后续施工项目质量控制、成本控制、进度控制等提供有利依据。

2. 强化设计、采购、施工相互有效连接

在 EPC 总承包模式下，总承包企业要想达成自身资源的优化整合，应当展开有效协同，强化设计、采购、施工相互有效连接，促进三者优势互补、资源共享，从而缩小工程项目管理所涉及的盲区，简化管理层次改善管理成效。就好比在工程项目施工前，要求施工分

包企业先前一步进入到施工现场，对施工环境予以熟悉了解；设计期间执行施工设计、技术相互有效配合；采购期间优先采购有利于改善施工质量的新型设备、新型材料等，均属于科学合理的手段。

3. 强化设计科学合理性

设计阶段花费相比于总承包花费微不足道，然而其对于总承包却能够起到至关重要的作用，因此总承包企业在施工前或者施工期间为了降低成本，改善收益通常会对设计开展一系列优化操作，然而优化操作总是会对业主利益构成不同程度的危害。鉴于此，业主在发包文件、合同中应当对工程项目设计优化水平予以明确限制，而承包企业在设计优化中则应当对双方约定予以有效遵守。

4. 强化施工现场设计

就跨区域 EPC 总承包而言，由于区域文化、人文等存在一定的差异，使得总承包企业与业主、分包企业相互沟通往往仅凭借少部分设计人员，进一步造成信息传递丧失全面性、准确性；再者全然以施工大样图用以工程设计依据显然是缺乏科学性的，因此总承包企业在设计过程中务必要强化施工现场设计工作。

（二）采购管理

采购花费主要体现于设备、主材方面，一般情况下，设备采购花费能够达成总承包工程项目采购花费的 6 成以上，采购成本控制有效与否受采购方案、效率很大程度的影响，总承包企业要想实现采购管理的有序开展，应当构建健全的采购体系、管理制度，构筑采购部门与其他相关部门相互科学合理的协作平台，对采购全面环节予以流程完善，建立采购数据库，并积极与供应商构筑可持续稳定的合作关系等。此外，总承包企业应当在采购前组建由不同部门专业人员组成的采购优化小组，基于对采购优化小组权责的科学明确规定，促进采购环节的优化简化，既确保采购质量、降低采购成本，又显现总承包企业对采购管理的重视度。

（三）风险管理

在 EPC 总承包模式下，能够科学地使业主消耗尽可能少的投入把建设风险转移至总承包企业，而总承包企业在项目管理期间则能够凭借自身优势对建设风险开展有效化解。当前，工程项目风险可被划分为多种不同形式，不过总承包企业风险管理则以合同管理为主要手段：总承包企业经由对分包标段开展科学有效划分，再基于此对合同界限、权责予以充分明确，在合同签订完毕后进行全面合同落实交底，一经觉察合同存在界定不清等问题应第一时间进行有效处理；总承包企业在签订合同过程中，应当强化对项目情况、潜在价格风险等方面的关注，于合同中对项目施工材料、技术、工艺等开展翔实规定，并就计价方式等潜在变动因素开展说明，有效降低风险引发可能。

（四）团队管理

受工程项目特殊性影响，使得其完成质量极为依赖团队管理水平。鉴于此，总承包企业第一步一定要引入一专多能、一能多职等复合型项目管理人才，就好比，项目经理一方面要具备工程项目关联专业知识、技能，一方面娴熟掌握施工管理、施工技术、施工法律法规等方面内容。此外，还能够依据实际情况开展灵活应用，在项目策划期间能够结合项目成员特征，对项目 WBS 开展科学划分，并建立相关的考核制度、作业流程；在施工开展过程中，不仅能够有效执行奖惩机制，还能够为项目营造良好实施氛围等。

（五）产业链管理

在 EPC 总承包模式下，要求总承包企业协同业主、主管政府部门、分包企业、供应商等经济主体构筑起有序的合作关系，以促进企业资源的有效优化整合，促进企业强化自身抵御外部风险能力。相关研究数据指出，EPC 总承包企业在关注产业链管理下，客户满意度平均上升 26 个百分点，索赔争议等一系列风险因素降低超过 50%，积极促进工程项目的有序开展。值得一提的是，总承包企业在构筑合作关系期间，应当依据合作伙伴切实特征有针对地、合理的选取关系建立的手段方法，制定合作伙伴关系构筑管理的相关目标，并依据目标积极组织情感交流活动等。

第四节　构建全国建筑业工人实名制平台有助行业稳定发展

一、对建筑企业的影响

《管理办法》实施之前，建筑企业与包工头招用的农民工之间的法律关系，一般很难被认定双方存在劳动关系，建筑企业的法律义务一般就是按照规定按项目为农民工参加工伤保险。即使建筑企业违法将承包业务转包、分包给包工头，建筑企业也仅承担工伤保险责任和清偿农民工工资的责任，一般不会承担其他劳动关系项下的法律责任。

与此同时，由于一些建筑工程项目普遍存在多次违法转分包和包工头招用农民工只有口头协议的情况，农民工发生工伤和欠薪时很难举证造成维权困难，各个主体相互推诿、逃避责任，导致农民工的合法权益屡屡被侵犯。

不过，随着《管理办法》的实施和落实，上述情况将发生重大变化，对建筑企业的影响将是十分重大的，包括：

一是建筑企业必须与建筑工人签订劳动合同，因此也意味着建筑企业必须承担用人单位的全部法律责任，包括依法缴纳社会保险、支付未签订劳动合同的双倍工资、支付加班待遇、安排年休假、支付解除劳动合同的经济补偿金或违法解除的赔偿金等，建筑企业的施工成本将会增加。

二是建筑企业需要配备专（兼）职建筑工人实名制管理人员，对建筑工人进行劳动合同签订、安全培训、实名制信息采集登记、考勤、工资支付等劳动用工管理，管理成本和难度也会加大。

三是建筑工人的基本信息和从业信息均已录入实名制管理平台，建筑企业侵犯建筑工人合法劳动保障权益时，建筑工人举证和维权将变得相对容易，建筑工人实名制信息可作为有关部门处理建筑工人劳动纠纷的依据，建筑企业将很难逃避法律责任。

因此，建筑企业应当根据《劳动合同法》《社会保险法》及《管理办法》的要求及时做出调整进行应对。而包工头和劳务公司，将被专业作业企业取代。

二、建筑工人权益保护将得到强化

"《管理办法》的核心不仅仅是建筑工人的实名化，更重要的是它在推动我国建筑领域用工关系的劳动关系化。如果得到严格实施，建筑领域农民工的合法权益保护将得到很大程度的强化。这不仅有助于解决农民工工资拖欠的问题，还将为解决工伤保险等问题提供前提。"

不过，目前尚有一些劳动法上的问题需要进一步研究。例如，根据现行法的规定，享受养老保险或者达到退休年龄的人将不能认定劳动关系。那么，这些不能建立劳动关系的超龄工人如何进入建筑用工市场还有待解决。

《管理办法》中所规定的建筑企业应与招用的建筑工人依法签订劳动合同，这在分包单位中就很难实现。此外，《管理办法》规定建筑领域农民工工资应当按月足额发放，实际上分包单位能否足额向农民工按月足额支付工资取决于建设单位或总包单位能否及时支付工程款。

在实践中，有的建筑工地虽然和建筑工人签合同，但签的却是虚假的劳动合同，合同上的工资数额比实际工资少甚至只有实际工资的一半，未来发生劳动争议对建筑工人很不利。

《管理办法》施行后，住建部门和人社部门的工作重点应该是监督督促《管理办法》的落地实施。

结　语

建筑企业的项目管理是建筑行业管理的一个窗口，更是建筑业企业形象的体现。项目管理的主体是建筑业企业，项目管理是建筑业企业经营管理的最基层、最基本的管理，项目施工水平的高低，施工质量的优劣、文明施工的好坏与项目管理有直接的关系。建筑工程项目管理是以具体的建设项目或施工项目对象、目标、内容，不断优化目标的全过程的一次性综合管理与控制。同时，在建筑行业税制方面，我国的税制改革工作深化程度不断地提升，现阶段"营改增"已经逐渐转变为我国税制改革相关工作进行的过程中涉及的主要内容之一。"营改增"这一项税制改革措施的施行是对我国各个领域中的相关企业造成一定程度的影响的，其中建筑产业是我国国民经济发展进程需要的最为重要的动力，税负方面的变化和其发展进程向前推进的速度之间是有着较为密切的相互关系。

参考文献

[1] 刘先春. 建筑工程项目管理 [M]. 武汉：华中科技大学出版社，2018..

[2] 刘勤. 建筑工程施工组织与管理 [M]. 阳光出版社，2018.

[3] 庞业涛，何培斌. 建筑工程项目管理 第 2 版 [M]. 北京：北京理工大学出版社，2018.

[4] 刘绍敏，王贵春. 建筑施工企业财务管理 [M]. 重庆：重庆大学出版社，2015.

[5] 胡长明，李亚兰. 建筑施工组织 [M]. 北京：冶金工业出版社，2016.

[6] 贾联，徐仲秋. 建筑施工企业安全生产管理 [M]. 北京：中国环境科学出版社，2013.

[7] 滕官成，刘勇. 建筑工程施工项目成本管理 [M]. 上海：上海交通大学出版社，2015.

[8] 蒲绍斌. 施工企业管理探源 [M]. 成都：西南交通大学出版社，2016.

[9] 曾虹. 建筑工程安全管理 [M]. 重庆：重庆大学出版社，2017.

[10] 白会人. 建筑工程项目管理与成本核算 [M]. 哈尔滨：哈尔滨工业大学出版社，2015.

[11] 李志远. 施工项目会计核算与成本管理 [M]. 北京：中国市场出版社，2017.

[12] 杨长明. 施工企业管理 [M]. 北京：中国铁道出版社，2019.

[13] 唐菁菁. 建筑工程施工项目成本管理 [M]. 北京：机械工业出版社，2009.

[14] 郭念. 建筑工程质量与安全管理 [M]. 武汉：武汉大学出版社，2018.

[15] 赵毓英. 建筑工程施工组织与项目管理 [M]. 北京：中国环境科学出版社，2012.